IDEAL LIBRARY

축제의 문화사

윤선자 지음

이상의 도서관 9

한길사

이상의 도서관 9

축제의 문화사

지은이 · 윤선자
펴낸이 · 김언호
펴낸곳 · (주)도서출판 한길사

등록 · 1976년 12월 24일 제74호
주소 · 413-756 경기도 파주시 교하읍 문발리 520-11
　　　www.hangilsa.co.kr
　　　E-mail: hangilsa@hangilsa.co.kr
전화 · 031-955-2000~3　　팩스 · 031-955-2005

상무이사 · 박관순 | 영업이사 · 곽명호
기획 및 편집 · 이현화 윤은혜 박근하 | 전산 · 한향림 | 저작권 · 문준심
마케팅 및 제작 · 이경호 | 관리 · 이중환 문주상 장비연 김선희

출력 · 지에스테크 | 인쇄 · 현문인쇄 | 제본 · 쌍용제책

제1판 제1쇄 2008년 4월 15일

값 18,000원
ISBN 978-89-356-5873-2　03900

• 잘못 만들어진 책은 구입하신 서점에서 바꿔드립니다.

이 도서의 국립중앙도서관 출판시도서목록(CIP)은
e-CIP 홈페이지(http://www.nl.go.kr/cip.php)에서 이용하실 수 있습니다.
(CIP제어번호: CIP2008001073)

카니발 기간 동안 사람들은 변장을 통해 일상의 질서를 파괴하고 권력과 억압의 공포로부터 벗어나는 상상의 세계를 만들었다. 이들에게 카니발은 새로운 질서를 만끽하는 환희의 순간이다. 그림은 재의 수요일 날 사람들이 카니발의 마지막 순간을 아쉬워하며 행한 '정어리 장례식'의 모습이다.
고야, 「정어리 장례식」, 성 페르난도 미술관, 마드리드

광인의 축제는 12월 하위 성직자들이 교회 내에서 벌이는 축제로, 뒤집기 관행과 익살스런 풍자와 패러디 등으로 인해 매우 무질서하였다. 그림은 성직자들이 교회 안에서 난장을 벌이는 모습이다.
보쉬, 「카니발 풍경」, 반 덴 베르그 박물관, 앙베르

광인의 축제는 인간 내부와 우주의 기가 자유롭게
순환하게 해주는 축제로 사람들은 이때 배 내부에 바람과 숨결을
자극하기 위한 송풍장치를 사용하기도 하였다.

신과 대화하는 광인. 두 개의 귀 모양의 후드가 달린 옷을 입고 광인의
지팡이를 든 광인은 축제에서 결코 빼놓을 수 없는 존재였다. 사람들은 광인을 신과
소통하는 존재로 여기고 존경하며 동시에 공포심을 느끼기도 했다.

머리가 깎인 광인. 당시 이발사들(중세 이발사와 의사는 동일 인물)은
광기의 원인이 우울한 액즙의 과잉분비와 피부에 노출된 털에 있다고 보고
그것들을 제거하는 수술을 하기도 하였다.

뇌수술 당하는 광인. 이 시기 사람들은 광기를 뇌에 문제가 생겨 생기는 질병이라고 생각하여 광인의 뇌를 절개해 치료하기도 했다.

광인의 배. 중세 말 사람들은 미치광이들을 배에 태워 강제로 추방시켰는데 그것이 바로 '광인의 배'이다. 그림 속에서 사람들은 배 위에 매달린 음식을 향해 입을 벌리고 있지만 먹지도 못하고 있다. 하지만 혼자 돌아앉은 광인은 대접으로 능숙하게 음식을 먹고 있다. 여기서 광인은 오히려 정상인보다 더 현명하다.

보쉬, 「광인의 배」, 루브르 미술관, 파리

짚으로 만든 '음탕의 마차.' 이 마차는 지나가는 길에 살인과 같은 온갖 죄악을 뿌리고 다닌다. 방탕한 생활 이후에는 수치스러운 처벌이 뒤따르는데 이 마차는 그 사이를 왕복한다. 마치 카니발과 사순절을 주기적으로 오가는 인간의 삶과 같다.
보쉬, 「건초더미」, 프라도 미술관, 마드리드

귀족들의 마상시합. 이것은 카니발에서 빠지지 않는
오락들 중 하나로 귀족들은 이 시합을 개최함으로써 자신의
부와 권력을 다른 귀족들에게 과시하려 했다.

입성식. 16세기 이탈리아 축제가 프랑스에 유입되면서부터 입성식 의례는 점점 화려해졌다. 행렬에는 고대 로마풍의 개선마차나 개선문뿐만 아니라 코끼리·사자와 같은 이국적인 동물도 등장했다.

방탕하고 무질서해 보이는 중세 카니발은 특별한 오락거리가 없는
농민들의 삶에 리듬감을 부여하는 활력소였으며, 제도와 규범에 억압된
청년들에게는 일시적 방종이 허락되는 해방구였다.
브뢰겔 2세, 「성 조지 축일」, 브뤼셀

프랑스 카니발을 통해 바라본 축제의 문화사

• 머리말

우린 카니발에서 얼굴을 하얗게 칠한 피에로의 모습을 익숙하게 보아오지만 그 의미에 대해선 잘 모른다. 카니발이 끝나고 거대한 마네킹과 더불어 다른 축제의 장식물들을 태워버리는 것을 보면 더욱 모를 일이다. 하지만 그것들은 알고 나면 누구나 공감할 수 있는 의미들을 가지고 있다. 예를 들면 피에로의 하얀 얼굴은 만월을 상징하는 것으로 계절의 변화와 풍요를 의미한다. 애써 장식한 장식물과 마네킹을 아낌없이 태우는 것 역시 일종의 푸닥거리 의식으로 겨울 내내 공생했던 망령들을 돌려보내고 새 봄을 맞이하기 위한 의식이었다.

사실 카니발은 우리 문화가 아니므로 그 모든 관행을 다 이해할 수 없는 것은 당연하다. 게다가 그것들은 오래된 기원을 가진 상징들로 채워져 있기 때문에 그들의 문화권 바깥에서 사는 우리로서는 그 의미를 짐작하는 것은 어려운 일이다. 그렇지만 카니발은 보편적 세계관을 담고 있는 축제이다. 따라서 거기에 담겨 있는 다양한 의미와 역사를 알고 나면 누구나 깊이 공감하게 될 것이며, 나아가 인간에게 축제가 어떤 의미와 기능을 갖는가 하는 것까지 이해의 폭을 넓힐 수 있을 것이다.

옛날의 카니발은 오늘날과 다소 달랐다. 그것은 매우 종교적이고 농업적인 축제였다. 즉 사순절을 맞이하기 위한 통과의례이기도 하였고 그 해의 다산과 풍요를 비는 의례이기도 하였다. 그렇다고 카니발이 기독교문화와 농업문화의 산물인 것만은 아니다. 카니발의 기원은 그 훨씬 이전인 원시시대부터 시작된다. 원시인들은 달의 움직임과 자연의 순환, 새 봄의 도래를 축하하며 겨울의 끝자락에서 변장을 하고 춤을 추었다. 원시인들의 이런 계절 축제가 기독교화 과정과 세속화 과정을 번갈아 거치면서 오늘날의 다소 상업적인 축제에 이르고 있는 것이다.

프랑스의 아리에쥬(Ariége) 지방에서 기원전 1만 5천 년 이전부터 인류가 마스크를 쓰기 시작했다는 것을 보여주는 벽화가 발견된 바 있다. 그 정확한 의미는 알 수 없지만 자신을 초월한 또 다른 존재를 향한 갈망의 표현이었음에 분명하다. 이후 바빌로니아의 신년축제와 그리스의 디오니소스 축제, 로마의 겨울 축제 등을 통해 마스크와 변장, 뒤집기 관행이 이어졌다. 중세 기독교 사회에 접어들면서 고대의 이교적 축제들은 된서리를 맞았다. 교회는 유일신 사상을 내세우며 다른 모든 이교적 축제들은 억압하였다. 그러나 곧 그것이 불가능하다는 것을 알게 된 교회는 이교적 축제를 기독교화하기 시작하였다. 그 과정에서 마스크와 변장, 뒤집기 관행을 특징으로 하는 겨울 축제들은 카니발 축제로 확립되기에 이르렀다. 이런 종교적 배경을 통해서도 알 수 있듯이 중세의 카니발은 그 이교적 흔적에도 불구하고 기독교의 제도 내에 포함된 '합법적' 축제였다. 카니발은 무질서하고 소란스러웠지만 일상에서 억눌린 인간의 욕망을 분출시키고 공동체의 화합을 다지고 젊은이들의 통과의례로서 기능하였다.

그러나 도시에서 카니발은 공동체를 화합시키기보다는 오히려 갈등과 대립을 드러내고 첨예화시키는 기능을 하였다. 더 나아가 카니발 전통은 정치적 혹은 종교적 분쟁을 위한 수단으로 이용되기도 하였다. 지배집단은 카니발을 차용해 권력을 표상하였고 피지배집단 역시 카니발의 풍자와 해학을 빌어 권력을 조롱하였다. 근대 자본주의가 발달하면서 카니발은 생산경제의 논리 하에 비생산적이고 소비적인 방탕 혹은 타락으로 비난받았다. 16세기 종교 개혁가들은 카니발을 경건하지 못한 과장된 신앙으로 배척하고 계몽 사상가들은 비합리적이고 비과학적인 미신과 마술로 폄하하였다. 결국 이런 다양한 '근대적 논리' 아래 카니발은 점점 쇠퇴하였다. 근대 이후 이성의 과도함 속에서 감정과 욕망의 '판도라 상자'는 영원히 닫히고 봉합되어질 운명에 처한 것이다. 이렇게 민속과 전통이라는 틀 속에서 박제되어가던 카니발은 19세기 후반 다시 활기를 띠었고, 비록 자본주의의 세례를 받아 상품화되긴 했지만 오늘날 더욱 성행하게 되었다.

이렇듯 카니발의 기능이나 성격은 그 역사적 맥락과 상황 속에서 끊임없이 변하지만 그 본질은 변하지 않는다. 그리고 그것은 나아가 축제의 본질이기도 하다. 카니발을 이해하기 위해서는 그 역사적 변화를 살피는 것 못지않게 본질을 찾는 것도 중요하다. 결국 그것이 카니발에 대한 이해를 높일 뿐만 아니라 '카니발은 어떤 것이어야 하는가'에 대한 규범적 해답도 줄 수 있기 때문이다. 그렇다면 카니발의 본질, 축제의 본질은 무엇인가. 이 책은 다름 아닌 그 본질을 독자와 함께 찾기 위해 시작되었다. 다시 말해 이 책의 목적은 우리가 흔히 보고 접하는 카니발의 역사적인 변화 과정을 추적하여 카니발, 나아가 축제에 대한 이해를 높이는 데에 있다. 이 책이 『축제의 문화사』라는 제목 아래 카니발을 집중적으로 살펴본 이유는 그 때문이다. 즉 유럽의 카니발을 통해 유럽 축제의 성격을 가장 잘 살펴볼 수 있기 때문이다.

  카니발의 본질에 관한 문제는 인간의 본질에 관한 문제와 다르지 않다. 인간은 정신과 육체를 가진 존재로 자연의 일부로 태어났다. 따라서 인간은 이성과 지혜를 가진 '만물의 영장'이지만 욕망과 감성도 떨쳐버릴 수 없는 '자연의 일부'일 뿐이다. 카니발은 이성적 존재인 인간이 욕망과 감성의 부름에 마음껏 응해볼 수 있는 기회이다. 뿐만 아니라 카니발은 자연의 일부인 인간이 '자연인'으로 살아갈 수 있는 방법을 알려준다. 언제부턴가 인간은 자연을 대상화하고 자연으로부터 멀어졌다. 그로 인한 문제점이 곳곳에서 목격되는 요즘 인간이 자연인으로 자연과 조화롭게 사는 것은 그 어느 때보다 중요해졌다. 카니발은 그 방법 중의 하나이다.

  카니발은 수천 년 동안 인간이 자연과 조화를 이루면서 살아가는 방법이었다. 언뜻 무질서·환상·소란 등으로 보이는 카니발은 자연의 질서와 우주의 순환을 표현하는 상징체계이며, 인간들은 그것을 통해 자신이 자연의 일부라는 사실을 깨닫고 자연에 감사하는 마음을 가졌다. 그런 점에서 게네베(Cl. Gaignebet)는 카니발을 '일종의 종교 이전의 종교, 자연종교'라고 하였다. 카니발이 자연과 우주의 순환, 생명에 대한 긍정적 세계관을 담고 있다는 뜻이다. 그리고 그러한 세계관은 바흐친에 의하면 여러 가지 카니발적인 표현양식을 통해 표현되고 향유된다. 그러한 세계관과 카니발의 표현양식에 공감하고 참여할 때 우린 어느새 욕망과 감성을 발산하며 웃고 즐기는 자연인으로서의 자신을 발견할 수 있을 것이다.

  카니발이 인간의 욕망과 감성의 분출구이고 자연과 우주의 보편적 세계관을 담고 있다는 점에서 그것은 가장 '축제다운 축제'라고 할 수 있을 것이다. 장 뒤비뇨는 축제의 구성 요소로 기쁨과 쾌락, 재생을 위한 파괴 등을 지적한 바 있는데, 그것들은 그대로 카니발의 본질이기도 하다. 바흐친 역시 축제의 가장 대표적인 형태를 카니발이라고 하였다.

이미 유럽 카니발은 여행이나 다양한 매체를 통해 우리 문화 깊숙이 자리 잡은 지 오래다. 유럽에는 여러 나라의 다양한 카니발이 있다. 그 중에서 이 책은 주로 프랑스의 사례를 중심으로 다뤘다. 여러 나라의 다양한 카니발을 포괄할 수 없는 지면의 한계도 있었지만 그보다는 프랑스의 카니발을 통해 유럽 전체의 카니발을 조망해볼 수 있기 때문이다. 사실 유럽은 신화와 종교를 공유하기 때문에 문화나 관행에 있어 공유하는 부분들이 많다. 축제는 그 대표적인 경우이다.

이 책에서 제시된 프랑스의 축제 문화는 그 자체의 사실과 의미를 전달하기보다는 '축제'라는 주제를 독자들에게 설명하고 이해시키기 위한 하나의 대표적인 사례이다. 다시 말해 프랑스를 배경으로 하고 있지만 그것이 담고 있는 내용은 같은 시기 유럽 사회 전반에 고루 나타났던 축제의 본질과 형태를 포함하고 있는 것이다.

모쪼록 이 책이 독자들이 그 동안 문화권 바깥에서 낯설게 느껴오던 카니발의 다양한 상징과 역사적인 배경, 그 의미들을 이해하고, 아울러 유럽의 문화를 이해하는 중요한 키워드이기도 한 축제를 이해하는 계기가 되었으면 한다. 나아가 보편적 세계관을 담고 있는 유럽의 카니발, 다시말해 축제의 이해를 통해 우리의 축제를 더욱 새로운 시각에서 바라볼 수 있는 기회가 되기를 바란다.

2008년 4월
윤선자

축제의 문화사

프랑스 카니발을 통해 바라본 축제의 문화사 | 머리말 17

제1부 카니발의 이교적 기원

1. 원시인들의 마술적 의식 29
2. 유럽에 전해진 오리엔트 축제 35
3. 카니발로 이어지는 그리스와 로마의 축제 43
4. 기독교화 되는 이교 축제들 55

제2부 광인의 축제: 성당에서 벌어진 난장

1. 12월에 주어지는 특별한 자유 69
2. 약자들을 위한 축제 75
3. 해학과 풍자로 세상 뒤집기 85
4. 금지되는 광인의 축제 93
5. 광인의 축제에서 카니발로 101

제3부 카니발: 다양한 축제의 날들

1. 다산과 풍요를 비는 겨울축제 107
2. 카니발의 표현양식 127

제4부 카니발의 풍경

1. 화려한 행렬의 판타지 세계 135
2. 광인과 야만인 141
3. 종교극과 세속극 157
4. 귀족들의 마상시합 169
5. 샤리바리 175

제5부 신도회: 카니발의 주역

1. 농촌의 청년회 197
2. 분화되는 신도회 205

3. 신앙 신도회와 문학 신도회 213

4. 유희 신도회 217

5. 16세기 신도회의 위계화 227

제6부 권력형 카니발

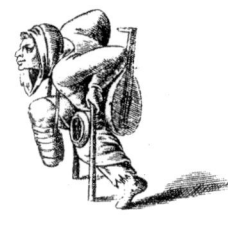

1. 프랑스 북부 도시 카니발의 권력화 235

2. 이탈리아 피렌체의 개선식 251

3. 군주의 입성식 263

제7부 저항의 카니발

1. 중간 부르주아의 카니발 혁신 281

2. 로망스 지방의 카니발 사건 295

3. 전통축제와 종교적 폭력 313

4. 농촌의 불경스런 종교관행들 325

제8부 억압되는 카니발

1. 종교개혁가들의 전통관행 비판 337
2. 가톨릭교회, 축제를 비판하다 341
3. 계몽적 지식인들의 민중관행 비판 361
4. 권력의 축제 억압 367

새로운 축제를 향하여 | 에필로그 375
주 381
찾아보기 405

봄이 찾아온 들판에서 겨울잠을 자던 곰이 깨어나
우렁찬 방귀를 뀌면 만물을 소생시키는 바람이 일어난다.
그리고 그들의 축제가 시작된다.

제1부 카니발의 이교적 기원

1 원시인들의 마술적 의식

봄의 전령과 카니발

다소 신비주의적이고 비역사적인 모험일지는 모르지만 카니발을 벌이던 태초의 인류의 조상을 찾아 시간을 거슬러 올라간다면 우린 '겨울의 끝자락에서 다가오는 새봄을 축하하며 춤을 추고 있는 원시인'들을 만날 수 있을 것이다. 원시인들에게 추운 겨울이 지나고 찾아온 따뜻한 봄은 기쁨과 환희 그 자체였을 것이다. 그것은 굴에 웅크린 긴 칩거 생활을 끝내고 들판에서 활개 칠 수 있는 새로운 계절의 시작을 의미하였다. 따라서 그들은 봄의 도래와 그로 인한 새해의 시작을 축하하였다. 그러면서 새해의 다산과 풍요를 기원하였다. 무언가를 기원한다는 점에서 그것은 종교라고 할 수 있다. 게네베(Cl. Gaignebet)는 그것을 자연종교 혹은 민중종교로 보고 그 종교의 근본 교리는 '자연적 질서에 대한 순응'이라고 하였다.[1]

그렇다면 원시인들은 봄이 다가왔다는 것을 어떻게 알 수 있었을까? 오늘날과 같은 체계적인 달력이 없던 시기에 사람들은 자연의 현상으로 시간의 흐름을 감지했다. 그들은 겨울잠을 자던 곰이 모습을 드러내면 봄이 멀지 않았다고 믿었다. 곰은 '봄의 전령사'였던 것이다. 따라서 원시인들은 곰이 동면에서 깨어나는 시기를 전후하여 축제를 벌이며 봄을 맞이하였다. 그 시기가 대략 2월 2일경, 바로 오늘날의 육식일에 해당된다.

곰과 관련해 유럽에는 다양한 신화와 관행들이 전해져 내려오는데 그것은 곧 카니발의 신화와 관행으로 이어진다. 유럽 사람들은 곰이 겨울잠에서 깨어나 엄청난 방귀를 뀌는데, 그것에 의해 만물을 소생시키는 바람과 기운이 돈다고 믿었다. 그리고 또 그 방귀로 인해 그 동안 곰의 커다란 배 속에 갇혀 있던 죽은 사람들의 영혼도 함께 해방되어 사방으로 흩어진다고 생각하였다. 카니발이 축제의 계절이면서 동시에 죽은 자들이 활개 치는 계절이기도 한 이유이다. 뿐만 아니라 이 야생의 곰은 마을 처녀를 강탈해 데리고 살면서 반은 곰이고 반은 인간인 아들까지 낳는데, 그가 바로 '곰인간 장'(Jean de l'Ours)이다(혹은 메를랭[Merlin]이라고 함). 그는 오늘날까지도 유럽 카니발에서 쫓기고 조롱당하는 야만인으로 등장한다. 그림(Grimm)의 「무쇠의 장」(Jean du fer)에서도 녹슨 물에서 나오는 곰인간 장이 그려져 있다. 이것은 이 신화와 청동기문화와의 관련성을 보여주는 듯하다. 또 다른 신화에 의하면 곰인간 장이 초록 풀로 덮인 영지를 가진 악마한테 초록색을 빌려왔다고도 한다. 이 점에 착안해 브뤼겔은 「청년과 곰의 전투」에서 곰인간 장을 나뭇가지로 장식하기도 하였다. 아무튼 곰은 초록색과 밀접한 연관성을 가지고 있는데, 그도 그럴 것이 초록색은 '청동'의 색깔이며, 봄을 상징하는 색깔, 그리고 광기를 상징하는 색깔이기 때문이다.

'곰인간 장의 전설'은 오랫동안 구전으로 내려오면서 축제 기간에 연극이나 놀이 형식으로 상연되었다. 그림은 브뢰겔이 그린 놀이를 소재로 그린 「청년과 곰의 전투」이다. 여기에서 곰 가죽을 쓴 사람을 향해 활을 겨누고 있는 사람은 발랑탱(Valentin)인데 발랑탱은 발렌타인 축일에 처녀들이 애인으로 선택하는 청년을 일컫는 말이다.

유럽 사람들은 카니발 기간에 곰으로 변장한 사람을 추적하고 사로잡는 관행을 가지고 있다. 그를 잡아 봄의 성질을 소유하려는 것이다. 잡힌 곰의 털투성이 얼굴과 텁수룩한 긴 머리를 면도하는 의식은 카니발의 주요한 행사 중 하나이다. 그 의식을 통해 곰은 인간에게 도움을 주는 직조용 식물(대마와 아마 등)의 보호자로 재생한다. 그의 배우자(나무로 만든 여성, 멜루진[Mélusine]라고도 불림)는 직조용 식물의 살아 있는 이미지이다. 이렇게 곰의 사로잡힘과 재생을 통해 직조용 식물이 카니발 관행의 모티프로 들어온다. 사람들은 카니발 축제 때 겨울동안 헛간 앞에 쌓아둔 삼 부스러기를 사용해 거대한 장작불을 피웠다. 이 장작불 주위에서 춤을 추면서 겨울을 보내고 새봄을 맞이했으며 새해의 다산과 풍요를 기원했다. 그리고 카니발 기간에 활개치고 다녔던 망령들도 몰아냈다.[2]

위에서 언급한 곰 신화는 구전에만 의지하고 있어 다소 체계가 없긴 하지만 새 봄의 도래, 죽은 자의 출현, 야만인의 추적, 광인의 초록색, 화형식 등, 카니발의 핵심적 모티프들을 거의 포함하고 있다. 피레네 지역의 '곰 축제'를 통해 알 수 있듯이 유럽에서 곰과 카니발의 인연은 기원을 추적할 수 없을 만큼 오래되었지만 그 관계는 오늘날까지 이어지고 있다.

변장과 마스크로 질서를 뒤집다

계절과 시간의 순환을 축하하면서 원시인들이 궁극적으로 기원한 것은 행복이다. 이것은 예나 지금이나 마찬가지여서 우리들 역시 산길을 지나가다 돌탑을 발견하면 무심코 돌을 던지며 자신과 가족의 행복을 기원한다. 우리 심성 깊이 남아 있는 원시적 신앙의 잔재가 아닐 수 없다. 원시인에게 가장 큰 행복이란 그해의 다산과 풍요였을 것이다. 다산과 풍요, 공동체의 유지를 기원하는 의례들은 이미 신석기시대부터 시작되었다. 그것이 종교의 시작이다.

원시인들은 지적으로 미개하고 인과관계를 명확하게 인식하지 못했기 때문에 인간의 삶이나 추수와 관련된 모든 현상을 신비적인 힘이나 영(靈)에 연관시켰다. 그들은 죽은 사람들 혹은 어떤 초자연적인 존재가 인간의 추수와 행복을 관장한다고 믿고, 마술적 힘에 의존해 다산과 풍요를 빌며 인생의 재앙을 물리치려 하였다. 그런데 그 마술

마스크(masque)라는 말은 어원학적으로 모호하다. 그것은 중세 초 롬바르디아의 한 텍스트인 로타리 칙령(643)에 처음 나타나는데, 거기서 마스크는 라틴어로 여자흡혈귀, 마귀할멈와 같은 의미였다. 칼 몰(Karl Meule)은 마스크가 죽은 이를 감싸는 망이었다고 하였고 요하네스 훕슈미드(Johannes Hubschmid)는 검댕이나 검은 유령, 악마의 존재를 지칭한다고 했다. 그림은 카니발 기간에 주로 사용되는 동물 마스크들이다.

적 힘이란 평범한 일상에서는 얻을 수 없다. 일상에서 벗어나 무아지경 속에서 자신을 망각할 때 얻을 수 있는 것이다. 원시인들이 자신의 존재를 망각하기 위해 사용한 의례적 수단은 마스크와 변장이었다. 그들은 저승의 질서가 이승의 질서와 정반대라고 믿었기 때문에 저승의 망자와 대화하기 위해서는 이승과 정반대의 마스크를 쓰고 정반대의 변장을 해야 한다고 생각하였다. 그래서 그들은 '뒤집은' 모습으로 의례적인 춤을 추며 저승의 혼령들과 대화를 나누었다. 카니발의 가장 중요한 특징인 뒤집기 관행은 이런 원시적 관행에서 비롯되었다.[3]

일상의 질서와 가치를 뒤집어 표현되는 마스크와 변장은 또 다른 의미를 가지고 있다. 대개 마스크와 변장은 계절이 바뀌고 식물의 성장과 죽음의 전환점인, 따라서 농업 주기에 중요한 계절인 겨울과 봄 사이에 집중적으로 나타난다. 이런 점에서 변장과 마스크는 계절의 변화와 자연의 재생을 그 속에 함축하고 있다고 할 수 있다. 예를 들어 역할을 바꾸거나 의복을 뒤집어 입는 관행은 하나의 계절이 끝나고 새로운 계절이 시작되었음을 뜻한다. 그것은 이미 이전의 질서가 아닌 새로운 질서를 향한 욕구를 담고 있는 것이며, 더 나아가 새로운 질서를 낳기 위한 옛 질서의 폐기와 파괴까지 담고 있다. 이런 점에서 재생을 염원하는 의례는 파괴와 죽음을 위한 의례이기도 하다. 이 파괴와 재생의 원리는 카니발의 본질적인 속성 중의 하나이다.

2 유럽에 전해진 오리엔트 축제

봄의 도래를 기뻐하며 다산과 풍요를 기원하는 겨울축제 관행은 세계 어느 곳에서나 공통된 현상이다. 그 중에서도 인도유럽문화권의 겨울축제에는 역할의 뒤집기·변장·마스크와 같은 오늘날 카니발과 유사한 특징들이 좀더 많이 있다. 이런 관행들이 서로 영향을 주고받으며 원시시대의 계절축제에서 오리엔트 문명과 고전고대 문명을 거쳐, 다시 중세 유럽으로 흘러들어간 것이다.

바빌로니아 임시 왕국의 뒤집기 의식

약 기원전 2천 년경 바빌로니아 사람들은 한 해가 끝나고 다음 해가 시작될 무렵 약 11일(혹은 12일) 동안 축제를 즐겼다. 그들은 이 11일 동안 천체의 운동이 멈추고 따라서 우주의 시간이 정지한다고 믿었다. 사실 이 기간은 태초에 태음력과 태양력을 맞추기 위해 한 해에서 공제한 시간이다. 그러나 그들 입장에서는 그것이 공짜로 주어진 시간, 마음껏 즐길 수 있는 유토피아였던 것이다. 유토피아는 현실의 역상

나선형 모양의 바빌로니아 신전(ziggourat). 신전은 신을 숭배하는 곳일 뿐만 아니라 천체를 관측하는 장소였다. 대개 성직자들이 이곳에서 천체를 관측하고 그것을 토대로 달력을 작성하고 의례를 거행하였다. 당시 천체 관측의 주목적 중 하나는 월식을 예견하는 것이었다고 한다.

(逆像)이다. 사람들은 이 기간 동안 일상의 질서와 위계를 뒤집는 의식을 행하며 즐겼다. 지위도, 서열도, 성(性)도 뒤바꿔 즐겼다. 일상의 자신이 아닌 또 다른 자신이 되어 일상을 탈출한 것이다.[4]

바빌로니아 사람들은 이 11일 동안 '임시 왕국'을 세우고 그 왕국을 지배하는 '임시 왕'을 뽑았다. 하지만 그는 권력을 상징하는 왕이 아니라 '조롱받기 위한 왕'이었다. 그를 조롱하기 위한 의식은 나흘째 되는 날 바빌론의 마르두크[5] 신전에서 거행되었다. 사제는 그날 아침 신전에서 마르두크를 경배하는 창조 신화를 낭독하고 저녁에는 임시 왕을 신전으로 끌고 가 조롱하는 의식을 행하였다. 사제는 임시 왕에게서 왕의 상징을 제거한 후 그의 귀를 잡고 신의 조각상 앞으로 끌고 갔다.

거기서 임시 왕은 앞으로 신과 도시, 백성들에게 자신의 권력을 남용하지 않겠다고 서약하였다. 바빌로니아 사람들이 이처럼 특정인을 뽑아 그를 임시 왕으로 변장시켜 조롱한 이유는 그럼으로써 사회가 정화된다고 믿었기 때문이다. 그 외에도 실제 왕의 권력 남용을 미연에 견제하려는 정치적 의도도 포함되어 있었다.

임시 왕 관행은 바빌로니아에서 처음 시작된 것은 아니고 이미 그 이전 아카드(Akkade) 지방에서 실행되던 것으로, 아카드 인들은 춘분점을 전후로 해서 니산(nisan) 달[6] 초에 11일간 축제를 벌여 이와 비슷한 관행을 즐겼다. 오리엔트의 이 오래된 관행은 19세기의 학자들이 바빌로니아의 설형문자를 해독하면서 밝혀졌다.

바빌로니아에는 11일간의 신년 축제와 비슷한 또 다른 축제가 있었는데, 그것이 바로 사세(Sacées) 축제라고 알려진 것이다.[7] 이것 역시 닷새 동안 뒤집기 의식을 벌이며 즐기는 축제이다. 이때 바빌론 사람들은 하인과 주인의 지위를 바꾸고, 죄수와 왕의 신분을 바꾸고, 심지어 부인까지 바꾸었다고 한다. 축제의 본질 중 하나인 일상을 탈출하기 위한 고대인의 과감한 관행이 아닐 수 없다. 하인은 주인이 되어 권세를 부려보기도 하고 주인은 하인이 되어 그의 고충을 겪어보기도 하는 기회였지만, 모든 사람들에게 다 즐거운 축제는 아니었다. 축제 기간 동안 왕이 된 죄수의 운명은 비참했다. 그는 닷새 동안의 짧은 영화(榮華)를 맛본 후 축제 마지막 날 저녁에 옷이 벗겨진 채 심한 매질을 당했고 결국 교수형에 처해졌다.

이 사세 축제 역시 그 기원은 아카드 지방의 관행에서 비롯된다. 아카드에는 국가와 군주가 위험에 처하거나 전쟁을 해야 할 때 다른 사람이 왕을 대신해 신전에서 죽임을 당하는 '대리 왕 제도'가 있었다.

왕의 희생을 통해 심기일전(心機一轉)의 계기를 마련하고, 그럼으로써 공동체를 통합해 위기를 대처하려는 일종의 '희생양 제도'이다. 여기서 대리 왕의 역할을 맡은 사람은 대개 서민이었다. 그는 특정 기간 동안 붉은 망토와 왕관, 홀과 곤봉 등 왕의 상징들을 몸에 걸친 후 왕의 행세를 하였다. 심지어 처녀 중에 한 여성을 뽑아 그의 임시 왕비로 삼기도 하였다. 그러나 국가가 위험에서 벗어나거나 전쟁이 끝나면 그는 '왕의 위치에서' 죽임을 당하였다.

바빌로니아 사람들은 겨울의 뒤집기 관행과 임시 왕 제도를 통해 일상에서 억눌린 욕망을 분출하고 또 왕과 권력을 은근히 비꼬기도 하였다. 이런 관행들이 시간과 공간을 가로질러 유럽 카니발 축제에까지 이어졌다는 사실은 거기에 어떤 보편적 기능이나 필요성이 있었다는 것을 말해준다.[8]

이집트 여신 이시스, 로마로 오다

오리엔트 문명의 양대 지주는 메소포타미아와 이집트이다. 이집트에서는 바빌로니아의 축제처럼 역할의 뒤집기·가면·변장 등의 특징이 강하지는 않았지만 그래도 계절의 변화를 표현하는 신화와 축제들이 있었다. 그 대표적인 것이 바로 이시스(Isis) 축제이다. 이시스 축제는 이후 헬레니즘 시대를 거치면서 그리스와 로마 전역으로 확대되었고 그곳의 신화들과 결합, 토착화되어 '카니발적인' 축제들로 발전하였다.

이시스는 다산과 풍요를 상징하는 여신으로 그녀의 남편은 오시리스(Osiris)다. 신화에 의하면 오시리스와 이시스, 그리고 세트와 네프

티스는 이미 어머니의 자궁 속에서 결혼한 상태로 태어났다고 한다. 이후 오시리스는 인간에게 농사법을 가르쳐주어 그들의 숭배를 받았다. 그런데 인간들이 오시리스만 숭배하자 이것을 시기한 세트가 오시리스를 죽여 관에 넣어 나일 강에 떠내려 보냈다. 이것을 안 이시스는 남편의 관을 찾아 나일 강을 헤매고 다녔다. 결국 이시스는 관을 찾아내 그것을 늪지대에 숨겨놓은 후 아들 호루스에게 갔다. 그런데 그 사이에 세트가 그 관을 발견하고 오시리스의 시신을 꺼내 열네 조각으로 찢어 멀리 내다 버렸다. 비탄에 잠겨 다시 남편의 시신을 찾아 헤매던 이시스는 결국 생식기만 뺀 나머지 시신 조각을 모두 찾았으며, 그것을 맞추어 남편을 부활시켰다. 부활한 오시리스는 합법적인 절차를 밟아 아들에게 왕권을 넘겨주어 현세를 통치하게 하였고, 자신은 저승으로 가 그곳을 다스렸다.

위의 신화에서 알 수 있듯이 세트가 오시리스를 시기한 이유는 오시리스가 인간들의 열렬한 숭배를 받았기 때문이다. 실제로도 오시리스 숭배는 이집트에서 매우 유행하였다. 그리스인들이 이시스를 더 숭배한 것과는 달리 이집트인들은 오시리스를 더 많이 숭배하였던 것이다. 아마 그 이유는 이집트에서 오시리스가 막강한 파라오의 권력을 상징하는 신이었기 때문일 것이다.[9]

이에 반해 그리스에서는 이시스 숭배가 더 유행하였는데 그 시점은 헬레니즘 시대에 그것이 그리스에 유입되면서부터였다. 이집트에서 풍요를 상징했던 이시스는 그리스에서 데메테르와 동일시되면서 많은 숭배자들을 끌어들였다.[10] 이때 이시스, 곧 데메테르는 현세의 다산과 풍요를 가져다줄 뿐만 아니라 내세의 행복까지 가져다주는 신으로 숭배되었다. 이시스의 의미가 이렇게 확대된 이유는 헬레니즘 시대를 풍

다산과 풍요를 상징하는 이집트의 이시스 여신.

미한 내세주의와 개인주의의 영향 때문이었다. 여기서 우린 카니발의 중요한 모티프인 다산과 풍요, 망자의 영혼 등을 확인할 수 있다. 아무튼 이시스가 내세를 관장하는 여신이라는 점이 강조되면서 이시스 숭배에 점차 비의(秘儀)적인 요소가 도입되었다.

이시스 숭배는 로마와 동방 상인들에 의해 곧 로마에 전해졌다. 로마에 처음 전해질 당시 그것의 비의적인 성격으로 인해 로마인들의 의구심을 불러 일으켰고 한때 박해를 당하기도 했다. 하지만 점차 신도의 수가 늘어나면서 전 로마 속주로 확산되었다. 심지어 제정기에는 로마 황제들까지 이시스 숭배 의식에 참여할 정도가 되었다. 물론 그 이유는 종교적이라기보다는 그 의식이 갖고 있는 선전효과 때문이었다. 즉 당시 이시스 숭배는 대중들에게 매우 인기가 있었기 때문에 황제들은 그 의식에 참여해 대중의 지지를 얻고 싶었던 것이다.

로마의 이시스 축제는 일 년에 두 번, 봄과 가을에 거행되었다. 봄 축제는 5월 5일 이시스의 나일 강 항해를 기념하기 위해 열렸고, 가을 축제는 10월 28일에서 11월 1일 사이 이시스가 오시리스의 신체 조각들을 발견한 것을 축하하기 위해 열렸다. 봄 축제 때 로마인들은 경건하게 의례를 마친 뒤 거대한 '이시스의 배'(navigium Isidid, le bateau d'Isis)를 바다까지 끌고 가는 긴 행렬을 벌였다.[11] 그 행렬에는 여성과 관리·검투사·신화의 영웅으로 변장한 사람들·사제·음악단·군중들이 뒤따랐다. 그들은 항구까지 행진한 뒤, 끌고 온 배를 이시스 신에게 봉헌하는 의미로 바다에 집어 던졌다. 가을 축제 때에는 비의적인 성격을 가진 입교식이 거행되었다. 입교식은 워낙에 비밀리에 행해졌기 때문에 잘 알려진 바가 없지만 『변신』의 저자 아풀레이우스(Lucius Apuleius)에 따르면, 몽환적 상태에서 입교 의식과 이시스를 향한 충성 서약이 이루어지고 그것이 끝나면 새 회원을 축하하는 공동 식사가 벌어졌다고 한다.

　이처럼 이시스 숭배는 그것의 진원지인 이집트보다는 헬레니즘 시대의 그리스와 이후 로마에서 더욱 성행하였다. 당시 이시스는 제설혼합주의의 영향을 받아 데메테르나 미네르바(Minerva)·빅토리아(Victoria)·포르투나(Fortuna)와 동일시되었다. 바로 이 점 때문에 고대 저술가들은 이시스 숭배와 데메테르 숭배, 더 나아가 디오니소스 숭배까지도 본질적으로 동일한 유형으로 파악하였다. 이러한 과정을 거치면서 이시스 숭배는 유럽 카니발에 영향을 준 그리스의 디오니소스 축제와 로마의 2월 축제 등에 섞이게 되었다.

3 카니발로 이어지는 그리스와 로마의 축제

광란의 디오니소스 축제

그리스의 디오니소스 축제는 바빌로니아의 사세 축제와 많은 점에서 유사하다. 디오니소스 축제 때에도 역시 사람들은 겨울의 끝자락에서 봄의 도래를 기뻐하며 들판을 행진하였고 요란한 가장행렬과 연극제를 벌이며 난장을 즐겼다. 디오니소스 축제에서 카니발의 기원을 찾는 이유는 이 때문이다.

디오니소스와 관련된 신화는 일정하게 정해진 것이 없고 다양한 판본과 해석이 있다. 시인 논노스(Nonnos)가 전하는 디오니소스 신화는 이렇다. 디오니소스는 제우스와 페르세포네 사이에서 태어났는데, 그는 태어나자마자 제우스의 왕좌를 빼앗는 패륜을 저지른다. 그 때문에 티탄들의 습격을 받게 되고 디오니소스는 수소로 변신해 도망쳤다. 그러나 결국 티탄들에게 잡혀 몸이 갈기갈기 찢겨 죽임을 당하였다 (여기서 몸이 찢기는 테마는 오시리스와 비슷하다). 그런데 파르미쿠스 마테르누스가 전하는 내용은 이것과 좀 다르다. 그에 의하면 디오니소스는 크레타의 왕 유피테르의 서자였다고 한다. 유피테르가 잠시 여행을 떠난 후 그의 아내 유노는 디오니소스를 질투하여 딸랑이와 만화경으로 디오니소스를 유인하여 숲으로 데려갔고, 거기서 유노의 하수인인 티탄들이 디오니소스의 사지를 토막 내 살해하였다는 것이다.

디오니소스를 제우스와 데메테르의 아들로 묘사한 또 다른 판본도 있는데 여기에는 디오니소스의 부활이 자세히 기록되어 있다. 그 판본에 의하면 데메테르는 티탄들에 의해 토막 난 아들의 유해들을 찾아내 그것을 봉합해 원래대로 부활시켰다고 한다(이 대목은 오시리스를 부활시킨 이시스를 떠올리게 한다). 이와 달리 죽은 디오니소스의 심장을 삼킨 제우스가 세멜레와 잠을 자 다시 그를 낳아 부활시켰다는 판본도 있다. 애초에 제우스와 세멜레 사이에서 디오니소스가 태어났다는 이야기도 있다. 그 설에 의하면 제우스의 부인 헤라가 세멜레를 질투하여 그녀를 제우스의 번개에 태워 죽였는데 그때 제우스는 세멜레의 몸속에 든 디오니소스를 구해 자신의 허벅지에 넣어 키웠다. 제우스의 허벅지에서 태어난 디오니소스는 세멜레의 언니인 이노(Ino)에게 맡겨 키워졌지만 헤라의 저주를 받고 이노 역시 미쳐버렸다. 이후 디오니소스는 나사(Nysa)로 가서 사람들에게 포도재배법을 가르쳐 주었다.

이런 다양한 판본들에서 하나의 공통점을 끌어낼 수 있는데 그것은 디오니소스가 육신이 찢겨 죽임을 당하고 다시 부활했다는 테마이다. 이 육신의 찢김과 부활의 테마는 그의 숭배 의례에서도 핵심을 이룬다. 여기서 한 가지 짚고 넘어갈 것은 그러한 테마가 이시스의 테마와도 유사하다는 점이다. 따라서 이시스 숭배와 디오니소스 숭배가 어떤 연관성을 가지고 있으며 그것이 이후 카니발 축제로 이어졌음을

디오니소스의 이미지 앞에서 술을 섞거나 그 옆에서 열광하고 있는 마이나스들.

알 수 있다.

　디오니소스를 숭배하는 의례 혹은 축제를 디오니시아(Dionysia, 로마에서는 바카날리아)라고 불렀다. 그리스 전역에서 거행된 디오니시아는 지역과 상황, 시대에 따라 매우 다양했다. 소박하고 예스러운 의식을 갖춘 시골 디오니시아, 축제 행렬과 연극 공연을 포함하는 레나이아 디오니시아, 술을 마시며 흥청거리는 안테스테리아(Anthesteria), 디오니소스 극장의 연극 공연을 포함하는 도시 디오니시아 등이 그것이다.[12] 그 중에서 도시 디오니시아는 비극과 희극·사티로스극을 공연한 연극 축제로 디오니소스를 기념하기 위해 매년 3월 아테네에서 거행되었다. 그리스의 유명한 비극들은 모두 이 연극 공연에서 수상한 작품들이다. 디오니시아는 점차 시간이 지나면서 공식화되고 순화되었지만 초기에는 매우 광적이고 무질서한 축제였다.

디오니소스가 인간에게 포도 재배법을 알려주었다는 신화에서 알 수 있듯이 디오니소스는 포도주를 인격화한 신이자 풍요와 쾌락·환락의 신이었다. 그런 만큼 그의 이미지는 무질서, 더 나아가 반(反)질서와 연관되어 있다. 따라서 그를 기리는 숭배 의식도 광적인 성격을 띠고 있었다. 영어 mad의 어원은 그리스어 마이나스(mainas, mainades)인데, 그 의미는 술의 신을 섬기는 여성들, 즉 디오니소스나 바커스를 숭배하는 여성들을 의미한다. 마이나스들은 술에 취해 새해의 풍요와 다산을 기원하며 디오니소스를 위해 춤을 추었다. 그들은 디오니소스 축제 기간이 다가오면 집을 떠나 숲과 언덕으로 모여들었다. 그리고는 사슴 가죽으로 만든 옷과 담쟁이덩굴로 만든 관을 쓰고 '유우아'(Euoi)!라고 외치며 의례를 치렀다. 그리고 '티르소스'라는 이름의 지팡이를 흔들면서 피리와 북의 반주에 맞추어 장작불 주위에서 춤을 추었다. 이 지팡이는 회향나무 가지에 포도덩굴과 담쟁이덩굴로 장식한 지팡이로 이후 디오니소스의 상징이 된 것이다. 이 밖에도 머리에 쓴 담쟁이덩굴 화관과 손잡이가 두 개 달린 큰 잔 모양의 칸타로스도 디오니소스를 상징했다. 의례의 하이라이트는 살아 있는 동물을 갈기갈기 찢어 먹는 의식이었다(omophagia 날고기 먹기). 이 의식을 마친 후 사티로스[13]와 실레노스[14]로 변장한 사람들과 마이나스들은 만취하거나 신들린 상태에서 춤을 추며 행진하였다.

'날고기 먹기'는 디오니소스 숭배 의례의 핵심이자 가장 중요한 특징이다. 그것은 디오니소스의 육신이 찢기고 다시 부활한 신화를 재현한 것이다. 특히 테베의 디오니소스 숭배자들은 이빨로 살아 있는 수소를 뜯어 먹은 후 악을 쓰면서 숲 속을 배회하였다고 한다. 살아 있는 수소를 먹는 의례를 통해 디오니소스를 죽여 그의 살을 먹고 그의 피

술 취한 상태에서 춤추며 행진하는 사티로스와 마이나스들.

를 마시는 신화의 내용을 재현하였던 것이다.[15] 그들은 '디오니소스의 신성한 심장'이 들어 있는 상자를 가운데 놓고 피리와 북의 거친 음악에 맞추어 춤을 추며 디오니소스를 죽음으로 유인한 딸랑이를 미친 듯이 흔들어댔다.

이처럼 광적인 의례를 특징으로 하는 디오니소스 숭배는 명석한 지성과 냉철한 기질을 중요시하는 그리스 문화와는 매우 이질적이다. 그런 이유 때문에 디오니소스 의례가 원래 그리스에서 발생한 것이 아니라 그리스 북부에 있는 음주에 탐닉하기로 유명한 트라키아의 야만족들 사이에서 발생한 것이고 그것이 이후 그리스에 전해진 것이라고 주장하는 학자들도 있다.[16] 아무튼 북쪽의 트라키아 지방이나 소아시아 지방(프리기아와 리디아) 어딘가에서 전래된 듯한 디오니소스 숭배는 점점 확대되었고, 디오니소스는 기원전 5세기 올림포스의 열두 신의 자리에까지 올랐다. 그리스인들은 매년 3월에 아크로폴리스에 모여 닷새 동안 흐드러지게 마시고 놀면서 주신(酒神)인 디오니소스와의 일체감을 만끽했다. 이날 사세 축제에서 나타났던 역할의 뒤집기, 변장과 마스크의 가장행렬도 벌어졌다.

그런데 디오니소스 축제가 특히 여성들 사이에 세력을 넓혀가자 그것이 여성들을 난잡한 일탈행위로 이끈다는 인식이 남성들 사이에서 팽배해졌다. 그 결과 한때 디오니소스 숭배가 박해를 받기도 하였다. 특히 테베의 왕 펜테우스의 박해가 심하여 디오니소스 신도들의 원성을 샀다. 펜테우스가 길을 가다가 디오니소스 여신도들에 의해 붙잡혀 육신이 갈기갈기 찢겼다는 일화는 이 때문에 나온 것이다. 이 일화는 이후 에우리피데스(Euripides)의 「바쿠스의 여신도들(Bacchae)」의 소재가 되기도 하였다. 어쨌든 이런 박해에도 불구하고 디오니소스 숭배는 아테네를 숭배하는 판 아테나이아와 더불어 그리스의 가장 중요한 국가 행사로 발전하였다. 이렇게 국가적인 숭배로 공식화되면서 그 본래의 야성도 점점 순화되었다.[17]

그렇다면 언뜻 보기에 이해할 수 없는 디오니소스 숭배의 광적이고 폭력적인 의례에 어떤 다른 의미라도 있는 것일까? 디오니소스 신화를 재현한 그 소란스럽고도 애도어린 의례는 사실 계절의 변화에 대한 환희와 슬픔의 표현이었다. 그리스인들은 매년 반복되는 식물의 성장과 죽음을 디오니소스의 죽음과 부활을 보여주는 연극적인 의례로 기념하였던 것이다. 디오니소스 축제는 이후 로마의 바쿠스 축제로 이어졌고 로마가 멸망한 이후에는 기독교 축제에 그 흔적을 남겼다. 그것이 바로 계절의 변화, 그 죽음과 재생을 표현하는 카니발 축제이다.

한편 아테네와 모든 점에서 대조적인 스파르타에서도 마스크와 변장을 즐기며 노는 축제가 있었다. '스파르타식 교육'이라는 말이 암시하듯이 스파르타의 남자아이들은 어릴 적부터 엄격한 교육과 혹독한 군사훈련을 받으며 성장하였다. 그러나 가끔 그런 엄격한 일상에서 탈출할 수 있었는데, 사냥의 신인 아르테미스를 숭배하는 축제가 바로 그런 기회였다. 축제날 밤에 소년들은 짐승들의 냉혹한 속성인 계략과 약탈·폭력을 배우기 위해 늑대와 여우 등으로 변장하고 훈련을 받았다. 이 훈련이 끝나면 소년들은 아르테미스의 가호를 빌며 마스크를 쓰고 춤을 추면서 소란스런 축제를 벌이는 것이다. 이때 소년들은 짐승이나 여자·사티로스 등으로 변장해 또 다른 존재의 삶을 경험하였다.[18]

사투르누스 축제와 로마의 겨울축제들

중세 카니발에 가장 직접적인 영향을 준 것은 로마의 겨울축제들이다. 축제만이 아니라 유럽의 모든 문화가 로마라는 '물줄기'에서 흘러나왔다는 점을 감안하면 당연한 결과이다. 로마의 겨울축제란 12월과 3월 사이에 벌어진 소란스럽고 무질서한 일련의 축제들을 말한다. 마크로비우스에 의하면 '이 기간에 로마인들은 윤일의 신비함에 휩싸여 소란스럽고 광적인 축제에 빠져들었다'고 한다.[19] 그러나 중용의 미덕을 중시하는 로마인의 성격을 감안해보면 그런 소란스럽고 무질서한 겨울축제는 로마의 역사 속에서 형성된 것이라기보다는 외부, 특히 오리엔트 지방에서 유입된 듯하다. 사실 역사상 로마만큼 외국문화에 개방적인 나라도 드물다. 이집트의 이시스 숭배가 로마로 흘러들어와 케레스 숭배가 되었고, 그리스의 디오니소스 축제 역시 로마로 유입되어 바쿠스 축제가 된 것을 보면 잘 알 수 있다.

로마인들은 동지 때 9일간(12월 17일에서 25일 사이) 사투르누스를 숭배하는 축제를 벌였다. 사투르누스는 주피터의 아버지이며 황금시대를 지배한 농경 신이었다. 사투르누스의 어원이 파종을 의미하는 'sata'라는 사실은 그와 농경의 관계를 짐작할 수 있게 한다. 사투르누스 숭배는 로마인에게 매우 인기 있는 축제였다. 특히 제정기를 거쳐 제국 말기(3세기 말~4세기 초)에 더욱 그러하였다. 이렇게 사투르누스 축제가 로마인에게 인기가 있었던 이유가 무엇일까? 그 이유 중 하나는 사투르누스가 누구나 동경하는 황금시대를 지배한 신이었기 때문이며, 또 다른 이유는 그 축제가 가을철 수확과 파종이 끝난 농한기에 벌어져 누구나 마음 놓고 즐길 수 있었기 때문이었다.[20] 전 국민의 인기를 얻은 만큼 사투르누스 축제 때에는 모든 학교와 관공서가 문을 닫았고, 심지어 전쟁도 잠시 중단하며, 사형 집행도 연기할 정도였다.

사투르누스는 모든 인간이 평등했던 황금시대를 지배한 신이었기 때문에 그의 축제에도 평등을 향한 인간의 염원이 반영되었다. 그 염원은 현재의 불평등한 위계질서를 뒤집는 의식으로 표현되었다. 사투르누스 축제 때 주인은 하인으로 변장하고 하인은 주인으로 변장해 자기 주인을 모욕하고 조롱하였다. 이 의식이 끝나면 실컷 먹고 마시는 잔치와 소란스럽고 외설적인 대향연이 이어졌다. 여기서는 누구나 다 평등하게 똑같은 술과 고기를 먹었다. 먹고 마시면서 하인들은 주인의 말과 행동, 걸음걸이를 흉내 내며 그들을 조롱하였다. 이런 역할 뒤집기 외에도 바빌로니아의 '임시 왕 제도'를 연상시키는 관행이 있었다. 세네카의 기록에 의하면 사람들이 주사위로 임시 왕을 뽑아 잔치 중에 그에게 짓궂은 명령을 내렸다고 한다. 예를 들면 찬 물통에 머리를 처박아보라든가 아니면 깜부기로 얼굴을 검게 칠해보라든가 하는 식이다. 사투르누스 축제 때 벌어지는 이런 관행들에서 카니발 축제의 역할 뒤집기와 카니발 왕 제도의 흔적을 발견하는 것은 그리 어려운 일이 아니다.

로마인들은 사투르누스 축제 외에도 12월 25일 미트라를 숭배하는 축제를 벌였다. 원래 페르시아의 태양신이었던 미트라 숭배는 로마에 전파되면서 급속히 성장하여 제국 말기에는 로마에서 가장 인기 있고 성대한 축제가 되었다. 그날의 하이라이트는 황소를 제물로 바치는 의식이었다. 이 외에도 세례를 베풀고 빵으로 된 성체를 현시(顯示)하는 의식이 있었는데 주지하다시피 이것은 기독교 의례와 매우 비슷하다.

12월에는 특별히 어린이들을 위한 축제도 있었는데 그것이 바로 인장제이다. 이날 로마인들은 집을 녹색 식물로 장식하고 아이들에게 인장이나 반지 등 작은 선물을 나누어 주었다. 12월 말의 이런 관행은 이후 성탄절로 이어졌다.[21]

2월은 로마인들에게는 '축제의 달'이었다. 2월에는 겨울을 보내고 새 봄을 맞이하려는 로마인들의 소란한 관행들이 집중되어 있었다. 2월 초 로마인들은 케레스를 숭배하는 축제를 벌였다. 케레스는 농업과 문화의 여신이며, 지옥의 신 플루톤이 잡아간 프로세르피나를 구하기 위해 횃불을 들고 지옥으로 들어간 여신이기도 하다. 이것을 기념하기 위해 이날 로마인들은 횃불을 들고 들판을 가로지르는 긴 행렬을 벌였다. 이 횃불 행렬은 지옥으로 들어간 케레스를 기리기 위한 것이기도 했지만 실은 들판의 다산과 풍요를 기원하는 의미를 가지고 있었다. 이 관행은 이후 성촉절의 낯익은 촛불 행렬로 이어진다.[22]

2월 중순경에는 목신제가 거행되었다. 그날의 주인공은 양의 무리를 보호하는 신인 목신의 사제들(luperques)이었는데, 그들은 대개 귀족 자제들 사이에서 선발되었다. 그들은 축제 날 아침 동굴에서 특별한 의식을 치렀다. 거기서 그들 중 한 명이 피가 묻은 칼을 건네면 다른 한 명은 그것을 받아 우유에 담근 양털로 그 피를 닦았다. 이러한 정화 의식이 끝나면 그들은 허리에 간단한 천만 두른 채 가죽 끈을 들고 동굴 밖으로 나와 사방으로 달리기 시작하였다. 그들은 달리는 도중 만나는 모든 사람들을 가죽 끈으로 사정없이 내리쳤다. 그 중에서 특히 공격 대상이 된 것은 젊은 여성들이었는데, 이상하게도 그 여성들은 그 매질을 피하지 않았다고 한다. 그 매질이 그녀들의 임신과 출산을 도와준다고 믿었기 때문이라고 하니 이 축제 역시 다산과 풍요를 위한 축제였음에 틀림없다. 이처럼 거리에서 사람들을 추적하고 특히 여성을 향해 매질하는 관행은 중세 카니발에서도 볼 수 있다.

이 외에도 2월 18일에는 전쟁의 신인 퀴리누스(Quirinus)를 위한 축제가 있었고, 그 다음날인 19일은 부인들이 가정의 수호신 레어리즈(Lares)의 어머니인 랄라(Lala)를 기리는 날이었다. 그리고 22일은 '카리스티에르(Caristiers)의 축제'로 가족 중 고인이 된 사람을 기리는 날이었다. 로마의 '2월 축제'는 케레스와 목신 등의 경우에서 보듯이 다소 신화적으로 역사적으로 윤색이 되긴 했지만, 기본적으로 정화와 다산·사자(死者)의 영접과 보냄·청년들의 난투·침묵 등을 위한 축제이다. 그런데 사실 이것들은 로마만의 특징이 아니라 모든 인도유럽문

화권의 2월 축제들이 갖는 특징이었고, 이것이 중세 때 자연스럽게 카니발로 흘러들어간 것이다.[23]

3월 중순경에는 안나 페레나(Anna Perenna)를 위한 축제가 있었다. 목신제 관행과 비슷하게 그날에도 '3월의 노인'(Mamurius Veturius)이라고 불리는 남자들이 길에서 사람들을 추적하며 채찍을 휘둘렀다. 마르코비우스에 의하면 이러한 행동은 사람들이 행복한 한 해를 보내도록 기원하는 것이었다고 하는데, 그런 점에서 일종의 '액땜 의식'인 셈이다. 한 해를 행복하게 보내기 위한 의식이 1월이 아니라 3월에 벌어지는 게 좀 이상할 수도 있겠지만, 사실 그 이유는 로마 건국 초기 달력이 처음 만들어질 때, 한 해 시작이 1월이 아니라 3월이었기 때문이다. 따라서 '3월의 노인'이 휘두르는 채찍은 건국 초기 관행의 잔재라고 할 수 있다.

오비디우스는 안나 페레나 축제를 매우 구체적으로 기록하였다. 그에 의하면 그날 로마인들은 티베르 강변에 오두막과 천막을 세워놓고 풀밭에 앉아 식사를 하였으며 앞으로 살아야 할 해와 같은 숫자만큼 술잔을 기울였다고 한다. 마치 우리가 동짓날 자기 나이만큼 새알을 먹는 것과 비슷하다. 술을 마신 뒤에는 환락의 춤을 추고 노래와 연극을 즐겼다. 저녁 무렵 사람들은 만취해서 비틀거리며 도시로 귀환하였다.[24]

로마제국 말기 313년 콘스탄티누스가 기독교를 공인할 무렵, 로마의 겨울축제들은 로마를 비롯해 그 속주들까지 광범위하게 확산되어 있었다. 유럽도 로마 속주의 하나였기 때문에 예외가 아니었다. 이런 이교적인 겨울축제는 로마가 다신교주의에 입각해 종교적 다양성을 인정할 때에는 문제가 되지 않았다. 그러나 기독교를 공인하고 그것을 국교로 채택하면서부터 수많은 이교적 관행들이 비난받고 금지되었다. 제국 말기 교부 신학자들이 가장 관심을 기울인 것은 이런 이교적 관행을 척결하고 기독교의 정통 교리를 확립하는 것이었다. 그 과정에서 로마의 겨울축제는 된서리를 맞았지만 그렇다고 없어지진 않았다.

4 기독교화 되는 이교 축제들

이교 축제의 기독교화

　로마의 다신교주의 전통과는 달리 기독교는 유일신 사상을 근본으로 하는 배타적 종교이다. 사실 콘스탄티누스가 기독교를 공인한 이유도 그 유일신 사상을 중심으로 해체 직전의 로마 제국을 재건해보자는 정치적 동기 때문이었다. 기독교의 배타성은 이미 원시 기독교시대부터 유명하다. 우상숭배라며 이교 신들의 조각상들을 망치로 때려 부수고 다녔으니 말이다. 기독교가 공인된 이후에 이런 배타성은 더욱 심해졌다. 교회는 공공연히 이교 신과의 전쟁을 선언하고 이교적 관행을 척결하고자 하였다. 그 전쟁에 가장 앞장선 사람들은 교부 신학자들, 예를 들면 성 아우구스티누스와 성 암브로시우스, 성 막심 드 튀랭(Saint Maxime de Turin) 등이었다. 그들은 이교 신을 '추락한 천사'와 '타락한 악마'에 비유하고 그 신을 숭배하는 의례를 사악하고 방탕한 것으로 비난하였다. 특히 비난의 대상이 된 것은 축제 때 마스크를 쓰는 관행이었다. 교부 신학자들이 보기에 마스크를 쓰는 행위는 '자신의 모습대로 인간을 창조하신 신'에 대한 모독이었기 때문이다. 이에 역할의 뒤집기와 변장·마스크를 특징으로 하는 로마의 겨울축제가 특히 비난의 타깃이 되었다.

하지만 교회는 그 관행을 척결하는 것이 불가능하다는 것을 곧 깨닫게 되면서 뿌리 깊은 배타성을 버리고 다소 유연한 태도를 취하게 된다. 초기 교회와 교부 철학자들의 노력에도 불구하고 이교적 관행을 완전히 근절시키는 것이 불가능했던 이유는 그것이 이교 축제이기에 앞서 계절의 순환과 풍요를 비는 계절축제였기 때문이다. 그것은 농민들이 계절에 맞추어 농사를 짓고 풍요를 기원하는 의식을 되풀이하는 한 사라질 수 없는 농민들의 삶 그 자체였다. 결국 교회는 이교적 관행을 없애기보다는 그것을 기독교화 하는 것이 낫겠다고 판단하였다. 사실 교회의 이런 태도 변화는 단순한 타협이나 양보가 아닌 고도의 정치적 술책이었다. 즉 이교 축제를 '차용'하여 기독교를 더욱 확고히 정착시킴과 동시에 성직자들의 권력을 강화하려는 전략이었던 것이다.

그 결과 이교적 축제에 기독교적이고 신학적인 의미가 부여되었고, 그 축제의 주인공인 이교 신들은 여호와나 예수, 성인들로 대체되었다. 대표적인 예로 로마의 사투르누스와 미트라 숭배가 4세기경 예수의 탄생을 축하하는 성탄절로 변한 것을 들 수 있다. 미트라와 예수가 결합된 이유는 태양의 신인 미트라와 세상에 빛을 던져준 예수의 이미지가 일치했기 때문이다. 오늘날 사람들은 12월 25일이 되면 예수의 탄생을 축하하지만 사실 그날이 정확히 예수의 생일인지는 분명하지 않다. 분명한 것은 동지부터 낮의 길이가 점점 길어진다는 사실과 세상의 빛이 되기 위해 태어나신 예수의 이미지가 밀접한 연관성을 가지

중세 초 농민들 사이에는 이교적 잔재가 여전히 많이 남아 있었다. 성직자들은 이러한 이교적 잔재들을 비난하며 농민들을 향해 그것을 멀리하라고 설교하였다. 간혹 그런 성직자들은 농민들에 의해 가혹한 수모를 당하기도 하였다. 그림은 6세기경 변장을 한 채 행렬을 지어 다니는 농민들의 모습으로 이교의 잔재를 엿볼 수 있다.

고 있다는 점이다.

이교적인 축제들이 기독교 달력에 맞추어져 '기독교화' 되는 과정에서 새해를 기념하는 사흘 동안의 신년 축제도 확립되었다. 사람들은 새해를 맞이하는 첫날에 서로 선물을 주고받으며 소망을 기원했고 저녁에는 무도회와 연회를 열어 즐겼다. 둘째 날에는 각자의 집에 머물면서 주인과 하인이 함께 어울려 놀았다. 그리고 마지막 셋째 날은 신년 축제의 하이라이트로서 이교적 관행의 잔재인 마스크를 쓰고 거리로 뛰쳐나와 연극 놀이를 즐겼다. 이때 부자들은 가난한 군중을 향해 돈을 던져주곤 하였다. 신년 축제의 전날인 12월 31일 푸짐한 음식을 차려

놓고 전야제를 벌이며 새해를 맞이하는 풍속도 서서히 등장하였다.

이렇게 예수탄생일과 신년 축제 등, 새해를 전후해 여러 축제들이 집중되면서 12일제가 확립되었다. 12일제는 12월 25일 성탄절부터 1월 6일 예수공현절까지의 기간을 말한다. '축제의 왕'을 뽑는 관행이 있는 예수공현절은 '왕의 축제'로 불리기도 했다. 바빌로니아의 '임시 왕 제도'의 잔재로 보이지만 '왕'의 운명은 좀 달랐다. 바빌로니아의 '임시 왕'은 그의 역할이 끝나면 끔찍한 최후를 맞이했지만 예수공현절의 왕은 그날 축제를 주관하는 축제의 영웅이자 주인공이었다.

로마의 2월 축제는 부활절이 확립되면서 카니발로 재탄생하였다. 325년 니케아 종교회의에서 부활절을 춘분점에 맞추어 거행한다는 원칙과 그 이전 40일간을 금욕하고 금식하는 사순절로 한다는 원칙이 확립되었다. 보통 사람이 40일간 욕망을 참고 음식을 절제한다는 것은 쉬운 일이 아니다. 그래서 교회는 사순절이 시작되기 전 일정 기간 동안 마음껏 즐길 수 있는 축제를 제도적으로 허용하였는데 그것이 바로 카니발이다.

카니발(carnaval)이란 명칭은 '육(肉)을 먹는다'라는 의미의 'carne vale'에서 비롯되었다.[25] 사순절 기간 동안에는 육류를 먹을 수 없기 때문에 그 이전에 집에 있는 육류를 마음껏 먹어 치우는 관행에서 비롯된 명칭일 것이다. 카니발은 사순절의 금욕을 잘 견디기 위해 인간의 영혼을 깨끗이 청소하고(이 말은 억압된 본능을 마음껏 발산하여 욕망의 찌꺼기가 남아 있지 않도록 한다는 의미이다), 몸에 잔뜩 기름을 채우는 행위이다. 이런 의미에서 카니발은 사순절로 들어가기 위한 일종의 통과의례와도 같은 것이다. 교회가 무질서와 방종으로 채워진

이교적인 '봄의 축제들'이 기독교력에 편입되면서, '야윈 시기'인 사순절과는 대조되는 카니발, 즉 '기름진 시기'가 되었다. 이 그림 역시 기름진 식탁에 둘러앉은 살찐 사람들과 창밖에 서서 들어오지도 못하는 야윈 사람을 대조적으로 보여줌으로써 카니발과 사순절을 표현하고 있다.

카니발을 허용한 것은 바로 그런 이유에서였다.

카니발은 엄밀히 말하면 사순절에 들어서는 재의 수요일 직전의 일·월·화요일에 해당되지만 점차 그 외연이 확대되었다. 그래서 흔히 1월 6일 예수공현절부터 재의 수요일 직전까지를 카니발 기간이라고 인식하게 되었다. 이 기간에는 성촉절(聖燭節)을 비롯해 많은 수호성인 축일이 포함되어 있어 변장과 가장을 동반한 소란한 축제들이 주기적으로 출현하였다. 하지만 카니발의 축제 분위기는 점점 확대되어 이미 11월 1일 만성절부터 사람들은 축제의 향연 속으로 빠져들었다.

11월 1일은 전통적으로 켈트족의 삼하인 축제였는데 그것이 기독교화된 형태가 만성절이다. 겨울에 들어서는 이날 마을 청년들은 죽은 사람의 마스크를 쓰고 묘지와 숲을 헤매고 다녔다. 그러면서 그해의 '카니발 축제'가 시작되었다. 이처럼 카니발의 외연이 확대되자 무질서와 방종이 겨울 내내 일상화되는 것을 막기 위해 역대 교황들이 카니발 기간을 재의 수요일 직전의 6~7일로 축소한 적도 있었다.

언뜻 보기에 카니발이 부활절과 사순절이 확립되는 과정에서 만들어진 것 같지만, 앞에서도 이야기했듯 사실 그것은 이전부터 내려오던 겨울축제의 관행을 제도화한 것에 불과하다. 교회는 어차피 근절할 수 없는 관행이라면 이런 식으로 기독교 내로 흡수하는 것이 낫겠다고 생각한 것이다. 하지만 카니발이 단기간에 일사분란하게 정착된 것은 물론 아니다. 수십, 혹은 수백 년간에 걸쳐 서서히 형성되고 제도화되었다.

카니발의 공간과 시간

중세 사람들은 어디에서 즐기고 놀았을까? 무샹블레(R. Muchembled)에 의하면 중세 사람들은 집에서 혼자 지내는 것을 좋아하지 않았다고 한다. '혼자' 혹은 '개인'이라고 하는 것은 공동체에서 소외되는 것을 의미하였다. 그래서 그들은 늘 광장이나 선술집·교회와 같은 공공장소에서 이웃들과 함께 어울리기를 좋아하였다. 이런 공동체 생활을 통해 중세 특유의 상상적 공포나 혹은 실제적 공포를[26] 극복할 수 있었다. 이러한 사실은 중세 사람들이 왜 그렇게 축제를 좋아하고 또 중세에 왜 그렇게 축제가 많이 있었는지를 설명해준다.[27]

중세 사람들이 모여 놀고 즐기던 가장 대표적인 장소는 의외로 교회였다. 중세의 교회는 기도와 예배를 위한 종교적 장소였을 뿐만 아니라 놀이와 연극이 벌어지는 유희의 장소이기도 하였다. 사실 중세에는 로마처럼 원형경기장이나 음악당·극장·바실리크 같은 공공 오락 장소가 없었기 때문에 그것은 어쩔 수 없는 현상이었다.[28] 이처럼 유희의 장소이기도 했던 교회에서는 장엄하고 엄숙한 의례만 거행된 것이 아니라, 신자들의 호기심을 자극하고 그들의 기분을 전환시켜 줄 수 있는 탈선의 의례들도 많이 벌어졌다. 그 대표적인 것이 광인의 축제이다.

　교회의 오락성과 '세속성'은 교회의 장식과 그림들을 통해서도 확인할 수 있다. 오늘날 중세 교회를 둘러볼 때 놀라운 것 중 하나는 그곳을 장식하고 있는 비기독교적인 조각과 장식들이다. 교회는 신자들의 상상력과 호기심을 자극하기 위해 교회의 현관이나 정문·닫집·궁륭·기둥 등에 신성과 세속의 구분이 거의 없을 만큼 환상적이고 괴기적이며 풍자적인 그림과 조각들을 장식해 넣었던 것이다. 그런 그림과 조각들은 그곳이 신성한 장소라는 사실을 의심케 한다. 특히 교회의 문에 그려진 성인들의 삶을 묘사한 그림에는 무지한 신자들의 이해를 돕기 위한 세속적이고 오락적인 요소들을 많이 볼 수 있다. 이런 장식들은 신자들에게 좀더 강렬한 종교적 영감을 불어넣기 위한 것이기도 했겠지만, 교회가 유희의 공간으로 사용되기도 했다는 사실과 무관하지 않을 것이다.[29]

　의례에 참석하는 신자들 역시 마찬가지였다. 중세의 신자들은 근대 이후의 경건하고 독실한 신자들과는 거리가 멀었다. 그들은 미사 규약을 잘 지키지도 않았으며 신성한 예배에 대해 존경심을 갖지도 않았

중세 교회의 현관이나 정문·닫집·궁륭 등에는 성서의 내용만이 아니라 신자들의 호기심을 자극하고 교훈적 효과를 줄 수 있는 악마나 광인들의 모습도 많이 조각되었다. 그림은 중세의 교회에 새겨진 악마나 광인들의 모습이다.

다. 신도회 규약 중에 미사 중 떠드는 사람에게 벌금을 부과하는 내용이 있을 정도이다. 이들의 신앙은 풍년이 들면 성모마리아에게 지극 정성을 바치다가도 흉년이 들면 성모마리아와 성인 상을 땅에 집어던질 만큼 불완전하고 모순에 찬 것이었다.[30] 교회는 이런 무지한 신자들을 상대해야 했기 때문에 일 년 중 특정한 날의 의례에 다소 오락적이고 유희적인 요소들을 도입해야 했다. 그런 것들이 형식적이고 지루한 의례보다 무지한 중세 신자들에게 더 호소력이 있었다. 이 때문에 중세 내내 교회 내에서 서슴없이 이교적 관행들이 벌어진 것이다.

묘지 역시 축제와 유희를 위한 공간이었다. 중세가 되면서 로마 시대의 거대한 지하 묘지는 사라지고 교구 교회나 수도원 주위에 공동묘지가 세워지기 시작하였다. 이러한 공동묘지는 장례를 위한 종교적 장소였을 뿐만 아니라 일상과 밀접히 연관된 생활공간으로서 행렬의 정거장이자 설교와 연설·스펙터클(기적극과 신비극)과 축제·모임이 이루어지는 장소이기도 하였다. 오늘날 우리가 생각하는 묘지와는 많이 다르다. 묘지가 축제의 공간으로서 특히 중요했던 때는 죽은 성인(聖人)과 조상들을 기념하는 만성절이었다. 이날 마을 청년들은 죽은 자들을 기리기 위해 묘지에 모여 해골 분장을 하고 가성(假聲)으로 고함을 지르며 밤새 마시고 놀았다. 이런 관행들은 점차 세속화되고 상업화되어 오늘날의 할로윈 축제로 이어지고 있다.[31]

12세기에 서서히 중세 도시가 발달하면서부터 시골의 교회와 묘지가 주로 담당했던 전통적인 축제 공간으로서의 역할을 광장과 사거리·시장·시청 등이 함께 하게 되었다. 축제 때 도시의 각종 단체들은 광장과 사거리에 무대를 설치해 연극을 상연하였다. 한편 거리에서는 카니발의 하이라이트인 도시를 가로지르는 화려하고 괴기적인 가장행렬이 벌어졌다. 교회에서 출발한 행렬이 반드시 거치는 장소는 시장과 광장·시청이었는데, 그것은 그 자체로 도시의 권력과 위계를 표상하였다.[32]

카니발 축제란 장기적으로는 11월 1일 만성절부터 재의 수요일 직전까지의 축제들을 말하며 단기적으로는 1월 6일 예수공현절부터 재의 수요일 직전까지의 축제를 말한다. 이 기간 중에 카니발의 하이라이트라고 하면 재의 수요일 직전의 일·월·화요일(육식일)이며, 이 사흘만을 특별히 카니발이라고 부르는 경우도 있다. 지역과 시기에 따라 카니발의 의미는 매우 다양하다.

어쨌든 대략 11월부터 1월까지가 장기적으로 본 카니발 기간이라고 할 수 있다. 이 기간에 포함된 수많은 축제들은 종교적이고 신화적인 외피를 쓰고 있지만, 그 시기가 농경 사회에서 가장 한가로운 농한기에 해당될 뿐만 아니라 한 해를 보내고 새로운 해를 맞이하는 기간이라서 본질적으로 그 해의 다산과 풍요를 비는 의미를 가지고 있다. 이 기간에 포함된 축제들에는 다음과 같은 것들이 있다.

표 1. 카니발 기간의 축제들

11월 1일	만성절
12월 6일	성 니콜라스 축일
12월 25일	예수성탄대축일
12월 26일	성 에티엔 축일
12월 27일	성 요한 축일
12월 28일	유아학살제
12월 31일	성 실베스트르 축일
1월 1일	예수할례축일
1월 6일	예수공현절
1월 17일	성 앙투완 축일
1월 25일	성 바울 축일
2월 1일	성녀 브리지트 축일
2월 3일	성 블레즈 축일
2월 5일	성녀 아가트 축일
2월 초	성촉절/육식일

이 외에도 이 기간에는 수많은 수호성인들의 축일이 포함되어 있다. 역할의 뒤집기나 마스크·변장·난장 등을 특징으로 하는 카니발의 관행은 이 기간의 모든 축제에 나타난다. 하지만 그것은 카니발 기간의 축제만이 아니라 오월제 등 다른 기간의 축제에도 등장하였다. 이 때문에 '카니발' 혹은 '카니발적인'이라고 하면 반드시 카니발 축제만이 아니라 변장과 마스크가 등장하는 축제 전부를 지칭하는 것으로 확대 이해되기도 한다.

필자가 사용한 카니발 개념은 이보다는 제한적이다. 필자는 장기간의 카니발 주간에 해당되는 축제를 다루되, 두 개로 분류하여 살펴볼 것이다. 즉 하나는 12월 25일과 12일제를 포함하는 광인의 축제이고 다른 하나는 1월 17일 성 앙투완 축일에서 육식일까지의 '카니발 축제'이다. 이 두 축제는 성격이 비슷해 모두 카니발로 묶일 때도 있지만 다른 점도 있다. 전자가 교회와 하위 성직자를 중심으로 벌어진 다소 종교적 축제라면 후자는 교회 밖 평신도를 중심으로 벌어진 세속적 축제이다. 이 두 기간 사이에 간격이 생긴 이유는 그 사이에 파종을 해야 했기 때문으로 보인다.

> 광인의 축제란 바로 인간 내부와 우주의 기가
> 자유롭게 순환할 수 있게 해주는 축제다. 그것은 인간의 순수함과
> 아이다움이 분출됨으로써 가능한 세계다.

제2부 광인의 축제: 성당에서 벌어진 난장

1 12월에 주어지는 특별한 자유

중세 초부터 수도원과 성당의 성직자들은 예수의 탄생이나 수호성인의 삶과 관련된 중요한 날들을 달력에 기입해놓고 그것을 축하하는 의례를 거행하였다. 12월과 1월 중에는 특히 중요한 날들이 많았다. 12월 6일 성 니콜라스 축일을 시작으로 해서 12월 25일 예수성탄대축일, 12월 26일 성 에티엔 축일, 12월 27일 성 요한 축일, 12월 28일 유아학살제, 12월 31일 성 실베스트르 축일로 이어졌고, 다시 해가 바뀌어 1월 1일은 예수할례축일, 1월 6일은 예수공현절이었다. 이 기간에 교회 내에서는 성직자와 클레르(clercs)[1]·복사들 사이에 특별한 축제가 벌어졌다. 1182년 아미앵의 한 성직자는 '이런 날들에 몇몇 교회에서 주교와 대주교들의 직책과 상징이 놀이의 대상이 되고 있다'라고 기록하였다. 이 말은 교회 내의 하위 성직자들이 모여 임시 주교와 임시 교황을 뽑아 미사를 패러디하며 즐겼다는 의미이다. 이런 일련의 축제가 바로 '광인의 축제'(fêtes des fous)이다.[2]

광인의 축제는 12월 6일부터 1월 14일까지 몇몇 중요한 축일에 성당과 교회에서 거행된 의례와 오락을 말한다. 티에르(Jean-Baptist

광인의 축제는 12월 하위 성직자들이 교회 내에서 벌이는 축제로, 뒤집기 관행과 변장·마스크 등으로 인해 매우 무질서하였다. 그림은 성직자들이 교회 안에서 난장을 벌이는 모습이다.

Thiers)에 따르면 광인의 축제에는 성탄절과 성 에티엔 축일·성 요한 축일·예수할례축일·예수공현절·예수공현절 이후 8일 등이 포함된다. 그러나 사실 그가 놓친 성 니콜라스 축일과 유아학살제도 역시 광인의 축제에 포함된다. 이런 축제들은 처음에는 각자 독특한 특성을 갖고 있었지만 점점 서로 섞이고 융합되어 비슷해졌고 결국 하나의 '겨울 대축제' 혹은 '12월의 자유'라고 불리게 되었다.

뒤 티이요(J.-B. Du Tilliot)는 『광인의 축제의 역사에 관한 회고록』(1741)이라는 책에서 광인의 축제의 기원을 로마의 겨울축제라고 주장하였다.[3] 그는 '중세 초 기독교로 개종한 이교도들이 자신들의 이전 오락을 잊지 못해 광인의 축제를 만들어 확산시켰다'고 하였다.[4]

뒤 티이요의 이런 견해는 고대 말과 중세 초 신학자들의 견해를 그대로 계승한 것이다. 성 아우구스티누스는 광인의 축제가 가진 이교적 성격을 비난하며 그 경건하지 못한 관행에 빠진 사람들에게 중벌을 내려야 한다고 주장했으며, 성 이시도르 드 세비유(Saint Isidore de Séville) 역시 633년 톨레드(Tolède) 공의회에서 비슷한 주장을 하였다. 하지만 광인의 축제가 로마의 이교적 축제에서 비롯되었다는 기독교 초기 신학자들의 주장과는 달리 그 기원은 훨씬 이전으로 거슬러 올라간다. 사실 그것은 태곳적 동지를 전후해 벌어지던 역할 뒤집기와 익살·변장·마스크·무질서에서부터 시작된 관행이다.

하지만 광인의 축제의 기원을 태고시대에서 구하든 아니면 로마의 이교 축제에서 구하든 그 기원을 이해하는 것만큼이나 중요한 것은 그것이 가지는 기독교적인 성격을 이해하는 것이다. 에르(J. Heer)는 광인의 축제와 이전의 이교적 축제의 관련성을 지나치게 강조해서 그것을 변장과 익살·야유로 채워진 무질서한 축제로만 보아서는 안 된다고 하였다. 그에 의하면 그 명칭이 불러일으키는 이미지에도 불구하고 사실 광인의 축제는 광기의 찬양이나 고무와는 무관하다. 오히려 광인의 축제는 기독교의 이념을 표현하는 엄격한 종교적 축제다. 실제 중세 초 광인의 축제가 처음 등장할 무렵 그것은 교회의 규칙을 준수하는 지극히 정상적인 의례였다. 이런 점에서 중세 사람들은 그것을 광인의 축제라고 부르지 않고 '유아학살제' 혹은 '아이들의 축제', '당나귀 축제'라고 불렀다는 에르의 주장은 타당성이 있어 보인다. 그에 의하면 12월 말에서 1월 초의 축제들이 광인의 축제라고 불린 이유는, 그것들이 서로 섞이고 표절하면서 점차 소란스러운 가장행렬로 엇비슷해졌고 그로 인해 근대 이후 보수적 학자들이 그것들을 한데 묶어 광인의 축제라고 불렀기 때문이다.[5]

그렇다면 이 기간의 축제들이 서로 표절하고 뒤섞여 엇비슷해진 이유가 무엇일까? 그 이유는 그 축제들의 성격 자체에 기인한다. 각자의 차이점에도 불구하고 그것들은 어떤 공통점을 가지고 있었다. 12월 25일은 아기 예수의 탄생을 기념하기 위한 날이고 12월 28일 역시 헤롯왕에게 살해당한 아기들을 위한 날로 그 둘 모두 아이들을 위한 축제이다. 그리고 12월 26일은 성 에티엔의 축일로서 교회에서 하위 신분에 속하는 부제(副祭)들의 날이다. 따라서 이 축제들은 모두 '아이들'을 위한 날이라는 공통점을 가진다. 그 공통점에서 출발해 그 외연이 점차 확대되어 사회의 약자나 불구자를 위한 날로, 더 나아가 하층민을 위한 날로 확대되었고 그러면서 서로 비슷비슷한 의미를 가진 하나의 축제, 광인의 축제가 되었다. 그런데 점차 축제의 성질이 변하면서 사회적 약자나 하층민을 위하기보다는 오히려 그들을 데려다 놓고 조롱하고 구박하는 관행이 생기게 되었다. 존경과 조롱의 경계가 모호한 축제가 되어버린 것이다. 이런 현상은 세기말적 재앙이 끊이지 않았던 중세 말에 특히 심하였다.

중세 때 광인의 축제는 전 유럽에 넓게 확산되어 있었다. 하지만 그 정도에 있어서는 차이가 있었다. 영국이나 저지대·프랑스·에스파냐 그리고 프랑스와 플랑드르 문화의 영향을 많이 받은 독일의 라인란트 지방에는 광인의 축제가 발달했지만, 이탈리아의 경우 피에몬테와 칼라브리아·시칠리아를 제외하고는 광인의 축제가 거의 나타나지 않았다. 요컨대 프랑스 북부를 중심으로 유럽 중부지역에서 광인의 축제가 유독 발달한 셈이다. 그 성격도 지역에 따라 약간씩 달랐다. 이탈리아의 광인의 축제는 좀더 신중하고 덜 풍자적이었다. 물론 거기서도 광인의 축제는 '민중적' 성격을 띠고 있었지만 좀더 질서 있고 정돈된 모습을 보여주었다. 이에 반해 프랑스 북부와 영국·독일의 일부 지역의 광인의 축제는 풍자와 익살, 뒤집기와 변장을 가장 본질적으로 보여주었다.[6]

2 약자들을 위한 축제

성탄절과 아이들의 축제

앞에서 지적했듯이 광인의 축제의 주인공은 아이들이었다. 중세 사람들이 아이들을 '작은 어른'으로 여기고 돌보지 않았다는 아리에스(P. Ariès)의 주장은 중세와 르네상스 사이의 차이를 강조하려는 '근대적 편견'에서 비롯된 것이다.[7] 사실 중세 사람들도 아이들을 사랑하고 보호하였다. 그 시대 사회적인 차원에서 어린이 보호에 가장 앞장선 것은 교회와 수도원이었다. 그들은 아이들을 위한 특별 기금을 마련하고 관련 사무소를 설치하였다. 특별히 재속 참사회와 자선 사제들에게 아이들을 위한 자선 사무소를 위탁하여 경영하였다. 그리고 성당 참사회에는 장차 클레르가 될 아이들을 양육하고 교육하는 기관이 설치되어 있었고, 수도원 내에도 오갈 데 없는 아이들을 위한 부속 고아원이 설립되어 있었다.

사정이 이러한 만큼 중세 교회와 수도원 주변에는 늘 아이들 혹은 클레르들이 북적댔다. 수도원과 교회에 부설된 학교와 자선 사제의 저택, 클레르 양성 학교를 중심으로 청년과 복사들·장백의(長白衣)의 아이들(enfants d'aube)·학생들(bons enfants)이 많이 거주하고 있었던 것이다. 이 아이들은 대개 수석사제(doyen)와 교수(écolatre)·성가대원(chantre)·성당 참사회원들의 보호와 통제를 받았다. 그들은 일 년 중 특정한 날, 특히 12월과 1월 중에 아이들이 마음껏 즐기고 놀며 고위 성직자와 미사를 패러디하도록 허용해주었는데, 그것이 바로 광인의 축제의 시작이었다.

여러 아이들 중에서도 광인의 축제에서 주도적인 역할을 한 집단은 클레르였다. 그들은 중세 성직자 사회의 특수한 구조 속에서 파생된 반(半) 성직자 집단이었다. 그들은 수도사들처럼 삭발을 하고 수도사복을 입고 다녔지만 성직자 집단처럼 제도화되어 있지 않았고 성사와 축성과 같은 교회 업무에도 관여하지 않았다. 그 대신 대개 주교가 위임한 법정 관계 일이나(공증인) 혹은 고리대금업을 제외한 다양한 직업에 종사하고 있었다. 그들은 성직자 제도 내에 포함되어 있지 않았기 때문에 속성상 주변적이고 저항적인 존재들이었다. 그 결과 그들 중 일부는 신비주의와 청빈의 계율을 추구하며 유랑생활을 하기도 하였다. 이렇게 유랑생활을 하는 클레르를 특히 '골리아르'(goliards)라고 불렀다.[8] 그들은 여기저기 떠돌아다니며 교회와 성직자들을 풍자하는 노래를 부르고 다녔다.[9] 광인의 축제가 유독 소란스럽고 풍자적인 성격을 띠는 것은 이 클레르들 때문이었다.

광인의 축제는 12월 6일 성 니콜라스 축일로 시작되었다. 1087년 성 니콜라스의 유해가 유럽에 안치되면서 그를 숭배하는 것이 유행하였고 그의 축일도 더욱 성대하게 경축되었다. 위험에 처한 아이들을

성 니콜라스는 고기절임 통에 갇혀 죽은 어린이들을 부활시킨 성인이다. 게르만 문화권에서 그는 겨울을 주관하는 성인이기도 하다. 오늘날 그는 산타클로스의 기원으로 거론된다.

구해주었다는 전설과 기적 등에서 알 수 있듯이 그는 아이들의 수호성인이었다. 그런 만큼 그날의 주인공은 아이들이었다. 그날 부모들은 아이들에게 성 니콜라스의 전설을 이야기해주며 그가 찾아와 착한 아이에게는 선물을 주고 나쁜 아이에게는 매질을 한다는 이야기를 들려주곤 하였다. 이 성 니콜라스가 변형되어 오늘날 산타클로스가 되었다.

12월 25일 성탄절 역시 아이들을 위한 축제였다. 그날은 아기 예수의 탄생을 축하하는 날로서 아기와 아이들에 대한 관심과 사랑이 특별히 강조되었다. 아기 예수의 이미지는 12세기 이래 성모마리아 숭배가 유행하면서 더욱 확산되었다. 그 결과 십자군 전쟁 시기에는 성모마리아와 아기 예수의 삶의 흔적을 찾아 예루살렘으로 향하는 순례자들이 끊이질 않았다. 성탄절에 동양적 취향을 반영한 아기 예수의 구유가 등장한 것도 이 무렵이었다. 그리고 성탄 예배 때 아기 예수의 탄생과 동방박사의 방문을 소재로 한 연극 상연도 관례화되었다. 예수 탄생에 관한 연극은 성탄절만이 아니라 다른 축제에서도 흔히 상연되었다. 예를 들어 1476년 루이 11세의 디종 시 입성식에도 거리에 설치된 열두 개의 무대 중 여덟 곳에서 아기 예수 탄생에 관한 연극을 상연했다는 기록이 있다.

성탄절 다음날인 12월 26일은 성 에티엔의 축일이다. 성 에티엔은 부제의 신분으로는 유일하게 성화(聖化)된 인물로 부제들의 수호성인이었다. 따라서 그날은 부제들의 날이었다. 부제들은 신분상 교회의 약자에 속했기 때문에 성 에티엔 축일은 점차 그 의미가 확대되어 사회의 약자들을 위한 날로 자리 잡았다. 따라서 그날은 특별히 교회와 사회의 약자들에게 주인과 권력자, 고위 성직자와 성당 참사회원에 대한 평소의 불만을 표현할 수 있는 기회가 주어졌다. 부제들은 그 기회에 미사를 패러디하거나 익살스러운 소극을 통해 자신들의 불만을 표현하였다.

12월 28일은 헤롯왕에게 학살당한 아기들을 기리는 날인데 역시 그날의 주인공도 아이들이었다. 그날 복사들은 '임시 주교'를 뽑아 미사를 패러디하였다. 헤롯왕이 수많은 아이들을 학살한 유아학살의 테마는 예수 탄생의 테마처럼 독립된 종교극을 구성하진 못했지만 가장행렬에 풍부한 영감을 제공하였다. 헤롯왕의 화려한 동양 의상과 유아학살, 성모마리아와 아기 예수의 예수살렘 탈출과 같은 역동적인 사건은 행렬을 매우 인상적으로 만드는 요소들이었다. 1313년 노트르담 성당에서 거행된 가장행렬을 보자. 주교관을 쓴 '독재자'(Cayphas), 어린 소년들의 마상시합 패러디, 사도서를 읽고 있는 '여우'(Renard), 예수와 사도들의 생생한 활인화, 여기에 아기들을 잔인하게 학살하는 헤롯왕의 제스처까지, 사람들을 웃기기 위한 익살과 재치가 풍부한 놀라운 행렬이었다. 하지만 자세히 들여다보면 단순히 웃기기 위한 것만은 아니었다. 행렬이 끝나고 여우가 성당 참사회원의 좌석에 앉아 주교관을 쓴 독재자에게 예수와 예언자들을 죽인 책임을 물으며 설교하는 장면이 연출되었는데, 그것은 주교를 훈계하는 성당 참사회원을 표현하려는 것이다. 이 당시 주교와 성당 참사회원의 사이가 좋지 않았다는 점을 감안하면 이것이 풍자적 장면이라는 것을 쉽게 알 수 있다. 그런데 여기서 다소 씁쓸한 점은 평등과 해방을 염원하는 12월 축제가 '후원자들'에 의해 정치적으로 이용되고 있다는 점이다. 즉 성당 참사회원들은 한편으로는 클레르와 아이들이 마음껏 놀 수 있는 기회를 부여하면서도 다른 한편으로는 그 기회를 이용해 자기와 사이가 좋지 않은 주교들을 은근히 비판했던 것이다.[10]

교회를 벗어나는 당나귀 축제

광인의 축제는 아이들 외에도 사회의 약자와 불구자들을 위한 축제이기도 하였다. 그 대표적인 예가 1월 1일 예수할례축일이다. 이날 의례에서 당나귀가 중요한 역할을 했기 때문에 '당나귀 축제'로 불리기도 한다. 물론 이때 교회로 당당히 들어와 의례의 주인공이 된 당나귀는 '태고의 당나귀나 로마 사투르누스 축제 때 등장한 당나귀, 헤브라

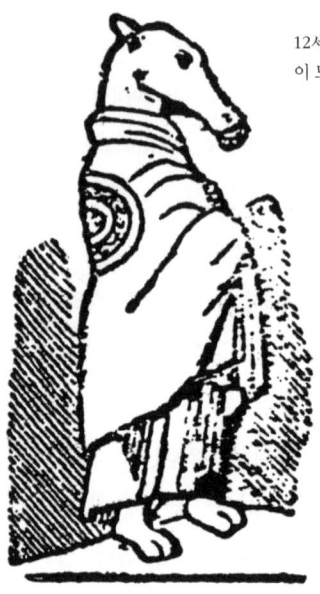

12세기 한 교회의 아키볼트에 새겨진 주교로 변장한 당나귀. 이 모습은 중세 때 교회에서 벌어진 당나귀 의례를 암시한다.

이의 예언자 발람(Balaam)이 타고 다닌 당나귀'가 아니었다. 그것은 '성모마리아와 아기 예수의 탈출을 도와준 당나귀, 외양간에서 밤을 새우며 입김으로 예수를 따뜻하게 해준 당나귀, 예수가 입성할 때 그를 태워준 당나귀'였다. 다시 말해 '이교적 당나귀'가 아니라 '기독교적인 당나귀'였다는 말이다. 이것은 당나귀 축제의 이교적인 기원에도 불구하고 그것이 매우 기독교화 되었음을 보여주는 대목이다. 중세 교회가 당나귀 축제를 인정하고 그 의례에 사용된 노래와 대사를 미사경본에까지 기록해둔 이유는 바로 이 때문이다. 당나귀 축제는 다소 해학과 익살이 지배하긴 했지만 최소한 교회를 벗어나기 전까지는 엄격한 형식을 준수하는 종교적 의례였다.

당나귀 축제의 진행 형식을 다소나마 짐작케 하는 사료가 있다. 그것은 바로 13세기 초 상스(Sens)의 대주교인 피에르 드 코르베일(Pierre de Corbeil)의[11] 『광인의 축제 의례 집』(*Office de la Fête des fous*)을 다시 베껴 쓴 브장송의 한 미사경본이다. 거기에는 당나귀 축제의 의례 형식(le Conductus ad tabulam)이 상세하게 기록되어 있다. 그 의례의 순서는 다음과 같다.

1. 세속적인 내용의 환희의 노래가 울려 퍼지면서 두 명의 성당 참사회원이 당나귀를 악보대까지 끌고 간다. 그때 당나귀에는 아름다운 덮개가 씌어져 있고 때로는 예수를 안은 성모마리아가 타고 있기도 한다.

2. 당나귀가 악보대에 도착하면 성가대의 선창자가 의례의 시작을 선언하고 참석자의 명단을 발표한다.

3. 명단 발표가 끝나면 성가대가 동일한 후렴구가 반복되는 당나귀 찬가(교송성가, antienne)[12]를 부른다. 찬가는 점점 강렬해지다가 급기야 실제 당나귀 울음소리가 뒤섞이기도 한다. 이때 찬가의 내용은 당나귀의 노고와 봉사를 찬양하는 것이지만 그렇지 않을 때도 있다. 즉 당나귀가 엉겅퀴나 짚이나 먹고 사는 보잘것없는 동물이라는 점을 강조하며 심지어 당나귀를 조롱하고 그 엉덩이를 막대로 위협하는 제스처를 연출하기도 한다.

4. 찬가 다음에는 대사와 기도가 포함된 성가(psaumes)를 부른다. 이때 디오니소스 숭배 때 여사제가 외쳤다는 '유우아'라는 소리가 간간히 울려 퍼지기도 한다.

5. 성가를 부른 뒤 저음의 목소리로 열정적으로 기도를 올린다. 이 기도의 내용은 신의 전지전능함과 삼위일체를 환기시키고 구세주의 보호를 빌고 신자에게 즐거움을 허용해 달라는 것이다.

13세기 말 주교 변장을 한 사람이 당나귀를 타고 있다. 당나귀에 주교를 거꾸로 태운 것은 주교에 대한 풍자의 의미이다.

위와 같은 순서를 기본으로 해서 당나귀 축제는 밤새도록 계속되었다. 그러다 지치면 참가자들은 서로 음식과 술을 나누어 먹고 마시며 즐겼고, 당나귀에게도 역시 먹을 것과 마실 것을 주었다. 긴 철야의 지루함과 무료함을 달래기 위해 당나귀 울음소리를 내며 춤을 추기도 하였다. 이런 떠들썩한 의례의 절정은 당나귀를 내진으로 끌고 가는 행렬이었다. 이때 사람들은 당나귀를 끌고 가면서 성모마리아의 무염시태(無染始胎)의 기적과 예수의 탄생을 찬양하는 노래를 불렀다. 춤과 익살을 동반한 이 당나귀 행렬은 등불을 밝힌 채 교회 앞마당까지 이어졌고 거기서 성가대 지휘자의 머리에 물을 퍼부으면서 의례가 종료되었다.

당나귀 축제의 진행을 통해 확인할 수 있는 것은 그것이 태고의 이교적 의례에 관한 무의식적인 기억들과 로마에 대한 지적 호기심, 기독교적인 기도와 노래, 여기에 당나귀의 출현이나 외침 등, 여러 요소들이 뒤섞인 매우 독특한 축제라는 점이다. 이런 복잡하고 다소 이교적 요소가 섞인 축제임에도 불구하고 엄격한 의례적 형식을 준수했기 때문에 지나친 패러디나 과장·신성모독으로 흐르는 일은 거의 없었다. 단지 당나귀를 중심으로 벌어지는 다소 민중적이고 소박한 오락이자 약하고 불쌍한 사람들에 대한 존중이 표현된 익살스러운 의례 정도로 인식되었다.

하지만 당나귀 축제가 교회 안을 벗어나 거리로 확대되면 사정이 달라졌다. 성가대 지휘자의 머리에 물을 퍼부으면서 의례는 끝났으나 그것이 다가 아니었다. 당나귀 행렬은 교회를 벗어나 거리로 이어졌다. 당나귀 축제가 정해진 도를 넘기 시작하고 세속인들에게 영향을 미치기 시작하는 것은 이 순간부터였다. 교회를 벗어난 당나귀 축제는 더 이상 종교적 의례라고 할 수 없었다. 그것은 음주와 익살이 난무하는 민중적인 오락이었다. 이러한 오락은 주민들에게 매우 인기가 있었다.

거리에서 펼쳐진 광인의 행렬에 대한 자세한 텍스트나 현장 그림이 거의 남아 있지 않아 그 구체적인 양상은 알 수 없다. 단지 브란트(S. Brant)의 『광인의 배』를 통해 그것의 단편적인 이미지만 얻을 수 있다. 거기에는 거리에서 행진을 벌이는 클레르들의 해학적이고 기괴한 모습들이 잘 묘사되어 있다. 소란스럽게 익살을 떠는 긴 수염의 수도사, 해학과 익살스러운 노래의 작자로 유명한 빈(Vienne)의 한 시골 사제, 외설적인 취향을 가진 성 그로비앙(Saint Grobian)[13] 등이 그들이다.

광인의 축제는 교회 내에서 거리로 확대되었다. 광인의 축제 행렬이 거리로 나오면 도시는 금방 아수라장이 되었다.

이 '광인들'은 늑대 소리를 울부짖으며 촌스럽게 변장한 사람들과 대소란을 일으켰다. 오물이 든 통을 들고 다니며 주위 사람들에게 집어 던지기도 하고 무례하고 외설적인 농담을 경쟁적으로 내뱉기도 하였다. 돼지를 끌고 가는 한 클레르의 모습도 묘사되어 있는데, 그 돼지의 목에는 당나귀 기름이 든 병이 X자형으로 매달려 있고 꼬리에는 '광인의 배'가 질질 끌려가고 있었다. 참으로 우스꽝스럽고 괴기적인 모습이 아닌가! 클레르들은 이런 거리 행렬이 끝나고 나면 교회 문 앞에서 우스꽝스러운 소극이나 스펙터클을 상연하였다.

3 해학과 풍자로 세상 뒤집기

소란스런 뒤집기 의식

아이들과 교회 내의 약자들을 위한 12월의 축제는 점차 사회의 약자, 그 중에서도 빈자와 광인(dément)을 위한 축제로 확대되었다. 언제부턴가 축제 때 광인을 신전에 끌어들여 그에게 광인을 표시하는 특별한 상징과 의복을 입혀 그를 경배하고 찬양하는 척하며 조롱하는 관행이 생기기 시작했다. 실제 광인을 끌어들이기도 했지만 사정이 여의치 않으면 클레르 중 한 명을 뽑아 광인으로 변장시키기도 하였다. 그렇게 뽑힌 클레르는 '광인의 주교'이자 '광인의 교황'으로 숭배되었고 익살스럽게 전도된 미사를 주관하며 축제와 행진을 이끌었다.

광인의 축제가 사회적 약자들을 위한 축제였다는 것은 그때 등장하는 '뒤집기(顚倒) 의례'를 통해서 확인할 수 있다. 그것은 광인의 축제의 중요한 특징 중 하나로서, 일상의 역할과 가치를 뒤집어 약자들이 지배자를 풍자하고 비판할 수 있도록 해준 관행이다. 광인의 축제 기간이 되면 클레르들은 자신들 중에서 '광인의 주교'나 '광인의 교황'

을 뽑아 그를 주교와 교황으로 분장시켰다. 이 가짜 주교와 교황은 거짓으로 미사를 주재하며 진짜 주교와 교황을 익살스럽게 풍자하곤 하였다.

노이용(Noyon)과 랭스의 유아학살제를 들여다보자. 이날의 미사는 특별히 복사들이 담당하였다. 복사들은 '광인의 주교'(혹은 '유아학살제의 주교'라고도 함)를 뽑아 그를 주교관(主敎冠)과 십자가, 그 외 주교의 상징들을 사용해 주교로 변장시켰다. '광인의 주교'는 진짜 주교처럼 이날의 미사를 주재하고 신자들에게 축복까지 해주었다. 이런 의례가 끝나면 그를 선두로 복사들은 거리에서 행렬을 벌이고 여러 가지 상스러운 놀이를 즐겼다. 이런 행렬과 놀이는 처음에는 종교적인 의미가 강했지만 점차 과장과 풍자가 뒤섞인 소란스러운 스펙터클로 변하였다. 실제 주교에 대한 평소의 불만과 비판도 거침없이 쏟아져 나왔다.[14]

12월 축제의 주인공인 '광인의 주교'는 연중 다른 축제에도 등장하였다. 예를 들어 망스(Mans)에서 5월 1일과 2일은 성당 참사회원의 하인들을 위한 축제였는데, 그날도 '광인의 주교'가 등장해 활약하였다. 그날은 광인의 축제와 마찬가지로 성당 참사회원의 하인들이 평소 주인에게 가졌던 불만을 해소하는 날이었다. 당일 아침 일찍 '광인의 주교'는 무장한 하인들을 이끌고 성당 참사회원의 집을 돌았다. 그리고는 아직 자고 있는 사람이 있으면 잠옷을 입은 채로 끌고 나와 분수에 빠뜨렸다. 이런 소란한 '의식'이 끝나면 오전에는 신입 하인들에게 혹독한 신고식을 치르게 하는 소란한 입교식(brimade)과[15] 노래 · 행렬이 있었고 오후에는 회식과 주연이 이어졌다. 이 모든 행사를 주관한 사람은 그해 '광인의 주교'였다. 이런 사례를 보아 '광인의 주교'는

15세기 한 교회에 조각된 '광인의 주교'.

단순히 광인의 축제를 주관한 진행자라기보다는 그해 그 지역 모든 하층민들의 입장을 대변하는 사람이 아니었나 생각된다.[16]

광인의 축제에서 나타나는 이런 소란스러운 뒤집기 의식은 바빌로니아나 고대의 관행에서 비롯된 것이기도 하지만 13~14세기의 시대정신이 반영된 것이기도 하다. 13세기와 14세기는 중세 종교사에서 중요한 전환점이었다. 12세기부터 도시가 발달하고 도시를 중심으로 이단이 확산되면서 교회가 위기를 맞이하게 되었는데, 그것을 타개하기 위한 수단으로 종교재판소를 설치한 것이 이 시기이기 때문이다. 더 나아가 교회의 부패와 남용을 개혁하기 위한 다양한 운동도 등장하였다. 시토수도회를 비롯하여 순수한 신앙의 시대인 원시기독교 시대로 돌아가자는 개혁운동이 등장하였다. 그리고 재산과 권력을 포기하고 경건한 삶을 추구하는 공동체 운동이나 인간의 평등을 요구하는 농민운동도 이때 등장하였다. 이러한 개혁주의 운동은 순수한 신앙과 평등주의 사상을 기반으로 고위성직자들의 권력과 재산을 비판하였다.

평등주의 사상은 14세기 흑사병의 창궐로 인해 더욱 확산되었다. 죽음이 전 유럽을 휩쓸면서 사람들은 죽음을 자신과 직접 연관된 일상적인 것으로 느끼게 되었다. 그러면서 문화와 종교 등 모든 방면에서 '죽음의 테마'가 유행하였다. 그 단적인 예가 이 시대의 조각이나 판화, 시 등에 흔하게 등장하는 '죽음의 춤'(Danse macabre)이다. 그것은 검은 옷을 입고 해골 모양을 한 사자(死者)가 춤을 추는 모습으로, 실은 만성절 청년들이 해골 변장을 하고 묘지 주변에서 춤추던 모습에서 모티프를 얻은 것이다. 하지만 단순히 관행을 예술적으로 승화시킨 것을 넘어 그것은 그 시대 인간의 삶 깊숙이 침투한 죽음을 형상화한 것이다. 이 죽음의 춤은 프랑스와 독일 지역에서 특히 유행하였는데, 그 중에서 가장 대표적인 것은 파리 이노상의 묘지에 새겨진 「죽음의 춤」(1424)이다. 14세기 전 유럽을 휩쓸었던 이 죽음의 테마는 평등주의 사상을 더욱 확산시킨 계기가 되었다. 사실 죽음 앞에서는 모든 인간이 똑같았다. 왕이나 고위성직자라고 해서 흑사병이 데리고 다니는 죽음의 마수(魔手)를 벗어날 순 없었던 것이다.[17]

이처럼 13~14세기 고위성직자의 권력을 비판하는 개혁주의와 흑사병의 창궐로 인해 발달한 평등주의는 하나의 시대정신이 되었다.[18] 이 시대정신은 그 당시의 도덕극이나 축제에 풍부한 영감을 제공하였다. 광인의 축제가 14세기에 유독 발달한 이유는 바로 이런 시대적 배경

파리 이노상 묘지에 있는 「죽음의 춤」. 죽음 혹은 죽은 자의 테마는 중세 말 전 유럽을 휩쓸었다. 그것은 회화와 문학·조각의 중요 테마였을 뿐만 아니라 축제 때 연극과 변장·가면의 테마이기도 하였다.

때문이다. 광인의 축제가 가진 고유한 뒤집기 의례는 고위성직자를 향한 비판과 풍자·권력의 무상함·평등주의의 이상을 표현할 수 있는 더 없이 좋은 기회였던 것이다.

광기란 무엇인가

하지만 광인의 축제의 뒤집기 의례가 갖는 의미는 그 시대정신과의 연관성에만 한정되는 것이 아니다. 광인의 축제의 주인공은 아이들이라고 했다. 아이들이 곧 광인이 되고, 그 광인은 순진함과 천진난만함

카니발은 늘 뒤집기를 통해 그 반대를 환기한다. 브뢰겔이 1566년에 그린 「죽음의 승리」는 죽음의 이미지와 카니발이 복잡하게 혼재되어 있다. 술꾼과 노름꾼 연회의 손님들·사랑에 빠진 사람·음악가·신사 들은 해골 부대에 밀려 거대한 함정 속으로 빨려 들어간다. 죽음의 승리는 카니발의 핵심 테마일 뿐만 아니라 샤리바리 행렬의 또 다른 모습이기도 하다.

그 자체를 표현한다. 이제 아이와 광인, 광기의 의미를 통해 광인의 축제가 갖는 또 다른 면을 알아보자.

광인의 축제에서 아이는 단순히 '나이가 어린 사람'을 의미하지 않는다.[19] 이때 아이는 '전제적이고 마법적인 힘을 소유한 존재'를 의미한다. 예를 들어 동방박사의 방문을 받은 아기 예수는 이미 왕의 권위를 가진 존재이다. '태어나자마자 술을 마셨다는 가르강튀아'도 마찬가지다. 또한 프로이트가 '다섯 살의 아이가 서른 살 남성의 힘을 가지고 있다면 아버지를 죽이고 어머니를 취할 것이다'라고 하였을 때의 그 아이도 역시 그러하다. 이런 아이의 권위와 힘은 위험할 수 있다. 거기에는 비이성과 부조리가 지배하고 있기 때문이다. 광인의 축제 때 일상의 질서를 뒤집는 아이의 권위가 이것이다. 이 권위는 광인이 가진 권위이기도 하다.

성 바울에 의하면 광인의 세계는 예수의 세계와 멀지 않다. 예수의 세계에서 광기는 승리하고 실제 예수 자신이 모든 사람과 권력자들에게 광기를 입증하였다(고린도서). 그렇다면 감히 예수를 통해 구현되었다고까지 말해지는 이 광기, 광인은 무엇일까? 그것은 궁정의 어릿광대나 정신병자의 광기가 아니다. 성 바울은 광인을 미치광이(possédés, 마귀 들린 사람)나 정신착란자와 구별하였다. 그는 스토이시즘의 개념에 의거해 광기는 정신착란이 아니라 순수함의 상태, 즉 아이들의 상태라고 주장하였다. 광기란 '기'(氣)가 원활히 순환할 수 있도록 머리를 비우고 정신을 일상적인 걱정에서 해방하는 기운이다. 이런 상태에서 인간은 자신뿐만 아니라 다른 사람들과도 의사소통을 더 잘 할 수 있게 된다.

그렇다면 광인의 축제란 무엇인가? 그것은 머리를 비우고 정신이 일상에서 벗어날 수 있도록 해주는 축제이다. 스토이시즘과 플라톤 철학에 의하면 인간과 세계는 서로서로 얽혀 있는 기로 채워진 유기체이다. 머리를 비우고 정신을 해방시킨다는 것은 인간의 신체와 우주 속에 영혼이 계속 자유롭게 순환할 수 있도록 해주어야 한다는 뜻이다. 이런 목적으로 인류는 태초부터 숨결(souffle)과 연관된 의례들을 해왔는데, 광인의 축제가 그중 하나이다.[20] 광인의 축제에서 사람들이 배 내부의 바람과 숨결을 자극하기 위해 관악기를 연주하거나 음식을

광인의 모습은 수도원의 성무일과서와 성가집에서 나타난다. 그림은 15세기 브장송의 성무일과서에 나타난 광인의 모습(왼쪽)과 15세기 생트 샤트린(Sainte-Chatherine) 교회에 조각된 천진난만한 광인의 모습(오른쪽)이다.

많이 섭취하는 것만 보아도 알 수 있다.[21]

  광인의 축제란 바로 인간 내부와 우주의 기가 자유롭게 순환할 수 있도록 해주는 축제로서 그것은 인간의 순수함과 아이다움이 분출됨으로써 가능한 세계, 즉 아이들의 왕국이다. 이런 점에서 광인의 축제는 자연과 우주의 순환, 계절의 흐름을 표현하고 축하하는 최초의 계절축제를 계승한 것이라고 할 만하다.

4 금지되는 광인의 축제

신랄해지는 풍자 놀이

성 바울의 견해대로라면 광인의 축제는 교회의 교리와 많이 어긋나지 않는다. 그래서 그것이 중세 초기에 종교적 의례로 인식되었고, 교회가 그것을 허용한 것이다. 광인의 축제가 교회가 인정하는 오락이자 의식이었다는 것은 다음의 글에서도 표현된다. 이 글은 13세기 상스의 대주교인 피에르 드 코르베일이 『광인의 축제 의례』라는 책에서 광인의 축제 의식을 칭송하며 기술한 것이다.

매년 상스 시는 태고의 관행에 따라 광인의 축제(Festum Stultorum)를 벌인다. 그것은 합창대의 선창자들이 부르는 환희의 노래이다. 그러나 거기에 참여하는 모든 사람들은 기독교 할례를 받은 사람이어야 한다!

사실 광인의 축제는 마리아와 예수를 찬양하는 여러 곡의 찬송가가 포함된 지극히 종교적인 의례로서, 다소 익살스럽기는 했지만 지나치게 신성모독적인 것은 아니었다. 그것은 단지 무질서하고 소란스러운 의식, 혹은 라틴어를 사용한 재치 있는 말놀이, 거친 저음으로 부르는 성가대의 교송성가 정도였다. 그렇기 때문에 중세 교회는 광인의 축제를 혹독하게 비판하기보다는 선악의 개념을 초월해 존재하는 것, 그리고 비록 신앙의 밖(Praeter)에 존재하지만 신앙에 대적해(Contra) 존재하는 것은 아니라고 덮어두었던 것이다.22)

교회의 암묵적 묵인 하에서 광인의 축제는 점점 확산되고 발달하여 각 도시의 교회와 성당들에서 경쟁적으로 거행되었다. 그것이 얼마나 유행했는지는 1420년 파리대학에서 열린 회의를 통해 확인할 수 있다. 그 회의는 광인의 축제에 대한 대체방안을 강구하기 위한 대학 관계자와 고위성작자, 교수들의 모임이었다. 그때 대학 학장이었던 제르송(Jean Gerson)은 광인의 축제가 노트르담의 무염시태 축제만큼이나 신의 인정을 받고 있다고까지 말하였다. 물론 이 말은 그가 오세르(Auxerre)의 한 선동자가 광인의 축제를 공개적으로 찬성한 것을 비난하면서 나온 말이긴 하지만 말이다. 또 다른 교수는 '프랑스와 독일 지역에서 사람들은 12월 말과 1월 초에 광인의 축제를 벌이며 신성한 의례집에 이름을 남기려고 애쓰고 있다. 이러한 관행은 300~400년간 지속되어 오고 있다'고 언급하며 광인의 축제가 수백 년 동안 유지·확산되고 있음을 강조하였다.23)

그런데 광인의 축제는 확산됨과 동시에 점차 변화하였다. 애초 위계와 직위의 뒤집기를 포함한 클레르들의 무해한 놀이였던 광인의 축제는 14세기에 이르면서 점점 패러디적인 요소와 판타지, 과장된 발명과 자유분방한 스캔들로 넘쳐났다. 그것은 단순히 익살스러운 의례가 아니라 평등주의적인 시대정신을 반영하고 도시 내 혹은 교회 내 권력관계를 반영하였다. 그러면서 고위성직자에 대한 비난도 단순한 해학과 풍자를 넘어 더욱 신랄해졌다. 클레르들은 '광인의 주교'와 '광인의 교황'을 선출하여 실제의 주교와 교황을 풍자하였다. 이러한 경향은 당시 교회 내에 교황과 고위성직자의 부패를 비난하는 하위성직자의 개혁주의, 공동체 운동과 무관하지 않게 전개되었다. 광인의 축제의 이러한 '변질'을 가장 우려한 집단은 당연히 그 풍자의 대상이 된 고위성직자들, 특히 주교와 신학자들(검열관, 도덕주의적 풍기 단속관), 공의회와 종교회의(synod) 등이었다.

악마신화로 매도되다

광인의 축제에 대한 우려가 커지면서 그것에 대한 규제도 강화되었다. 물론 광인의 축제가 '엄격한' 의례적 형식을 지켰다는 사실 자체가 처음부터 거기에 제약이 있었다는 것을 의미한다. 이미 1199년 파리의 대주교인 쉴리(Z. de Sully)의 규례집에 의하면 광인의 축제 때 '권세 있는 자를 내리고 비천한 자를 높이셨으며'(누가복음 1장 52절)라는 성서 내용이 포함된 「마리아 찬가」를 다섯 번 이상 반복하면 안 된다고 되어 있다. 이 노래 구절은 광인의 축제의 특징인 위계의 뒤집기를 가장 잘 표현하는 성서 구절이지만 지나치게 강조하면 위험하다고 판단된 것이다. 제약은 점점 커졌다. 1444년 상스의 교회 규칙에는 광인의 축제 때 '광인의 주교 머리에 세 양동이 이상의 물을 퍼부어서는 안 된다'는 규칙도 등장한다. 이것 역시 축제의 지나친 소란과 무질서를 방지하기 위한 규칙이다.[24] 1479년 이래 랭스에서는 소극이나 소란스런 악기 연주, 가장행렬이 없는 경우에만 클레르와 복사들의 축제를 재정적으로 지원하였다.[25]

광인의 축제에 대한 비난과 억압은 15세기 이후 본격화되었다. 당시 교회가 광인의 축제를 비난한 이유는 우선 종교적인 것이었다. 앞서 언급한 1420년의 파리대학회의에서 한 도덕주의자는 '광인의 주교'와 '광인의 교황'을 중심으로 벌어지는 소란스러운 놀이에 대해 분노하며 '그것은 장난끼 어리고 무례한 사람들이 벌이는 부끄럽고 사악하고 혐오스러운 행동이다. 그들은 지옥의 악마들의 후원을 받고 있음이 분명하다'라고 비판하였다. 또 다른 사람은 광인의 축제를 '이교의 잔재이며 신성한 미사와 주교의 위엄을 모욕하는 지옥에 떨어져 마땅할 부패이다. 그것은 종교회의와 교황의 법령에 대한 위반이며 교회의 성사를 신성모독하였기 때문에 이단으로 처리해야 마땅하다'라며 격분하였다.

이처럼 광인의 축제를 이단과 악마에 연결시키는 담론은 이 시기에 무수히 많았다. 어떤 성직자는 '악마의 힘을 빌지 않고는 어느 누구도 그렇게 놀 수는 없을 것이다'라고 했으며, 또 다른 사람은 '광적이고 불경한 축제이며 (중략) 우마(牛馬) 떼와 사티로스가 소생한 축제'라고 주장하였다.[26] 다음의 긴 인용문도 살펴보자.

클레르가 기괴한 마스크를 쓰고 여성이나 익살광대의 모습으로 변장하고 신전에 들어선다. 그들은 신전에 들어서서는 포도주 병과 커다란 빵, 고기와 사탕을 들고 내진이나 제단 주위를 배회하고 월계관이나 나뭇잎, 혹은 붉은 모자를 쓰고는 과장된 익살에 몰두한다. 그러다가 본당에 들어가 춤을 추고 외설스러운 노래를 부르며 제단 위에서 기름진 고기를 먹는다. 뿐만 아니라 성서와 제기(祭器)를 들고 교회가 금지한 놀이를 하기도 하며 심지어 낡은 신발에 연기를 피워 분향하기도 한다.[27]

이러한 주장들을 통해 확인할 수 있는 것은 교회 당국이 이제 의례 자체의 이교적 성격을 문제 삼기 시작했다는 것이다. 교회는 광인의 축제를 떠들썩한 민중놀이로 이해하기보다는 불경한 신성모독이며 죄악이라고 비난하였다. 교회의 주장 그 어디에도 이것을 다산과 풍요의 관행이자 평등주의적 이상의 표현으로 보려는 시도는 없다. 단지 교회 안에서 벌어진 거대한 가장행렬과 난잡한 스펙터클, 이교적이고 불경한 관행의 잔재로만 생각했다.

또한 교회는 광인의 축제를 이교적 관행으로 보는 것에서 더 나아가 그것을 악마신화와 연결시켰다. 여전히 논란이 있긴 하지만 중세 말 수많은 종교재판에 사용되었던 악마신화는 이단을 척결하기 위해 만들어진 교회의 이데올로기라는 것이 통설이다.[28] 악마신화는 이단을 희생양으로 삼았고, 더 나아가 이교적 잔재가 강한 민중문화를 재물로 삼았다. 광인의 축제도 그 중 하나였다. 이런 점에서 중세 도덕주의자들이나 신학자들은 광인의 축제를 관조적인 입장에서 바라본 민속학자라기보다는 교조적인 이단 재판관이었던 셈이다.[29] 아무튼 이제 광인의 축제는 단순히 소란이나 남용 차원의 문제가 아니었다. 그것의 본질이 이교적이고 악마적인 것으로 매도된 이상 그것은 존립자체를 위협받게 되는 것이다. 그것은 금지되고 근절되어야 한다.

교회가 광인의 축제를 비난한 이유는 그런 종교적인 동기 말고도 정치적인 동기도 있었다. 그 시대 주교와 성당 참사회원들은 사이가 좋지 않았다. 성당 참사회원들이 주교를 보조하는 역할을 하였음에도 불구하고 그들은 서로 대립하고 있었다. 이러한 대립관계 속에서 성당 참사회원들은 클레르의 광인의 축제를 적극 후원함으로써 그 속에서 주교를 은근히 비난하고 자신들의 권위를 표현하였다. 사실 교회 안에서 거행된 광인의 축제가 더욱 환상적이고 기괴한 형태를 취해 거리에까지 확대된 데에는 행렬 도중에 헌물과 잔돈푼을 거두어들이려는 경제적 동기 외에도 주민들에게 성당 참사회원들의 존재를 알리고 그들의 권력을 과시하려는 목적도 있었다. 다시 말해 클레르들이 길에서 떠들고 시민들의 눈살을 찌푸리게 하는 난폭한 장난을 서슴없이 행할 수 있었다는 것은 그 배후에 특권적 존재가 있다는 것을 말해준다. 성당 참사회원들의 이런 정치적 의도를 간파한 주교들은 누구보다 앞장서 광인의 축제를 억압하였고 그것을 통해 성당 참사회원들을 견제하려하였다.

    공의회와 종교회의 역시 광인의 축제를 강하게 비난하며 그 관행을 금지하기에 이르렀다. 그들은 교회는 오로지 기도하고 봉헌하는 장소임을 강조하고 교회에서 벌어지는 모든 가장행렬과 무례한 놀이·희롱을 금지하였다. 그리고 주교를 뽑는 관행은 신을 모독하고 주교의 위엄을 모욕하는 것이며, 또한 그것이 싸움과 논쟁을 일으켜 신성한 미사를 방해하기 때문에 금지되어 마땅하다고 선언했다. 결국 루앙의 지방 종교의회는 1445년 교회와 묘지에서 마스크를 쓰고 무례한 짓을 일삼는 광인의 놀이를 금지하였으며, 1566년 톨레드 공의회도 주교의 위엄을 모욕하는 광인의 주교 뽑기 놀이를 전면 금지하는 법령을 발표하였다.

이러한 통제와 금지 때문에 광인의 축제는 15세기를 거치면서 적어도 도시에서는 많이 약화되긴 했으나 그래도 15세기 이후, 심지어 16세기까지는 지속되었다. 그러자 17세기 가톨릭 종교개혁주의자들이 광인의 축제에 대한 억압을 더욱 강화하였고, 이때 그 억압의 선두에 섰던 것이 성당 참사회원과 대립 관계에 있던 주교들이었다. 성당 참사회원들은 자신들이 도시 내에서 누렸던 명예와 인기·영향력의 상실을 느끼며 주교의 개혁 정책을 감수해야 했다. 이렇게 되어 17세기 이후에는 지배층을 중심으로 광인의 축제에 대한 부정적인 견해가 광범위하게 공유되었고, 이런 과정 속에서 광인의 축제는 점차 소멸되고 단지 기억으로만 남게 되었다.

5 광인의 축제에서 카니발로

 광인의 축제는 15세기를 기점으로 성당 안에서는 쇠퇴하였지만 도시의 거리와 광장에서 세속적인 형태로 다시 '부활'하였다. 14세기 이래 도시에서 카니발이 매우 성행하였는데, 거기에 광인의 축제가 많은 영감을 불어넣은 것이다. 거리에서 펼쳐진 광인의 축제가 더 이상 종교적 의식이라고 할 수 없을 만큼 환상적이고 엽기적인 세계이자 음주와 익살이 난무하는 소란스럽고 민중적인 오락이었다는 점은 앞에서 언급하였다. 어떤 클레르는 지위의 역전을 패러디하기 위해 주교나 교황의 옷을 걸쳤고 또 다른 클레르는 마스크를 쓰고 연극놀이(jeux de théâtre)를 하였다. 춤을 추며 거리의 구경꾼을 행렬로 끌어들이는 클레르도 있었다. 그런 과정에서 광인의 축제는 클레르와 평신도가 만나는 거대한 축제의 마당이 되었다.
 도시의 주민들은 광인의 축제에 점점 더 많은 관심을 가지고 모여들었다. 그들은 기상천외하고 환상적인 광인의 축제를 2월에 벌어지는 카니발에도 응용하기 시작하였다. 주민들은 클레르들과 마찬가지로 '광인의 왕' 혹은 '축제의 왕'을 뽑았고 뒤집기 의식과 변장을 즐겼다.

파리 대학 학생들의 춤과 놀이. 광인의 축제는 학생들의 축제에도 많은 영향을 주었다.

그 외에도 광인의 축제 때 사용된 다양한 장식들과 상징·행위들을 차용하였다.[32]

광인의 축제가 세속 축제에 영향을 미친 데에는 클레르와 세속 문학단체와 유희단체의 돈독한 인적 관계도 매우 중요하게 작용하였다. 중세 때 성당 참사회원들은 도시의 지배계층으로서 도시의 명사들이나 행정관리들에게 큰 영향력을 가지고 있었다. 따라서 '광인의 주교'들은 성당 참사회원만이 아니라 도시의 상류층이나 행정관리로부터도 후원을 받을 수 있었다. '광인의 주교들'은 그 후원을 받아 그것을 다시 세속 축제를 주관하는 단체들에게 나누어 주었다. 예를 들면 1446년 릴의 부르고뉴 공의 회계원(la Chambre des Comptes)은 '광인의 주교'에게 42그로(gros)의 돈을 지원하였는데, '광인의 주교'는 그것을 받아 자신들과 가까운 단체인 프티 프레(Petit Fret)에게 분배하였다. 프티 프레는 그 지원금을 축제의 장식과 놀이·회식을 위해 사용하였다. 이렇듯 클레르는 광인의 축제만 주관한 것이 아니라 평신도 단체

클레르로 구성된 학생협회가 벌이는 광인의 축제 장면. 교회 밖에서 벌어지는 광인의 축제는 세속 카니발에 많은 영향을 주었고, 광인이나 광기는 카니발의 주요 테마가 되었다.

를 통해 세속의 카니발에도 간접적으로 영향력을 행사하였다.[33]

광인의 축제는 카니발에만 영향을 준 것이 아니라 문학과 예술 등 다른 예술 분야 전체에도 광범위한 영감과 자극을 주었다. 궁정과 성의 벽과 문, 금은 세공품과 책의 가장자리를 장식하고 있는 괴기적인 모습들은 모두 광인의 축제에서 모티프를 얻은 것이다. 또한 클레르의 즐겁고 소란스러운 풍자, 일탈과 거침없는 담론은 거리의 연극인 파르스(farce)에도 영감을 주었다. 1300년경 나온 「용서하는 자와 돌팔이 의사」와 「선술집 주인의 파르스」는 그 대표적 예이다. 또한 클레르와

'사기꾼들'의 풍자와 해학을 담은 「명문집」(florilège)도 이 시기에 나왔다. 이 외에도 보카치오의 『데카메론』과 초서의 『캔터베리 이야기』에는 클레르의 도를 넘는 행동들과 군중들의 경신성, 미신적인 예배 관행들이 지적되어 있다.

웃음과 익살은 민중의 보편적 세계관이다. 그들은 카니발의
해학과 풍자를 통해 금기와 권력에 대한 공포를 극복하였고
짧은 순간이지만 권력으로부터 해방을 느꼈다.

제3부 카니발: 다양한 축제의 날들

1 다산과 풍요를 비는 겨울축제

앞에서 카니발은 단기적으로 예수공현절 직후부터 재의 수요일까지라고 하였는데, 특히 1월 말부터 재의 수요일까지 전통적인 수호성인 축일들이 많이 집중되어 있다. 이 기간의 농촌 카니발 축제를 좀더 구체적으로 살펴보자. 농촌의 카니발은 아무래도 다산과 풍요를 비는 관행들이 많을 수밖에 없다.

망령들의 잔치, 만성절

한창 추울 때인 1월 말 카니발은 중세 농촌 사회를 술렁이게 했다. 하지만 겨울의 문턱인 11월 초부터 '카니발적인' 변장과 마스크, 모험 여행은 이미 시작되었다. 마을 청년들은 마스크를 쓰고 괴성을 지르며 무리를 지어 쏘다녔다. 켈트 족 전통에 의하면 11월은 '이승과 저승의 경계가 무너지면서 죽은 자들이 출몰하는 달'이다. 그런 의미에서 켈트 인들은 11월 1일, 삼하인 축제를 벌이며 죽은 혼을 추모했다. 클뤼니 수도원은 이런 이교적 관행을 기독교화하여 이 기간을 죽은 성인들

14세기 중엽 마스크를 쓰고 유희를 즐기는 청년들의 모습.

을 추모하는 위령 주간으로 설정하였다. 그래서 11월이 되면 변장한 마을 청년들은 묘지에 모여 밤을 새며 '죽은 자와 놀았다.' 청년들은 죽은 자의 흉내를 내기 위해 여우와 늑대 · 곰 · 맹금류의 마스크뿐만 아니라 회개를 바라며 지상을 떠도는 보이지 않는 망령들의 마스크도 착용하였다. 상복을 뒤집어쓰거나 수의로 몸 전체를 감싸 죽은 사자로 변장한 청년들도 있었다. 목소리는 가성(假聲)을 내서 저승의 목소리처럼 들리게 했다. 피레네 동부 지역에서 망령이나 혹은 망령으로 변장한 사람을 '공포'(peurs)라고 부르는데 그 말에는 귀신이나 귀신이 불러일으키는 무서운 감정이라는 의미가 포함되어 있다.

도시에 비해 시골 청년들의 변장은 단순하고 조잡하였다. 얼굴에 검은 칠을 하거나, 성긴 천이나 주머니 혹은 여성의 낡고 오래된 치마를 뒤집어쓰거나, 아니면 옷을 거꾸로 입는 정도였다. 랑그도크 지방에 있는 살뤼(Salut)의 청년들은 미리 잡아두었던 돼지머리의 가죽을 뒤집어썼는데, 그 돼지 가면은 흔히 '카레타'(la careta)라고 불렀다. 코맹쥬(Comminges) 계곡의 청년들은 눈과 코·입 주위에 구멍을 뚫은 토끼 가죽으로 만든 '카굴'(cagoule)을 썼다.

이렇게 변장을 한 청년들은 보름달이 뜨는 밤이면 멀리 원정을 떠났다. 계곡을 건너고 숲을 지나고 바위와 바위를 뛰어넘어 이웃 마을까지 갔다. 이처럼 여러 지역을 '쏘다니는 것'은 중세 프랑스 청년회(jouvent, jeunesse masculine, bacheliers)의 관행이었다. 청년들은 여기저기 쏘다니면서 외따로 떨어진 오두막이 있으면 짓궂은 장난을 쳤다. 그 집의 창문까지 살금살금 기어가서는 창문과 대문, 지붕에 사정없이 돌멩이를 집어던지며 "우! 우!" 하고 괴성을 질러대곤 했던 것이다. 이 괴성은 요란한 북소리로 인해 더욱 섬뜩하게 들렸다. 그러는 사이 집 안의 아낙네와 처녀들은 두려움에 떨었다. 청년들은 밖에서 소란을 피우는 것으로 만족하지 않고 집 안으로 들어가 여성들을 희롱하고 음식과 술을 요구할 때도 있었다.[1] 이 외에도 청년들은 성탄절에 나눠먹기 위해 '닭서리'를 하기도 하였다. 이렇게 여기저기 원정을 다니다가 저녁이 되면 선술집에 묵곤 하였는데, 거기엔 종종 '어슬렁거리는 암고양이' 혹은 '두 발 달린 여우'라 불리는 여자들이 드나들었다.[2]

성 앙투완 축일의 돼지 잡기

성 앙투완(Saint Antoine)은 지옥으로 내려가 악마와 싸운 성인으로 알려져 있다. 그는 지옥으로 내려갈 때 영혼의 흔적을 쉽게 찾는다는 돼지를 데리고 갔다고 한다. 이 때문에 성 앙투완은 돼지들의 수호성인이 되었다. 성 앙투완 축일에 돼지를 잡은 '의례'가 벌어지고 죽은 영혼들이 자주 환기되는 것은 이런 맥락에서이다. 그의 축일은 이미 중세 초부터 관행적으로 행해지고 있었다.

성 앙투완 축일의 가장 중요한 행사는 무엇보다 돼지 잡기였다. 사람들은 돼지를 잡으면서 비록 미천한 동물이지만 이 희생을 통해 신성한 '돼지 성인'(Saint Cochon)으로 재생할 것이라고 믿었다. 그리고 돼지의 재생을 기원하며 그의 영혼이 들어 있다고 생각되는 부분인 방광을 매우 특별히 관리하였다. 이 방광은 카니발 오락의 중요한 도구였는데, 아이들은 돼지 방광을 부풀려 흔들며 뛰어다니곤 하였다. 사실 이 방광은 중세 때 광기의 상징이기도 하였다. 돼지의 도살은 매우 의례적으로 이루어졌고, 그때 사람들은 거짓으로 애도의 표현을 하기도 하였다. 이렇게 도살된 돼지는 육식(肉食)의 계절 카니발에 풍부한 먹을거리를 제공하였다.[3]

안도라(l'Andorre) 계곡의 농민들은 그날 잡은 돼지의 발을 교회 앞마당에서 팔아 그 수익금을 영혼을 위한 미사에 봉헌하였다. 에스파냐와 브르타뉴·이탈리아 사람들은 성 앙투완 축일에 특별히 망령들을 환기하였다. 그들은 망령의 방문이 다산에 긍정적 효과를 준다고 믿었다. 그래서 두려움과 공포에도 불구하고 망령의 방문을 환영하였다. 또 그들은 돼지를 잡아 그 다리를 외양간에 묻어두곤 했는데 이것 역시 돼지의 다산을 기원하는 관행이었다. 사실 시골 카니발에서 행해지는 관행의 대부분은 다산과 풍요를 위한 것이었다. 예를 들면 카니발에 장작불을 피워놓고 그것을 뛰어넘거나 그 타다 남은 불씨를 그해 과일이 많이 열리도록 과수원에 묻어두는 관행 등이 그러하다. 사람들은 그때 뛰어넘은 장작불의 높이만큼 그해 삼대 나무가 자랄 것이라고

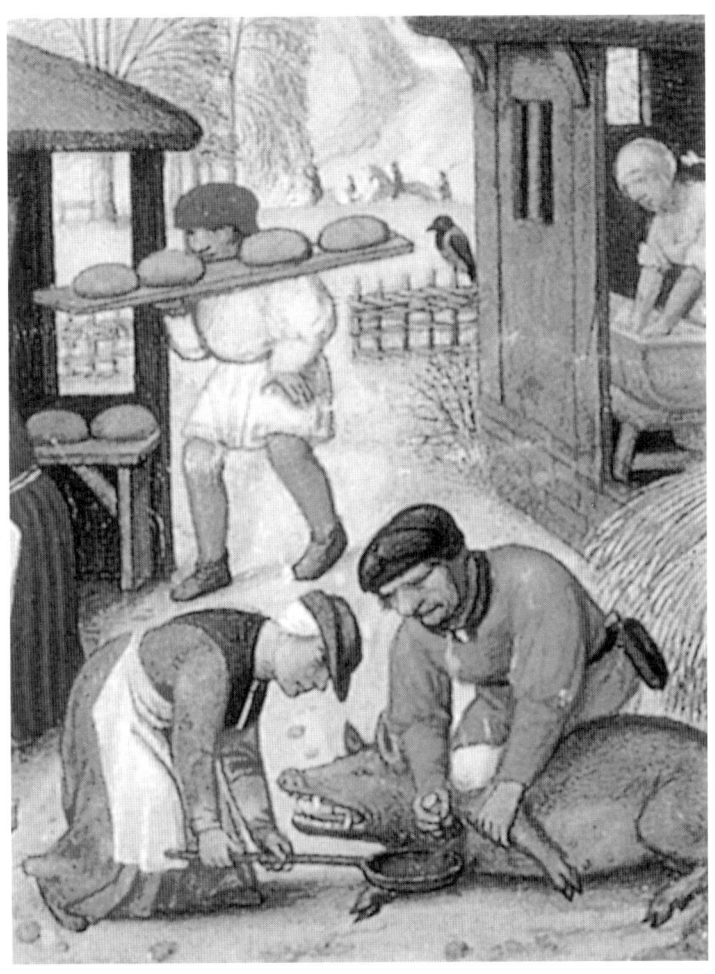
카니발 기간에 시골 농가에서 돼지를 잡고 있다. 돼지고기는 기름진 계절에 배불리 먹기 위해 필요할 뿐만 아니라 의례용으로도 필요했다.

믿어 활활 타오르는 장작불을 가능하면 더 높이 뛰어넘는 '모험'을 감행하였다.[4]

문둥병자들의 성 바울 축일

1월 25일은 성 바울 축일이다. 성경에 의하면 성 바울(Saint Paul)은 옛날의 모습을 모두 버리고 새로운 모습을 선택한 인물로 개종의 상징적 인물이다. 따라서 '허물을 벗고 새로 태어나고 싶은 사람' 혹은 '바꾸고 뒤집고 비트는 기술이 필요한 직업인'들은 성 바울을 수호성인으로 삼았다. 바로 문둥병자들과 밧줄 제조인들이다. 중세 때 그 둘은 분리된 집단이 아니었다. 대개 문둥병자들은 촌락과 떨어진 곳에 살면서 밧줄 만드는 일을 했다.

의학이 발달하지 않았던 그 시대에 문둥병자들은 촌락공동체와 격리되어 생활해야 했다. 그들은 기독교 사회 밖에 존재하고 있었기 때문에 이교적이고 마술적인 의식에 더 쉽게 노출되어 있었다. 뿐만 아니라 그들은 숲속에서 주로 생활했기 때문에 야만인·곰·반(反)문화의 보유자 등과도 연결되었다. 문둥병자들에겐 1월 말의 며칠 동안 마을에 들어와 구걸할 수 있는 특별한 기회가 주어졌다. 그 며칠이 끝나면 그들은 다시 숲속으로 돌아갔는데, 그때 마을 사람들은 동구 밖에 불을 피워 배웅하였다. 이날은 대개 육식일과 겹친다. 이 불은 문둥병자들이 마을에 남겼을지도 모를 감염의 요소를 정화시키는 의미도 있었지만, 그보다는 그들이 풍기는 어떤 '신성한 영기' 그리고 그것이 불러일으키는 공포심을 떨쳐버리려는 의미도 있었다.

문둥병자들은 밧줄 만드는 일을 많이 하였다. 중세 사람들은 이 밧줄 제조, 혹은 밧줄 제조인에 대해서도 양면적인 감정을 가지고 있었다. 거기에는 신성한 요소(나선형 밧줄은 인간과 신을 연결해준다고 믿었다. 바빌로니아 사람들이 신에 접근하기 위해 만든 것이 나선형 모양의 거대한 바벨탑이었다는 점을 생각해보라) 뿐만 아니라 위험하고 마술적인 요소도 섞여 있었다. 이런 감정은 교수형에 밧줄이 사용된다는 사실과 결부되어 더욱 증폭되었다. 중세 사람들은 세상에서 가장 불행한 사람은 교수형을 당한 사람이라고 믿고 있었다. 사람이 죽으면 육체에서 영혼이 빠져나가는데 교수형을 당한 사람은 영혼이 빠져 나가는 출구, 즉 목구멍이 막혀버려 그들의 영혼이 항문을 통해 빠져 나가거나, 아니면 하늘로도 지옥으로도 가지 못하고 맴돌 거라고 생각했기 때문이다. 아무튼 이 불행의 원인인 밧줄을 만드는 사람 역시 불길하고 불행하기는 마찬가지였다. 밧줄 제조인들에게는 그 직업의 성격상 1월 25일 직조 일을 끝내고 그동안 모아진 삼대껍질 부스러기를 모아 불을 피우는 관행이 있었다. 그들은 이 '카니발의 불'을 뛰어넘으며 그해 삼대의 성장 높이를 가늠하곤 하였다.[5]

곰 축제와 성촉절

성촉절은 성서적 의미에서 예수를 구유에서 꺼내 사원에 데려간 것과 성모마리아의 취결례(取潔禮)를 기념하는 날로 대개 육식일과 겹치는 해가 많다. 그러나 그 외에도 성촉절은 로마적, 게르만적 기원을 가지고 있다. 앞에서 언급하였듯이 그날은 로마 사람들에게는 횃불을 들고 지옥으로 간 케레스를 기념하는 날이고 게르만 인들에게는 '모성신'을 위한 날이다. 여성의 다산이나 풍부한 유량(乳量)과 연관된 이

'모성 신'은 세쿠아나(Sequanna)·아나(Ana)·디아나(Diana) 혹은 카니발과 좀더 직접적인 연관이 있는 멜루진과 동일 인물이다. 그리고 다양하고 복잡한 전설을 종합해 판단해보건데 멜루진은 곰인간 장의 신부이거나 어머니, 혹은 가르강튀아의 어머니이다. 따라서 성촉절에는 곰의 테마와 연관된 관행들이 많았다. 카탈로니아 지방의 '곰 축제'가 대표적이다.

  오늘날까지도 연행(演行)되고 있는 이 곰 축제는 곰이 야생의 숲을 방황하다가 성인 기혼남자로 재생한다는 테마로 구성된 연극 놀이이다. 첫날 곰으로 분장한 한 청년이 숲속에서 잡히면서 곰 축제가 시작된다. 그가 잡힌 이유는 한 여성을 좋아하고 그녀를 강탈해 결국 '야생의 아이'(제1부에서 말한 곰인간 장이다)까지 낳았다는 죄목 때문이었다. 이렇게 잡힌 '곰'은 카니발 축제 기간 내내 거리의 행렬에서 춤을 추었다. 그의 춤은 곰의 분장을 벗어버리는 의식이자 그의 자유 분망한 욕망을 제거하는 의식인 셈이다. 그는 이러한 의식을 통해 아름답고 건장한 인간 청년으로 재생하였다. 청년으로 재생한 그는 카니발 마지막 날 마을에서 가장 아름다운 소녀와 춤을 추었다. 이러한 연극적 관행은 태초의 신화를 재현한 것이지만 또한 여러 가지 함축적인 의미, 즉 봄의 도래와 재생, 어린 소년이 사회의 성원으로 성장해가는 과정 등을 담고 있다. 특히 후자의 측면에서 볼 때 '곰 축제'는 일종의 통과의례로 기능하면서 청년들이 자신의 인생에 대해 생각해볼 수 있는 계기가 되기도 하였다.[6]

  지방마다 약간씩 차이가 있긴 하지만 성촉절(육식일) 관행은 대부분 다산과 풍요, 계절의 변화, 재생을 표현하고 있다. 예를 들면 밀가루로 얼굴을 희게 칠한 후 다시 검게 덧칠하는 변장(Pierrot lunaire)이나

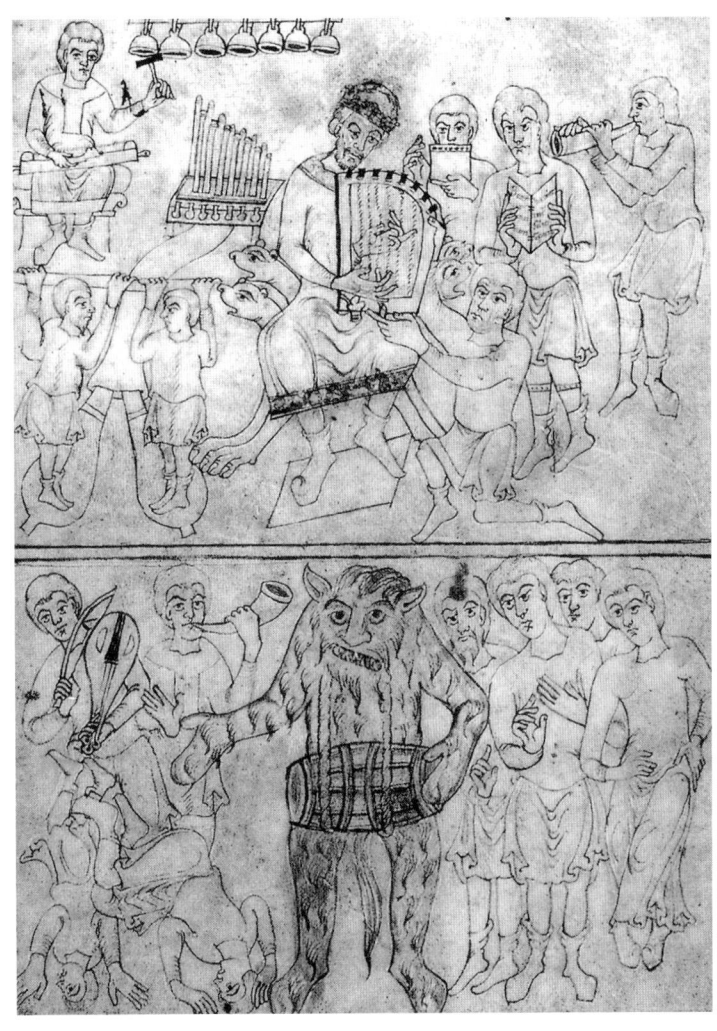

곰 변장을 한 청년이 가운데서 북을 두드리고 있고 다른 청년들은 주위에서 악기를 연주하거나 춤을 추고 있다.

'사닥다리 놀이'(청년들이 얼굴의 반은 희게 칠하고 반은 검게 칠한 후 사닥다리 창살을 통과하는 놀이)는 만월의 변화를 상징한다. 그리고 15세기 메츠 지방에서 카니발 왕국을 '위르테비즈'(Hurtebise), 그 왕을 '얼음'(Glace)라고 불렀는데, 이것 역시 겨울에서 봄으로의 계절의 변화를 표현하는 것에 다름 아니다. 그날 아이들이 손에 횃불을 들고 춤을 추는 것이나 청년들이 장작불을 뛰어넘는 관행들도 다산과 풍요를 기원하는 마술적 의식이었다.

모유를 만드는 성녀 브리지트 축일

성촉절을 전후로 해서 여성들의 다산성을 강조하는 축제들이 모여 있다. 2월 1일은 여성의 유량을 풍부하게 해주는 성녀 브리지트(Sainte Brigitte)의 축일[7]이다. 전설에 의하면 성녀 브리지트는 남편에 의해 팔이 잘려 숲에 버려졌다고 한다. 그런데 그녀가 쫓겨난 후 여성들은 임신을 하지 못하고 모유가 나오지 않게 되었으며, 식물과 우물물도 말라버렸다. 우여곡절 끝에 그녀가 마을에 돌아온 후에야 여성들의 가슴에서 다시 젖이 나오고 우물물도 샘솟고 식물도 살아났다. 이 전설에서 알 수 있듯이 성녀 브리지트는 여성의 다산과 밀접한 관련을 가지고 있으며 따라서 '모성 여신'·'광채'를 의미하는 켈트의 여신 '브리짓'(Bridget)·'베르트(Berthe)'와 동일인으로 보인다. 이날 어머니들은 풍부한 모유를 바라며 기도하였다.[8]

만약 남편이 용의주도하게 처음부터 부인을 제압하지 못하면 내내 공처가 신세를 면하지 못한다. 그림은 축제 때 남성을 공격하는 여성의 모습이다.

여성천하, 성녀 아가트 축일

2월 5일은 유모들의 수호성녀인 성녀 아가트(Sainte Agathe)의 축일이다. 이날은 유모들의 축일로, 여성과 남성의 역할이 뒤집히고 '여성 천하'가 되는 날이다. 특히 에스파냐에서 그런 전통이 강하였다. 성녀 아가트 축일의 주인공은 기혼 여성들이었다. 그녀들은 집과 거리에서 주인 행세를 하며 남편뿐만 아니라 만나는 모든 남자들에게 명령을 내렸다. 만약 그 남자들이 명령을 거역하면 '성녀 아가트의 손톱과 핀'의 따끔한 맛을 보아야 했다. 심지어 '뒝벌들'(bourdons)이라고 불리는 청년들이 여성들의 하인으로 동원되기도 하였다.[9]

바람과 숨결의 날, 성 블레즈 축일

전설에 의하면 성 블레즈(Saint Blaise)는 곰과 관련된 성인이자 바람을 관장하는 성인이다. 게르만 인들은 태곳적부터 이날을 '바람과 숨결의 날'이라고 불렀는데, 여기서 말하는 바람이란 자연과 인체에 생기와 생명을 부여하고 자연을 조화롭게 하는 것으로 동양의 '기'(氣)와 유사한 개념이다. 성 블레즈가 곰과 바람의 수호성인이 된 것은 아마 2월 3일경 곰이 동면에서 깨어나 엄청난 방귀를 뀌며 봄을 알렸던 자연현상에서 유래한 듯하다. 새 봄을 알리는 전령사인 성 블레즈는 알프스 일대에서 직물과 농업을 다스리는 수호성인으로 인식되어 직조인이나 농민의 숭배를 받았다. 또한 바람을 관장했기 때문에 음악과도 관련이 있었고, 더 나아가 호흡기에 문제가 생겨 발생한 인두염과 후두염을 치료하는 의사들의 수호성인이기도 하였다. 다산과 연관되어 있었기 때문에 그날 처녀들은 장래의 배필을 위해 기도하기도 하였다.

2월 3일이 되면 장시가 열리고 섬유와 모피의 축제가 벌어진다. 그리고 그 축제는 당연히 성 블레즈를 수호성인으로 숭배하는 소모공과 직조공들이 담당하였다. 하지만 성 블레즈 축일이 반드시 직조공에게만 의미 있는 날은 아니었다. 성 블레즈의 전설과 관행들이 카니발의 핵심적 모티프들을 구성하고 있는 만큼 그날은 모든 사람들에게 의미 있는 중요한 축일이었다. 예를 들어 에스파냐에서 카니발을 인격화하면서 '목구멍'(La Gorge)이라고 부른 것이나, 카니발의 주인공인 가르강튀아가 2월 3일에 태어났다는 전설 등에서 알 수 있듯이, 성 블레즈는 카니발의 주인공이자 영웅이었다. 민중들의 상상 속에서 성 블레즈와 가르강튀아는 둘 다 털이 많은 인물로 비교 혹은 동일시되곤 하였다.

육식일과 카니발의 왕

육식일(육식 일·월·화요일)은 고정된 날짜가 따로 없고 부활절이나 사순절에 따라 변화 가능한 축제였다. 대개는 2월 초가 육식일에 해당되었다. 이 육식일은 카니발의 하이라이트로, '카니발의 왕'(le roi Carnaval)의 행진과 화형식을 빼놓을 수 없다. '카니발의 왕'은 짚으로 만든 거대하고 기괴하게 생긴 인형으로 그 이름은 지역마다 달랐지만 대체로 '카니발의 왕' 혹은 카라망트랑(Caramantran)이라고 불렸다. 이 인형은 육식 화요일에 마을을 가로지르는 행렬을 벌이고, 그 행렬이 끝나면 모의재판을 받음과 동시에 화형을 당하였다. 모의재판을 주도하는 것은 청년들이었지만 마을 사람들도 구경꾼으로 참여하여 흥을 돋우어주었다.[10]

모의재판의 순서는 대개 재판, 형의 선고와 집행, 장례와 매장의 순서로 진행되었는데, 그 분위기는 우울하고 심각하기보다는 익살스런 이야기와 왁자지껄한 소란과 함성이 뒤섞여 즐거웠다. 재판에서 '카니발의 왕'은 축제 기간에 행해진 모든 과도한 행위와 방종에 대한 책임을 지고 유죄 선고를 받았다. 이런 점에서 사실 '카니발의 왕'은 축제 때 방종을 일삼고 다닌 청년들 자신을 인격화한 것인데, 그것에 대한 유죄선고는 청년들이 자신들의 행위를 반성하고 새로운 시기를 맞이한다는 의미이다. 인형이 불타는 동안 사람들은 「예수 수난극」(Passion du Christ)에 나오는 영가풍의 노래, '안녕 카니발, 마늘 냄새나는 저녁을 먹기 위해 너는 가고 나는 남는구나'를 부르면서 카니발을 보내고 40일간 이어지는 금욕의 사순절을 맞이하였다.[11]

화형식이 끝나면 장례를 치르고 매장하는 의식이 이어졌는데, 이것

카니발 주간에 마을 청년들은 숲 속 빈터에서 거대한 인형 '카니발의 왕'을 만들어 축제 기간에 행진시키고 마지막 날인 육식일에 태워버린다. 이때 화형식의 의미는 카니발 주간의 방탕을 속죄하는 속죄의식, 카니발 기간에 활개치고 다녔던 유령을 쫓아버리는 푸닥거리, 그리고 새 봄의 다산과 풍요를 기원하는 의미를 가진다.

들은 간혹 카니발의 즐거운 오락을 사순절 이후까지 연장하는 구실이 되었다. 청년들은 '카니발의 왕'의 장례식을 치른다는 구실로 재의 수요일에서 사순절 첫 일요일까지 해골을 쓰고 횃불을 들고 요란하게 북을 치면서 우스꽝스러운 영구차 행렬을 벌였던 것이다. 그런데 이 '카니발의 왕'의 장례식에는 사순절을 상징하는 초췌하고 흉악하게 생긴 '사순절의 여왕'도 등장하여 눈길을 끌었다.

'카니발의 왕'의 상대인 이 '사순절의 여왕'에 대한 전설은 지방마다 약간씩 차이가 있지만, 그 기원은 멜루진이다. 전설에 의하면 '장'(곰

인간 장인 듯함)이라고 불리는 영웅이 초록 산에 있는 악마의 집에 갔다고 한다. 거기서 장은 악마의 딸 중 한 명을 죽여 재생시켰는데, 그 과정에서 다리가 뱀(혹은 생선)으로 변하였다. 악마는 장에게 세 개의 시련으로 시험하였는데 장은 그것들을 모두 해결하였다. 이에 악마는 그의 세 딸 중 한 명과의 결혼을 제의하였고, 선택되지 못한 딸들의 자존심을 배려해 장의 눈을 붕대로 감게 하였다. 하지만 장은 쉽게 멜루진을 선택하였고, 다른 딸들의 방해를 극복하고 악마의 성을 빠져나왔다. 멜루진은 이로 인해 악마와 인간의 경계를 넘어 장의 신부가 되었다. 여기서 멜루진은 이 계절에 많이 환기되었던 게르만의 실 잣는 요정 베르트와 동일인이며, 장은 성 블레즈·가르강튀아·곰인간 장·메를린 등과 동일인물로 보인다.

이 전설에 근거해 카니발 기간에 '카니발의 왕'과 '사순절의 여왕'의 결혼식이 거행되기도 하였다. 언제부터인가 결혼식만이 아니라 그들 사이의 전투도 의례적으로 행해졌다. '카니발의 왕'과 '사순절의 여왕'은 마치 진짜 부부들처럼 결혼도 하고 싸움도 하였다. 그렇다고 이 전투가 부부싸움을 재현하고 있는 것은 아니다. 오히려 카니발과 사순절의 계절적 순환을 연극적으로 표현한 것이라고 할 수 있다. 따라서 그 전투의 결과는 늘 '사순절 여왕'의 승리로 끝났다.

여기서 '사순절의 여왕'은 인간 세상에 온 멜루진의 민속적 변형이다. 사실 멜루진은 지역마다 다양한 모습으로 변형되었다. 각 지방의 민속 신앙이나 청년들의 오락에서 달의 어머니(Mère Gobe la Lune)나 '절뚝거리는 대모'(Grand Mère boiteuse)라고 불리는 노파로 등장한다. 그 노파는 한쪽 발로 뛰면서(멜루진의 뱀이나 생선의 하반신을 연상시킴) 청년들을 추적하고 솜망치로 때린다. 이 유치한 도깨비

위 그림의 가운데 부분은 메를린의 탄생 배경인 '악마와 인간 여성의 동침'을 나타낸다. 메를린은 신화적 인물인 '곰인간 장'인데, 원래 신화에 의하면 그의 아버지는 곰이다. 시간이 흐르면서 이 곰은 야만인, 혹은 거인 등 여러 가지 모습으로 변하다가 결국 중세 말 악마의 이미지와 섞인다. 이것은 고유한 민중신화와 신앙들이 지배집단의 이데올로기에 의해 악마화되는 과정을 보여준다. 그림의 윗부분은 카니발 기간에 악마의 마스크를 쓴 청년회의 모습이다.

다리가 뱀으로 변한 멜루진.

브뢰겔이 1559년에 그린 「카니발과 사순절의 전투」이다. 그림의 앞부분은 카니발 기간에 전통적으로 벌어지던 '카니발과 사순절의 전투' 장면이다. 그것은 술 취한 뚱뚱한 카니발과 앙상한 늙은 노파, 혹은 돼지와 생선 간의 싸움이다. 개네베(Claude Gaignebet)는 이 그림이 성탄절에서 부활절까지의 관행들을 표현한다고 주장하였다.

는 '카니발의 왕의 죽음'과 함께 '사순절의 과부'가 된다. 그녀는 육식일에 그녀의 남편을 태우는 모습을 보며 슬퍼한다. 게다가 그녀의 운명도 순탄치만은 않다. 사순절 중간기에 마치 사순절의 절반을 상징하듯이 나무로 만들어진 그녀의 육체는 두 동강이 난다. 이 의례에 참가한 청년들은 그 톱밥을 모아 "그녀의 피를 보아라"라고 말한다. 그리고 성지주일과 부활절에 청년들은 따르라기와 망치 소리를 내며 이번에는 여윈 말의 형태로 등장한 그녀를 죽이는 의례를 행한다. 이러한 행위는 사순절이 끝났음을 의미한다. 그녀는 생선장수 여인들의 주인이기도

하기 때문에 사순절 40일 동안 내내 생선을 들고 다녀야 한다.[12]

이제 '사순절의 여왕'의 남편인 '카니발의 왕'으로 다시 돌아가보자. 앞에서 언급했듯이 그는 육식 화요일에 화형을 당한다. 그렇다면 이 화형식의 민속학적 의미 혹은 기능이 무엇일까? 오늘날에도 유럽 카니발 축제에서는 몇 달에 걸쳐 만든 거대한 마네킹이나 장식물을 한순간에 태워버리는데, 사실 그것을 아깝게 여기거나 의아하게 생각하는 사람도 많을 것이다. 하지만 거기에는 몇 가지 민속학적인 이유가 있다. 우선 그것은 마네킹을 태워버림으로써 지난해의 죄를 속죄하는 집단의식(集團儀式) 혹은 푸닥거리 의식이다. 창문에 이 빠진 그릇 조각을 던지면서 모든 재앙을 몰아치는 이탈리아 베파나(Befana)의 관행과 마찬가지로 사람들은 카니발 기간의 온갖 방종과 무질서를 주도한 '카니발의 왕'을 태워버림으로써 과거 불행과의 인연을 끊는다. 즉 사람들은 희생양을 태워버림으로써 그와 함께 모든 악과 재앙을 날려버리고 새로운 계절인 사순절을 맞이했던 것이다.[13]

또한 마네킹 화형식은 지난해에 죽은 영혼들과 유령들을 몰아내는 의식이기도 하다. 거친 바람과 서리는 망령들이 활동하기에 적당한 날씨이다. 서구의 전통에서 서리가 내리기 시작하는 11월이 망자의 달로 인식된 것도 그 때문이다. 사람들은 마네킹을 태우는 불꽃을 피워 겨울 내내 습한 기운 속에서 활개치고 다녔던 망령들을 쫓아내고 그들이 다시는 마을로 돌아올 수 없도록 영원히 저세상으로 보내버렸다. 17세기 한 종교회의에서 사람들이 카니발의 불에 의해 유령을 쫓아버리는 관행을 계속하고 있다는 비난이 등장한 배경은 이러하다. 여기에 굳이 한 가지를 덧붙인다면 이 화형식이 축제 마지막 날에 '임시 왕'을 사형시키는 바빌로니아의 관행과도 관련이 있다는 점이다.[14]

2 카니발의 표현양식

1월 말에서 2월 말까지 벌어지는 카니발 축제의 정신은 결국 다산과 풍요·재생, 그리고 재생을 위해 부수고 때리고 태워버리는 것, 즉 폭력으로 요약할 수 있을 것이다. 이런 카니발 정신은 다양한 방식으로 표현되었고, 그러한 표현 양식은 오랜 전승과정을 통해 바흐친이 '카니발적 표현양식'이라고 부를 만한 관행들로 확립되었다. 이 카니발적 표현양식은 카니발 기간(광인의 축제와 육식일)에 가장 풍부하게 표현되었지만 그 외의 다른 축제들에도 응용되었다. 그런 점에서 그것은 '축제의 정신' 그리고 '축제적 표현양식'으로 확대되어도 무방할 것이다.

카니발적 표현 양식의 첫 번째 특징은 '웃음과 익살'이다. 웃음은 민중의 보편적이며 긍정적인 세계관이다. 민중들은 우스꽝스럽고 해학적인 과장과 변형을 통해 그들이 느끼는 모든 공포를 극복하였다. 이 공포에는 자연과 신화에 대한 공포만이 아니라 도덕적 금기, 인간과 신의 권력에 대한 공포까지도 포함되었다. 민중은 해학과 풍자를 통해 현실적 공포인 권력을 마음껏 조롱하고 비웃을 수 있었고 또 그것을

카니발적 표현양식은 역할의 뒤집기를 통해 해학과 풍자의 효과를 노린다. 위의 그림은 동물과 사람의 역할이 뒤바뀌어 있다.

통해 짧은 순간이지만 권력으로부터의 해방을 느꼈다. 바흐친이 웃음을 '민중의 정치적 힘'이라고 표현한 이유는 이 때문이며, 에코가 『장미의 이름』에서 문제의 금서를 아리스토텔레스의 『희극론』으로 상정한 이유도 이 때문이다. 중세 민중은 카니발의 신나고 대담하고 외설적인 언어와 표현을 통해 어둡고 무거운 고딕 세계를 비웃었다. 이런 점에서 민중들은 체념한 회의주의자가 아니라 열린 마음을 가진 낙관주의자였다고 평가할 만하다.

웃음의 기반이 되는 해학과 익살·풍자는 구체적으로 과장되고 뒤집힌 육체와 언어를 통해 표현되었다. 이 카니발적인 육체와 언어를 위해 사용되는 축제적 전략이 바로 카니발적 표현양식의 두 번째 특징이자 바흐친이 '괴기적 사실주의'라고 부른 것이다. 이 괴기적 사실주의에 의해 카니발의 육체는 괴기적인 육체로 꾸며지고 만들어진다. 그것은 과대(exagération)와 과장(hyperboles), 과잉(profusion), 초과(excés) 등에 의해 부풀려진 육체, 그리고 다음과 같은 다양한 전략에 의해 잘리고 뒤집힌 괴기적 육체이다.

1. 뒤집기: 앞과 뒤, 위와 아래를 바꾸고 남자와 여자의 성을 바꾸며, 산 것과 죽은 것을 바꾼다. 신분과 나이의 뒤집기도 마찬가지다.
  2. 더럽히기: 오물과 배설물을 사용해 더럽히는 것이다. 이런 모티프들은 보편적이고 자연적인 현상에 대한 해학적 표현이며 또한 다산과 번식력의 상징이다.
  3. 자르기: 사지(四肢)를 절단하여 다시 재조합하는 것이고 동물과 사람, 산 것과 죽은 것을 뒤섞는 것이다.
  4. 외설: 생식기관이나 성행위를 강조하는 것으로 다산과 번식의 상징이다.
  5. 먹기(연희): 풍성하고 기름진 음식과 그것의 먹기·포도주 마시기 등이다. 먹기는 입을 통해 세계와 자연을 받아들이는 것이며, 타자와 내가 하나가 되는 과정이다. 또한 한 존재의 죽음이 또 다른 존재의 삶으로 이어지는 과정이기도 하다. 끊임없이 먹고 마시는 육체는 늘 열려 있고 세계와 소통하는 육체이다. 이때 발생하는 '식탁의 대화'(propos de table)는 인간과 세계, 나와 타자의 경계를 무너뜨려 즐거운 축제 공동체를 형성한다.
  6. 집단성: 카니발의 육체는 열린 육체이다. 생식기를 통해, 그리고 입을 통해 타자와 소통하고 세계를 받아들인다. 카니발의 육체에서 나와 세계의 접합점인 입과 코·귀·생식기가 강조되는 이유는 이 때문이다. 이렇게 타인과 세계를 향해 열린 육체는 광장에서 하나가 된 '집단적 육체'이다.

중세 카니발이 괴기적 육체를 통해 '육체성'을 강조한 반면 영적인 구원을 담당하던 교회는 내적인 신앙과 영혼의 구원을 강조하였다. 교

뒤집기는 카니발의 괴기적 육체를 만들기 위한 전략이다.

생식기관은 다산과 번식의 상징이다.

회는 인간이 영혼을 통해 구원된다고 가르쳤지만 실제 카니발 축제에서 인간들을 웃게 만들고 그럼으로써 그들을 해방시키는 것은 '괴기적 육체'였다. 이 육체성은 중세 시대 민중문화를 교회의 엘리트문화로부터 구분시켜주는 요소 중 하나이다. 그렇다면 어떤 이유로 괴기적 육체가 사람들에게 웃음과 자유를 가져다 줄 수 있었을까? 그것은 괴기적 육체의 '괴기성' 자체에 내재되어 있다.

'괴기성'은 기본적으로 '양의성'(兩意性)의 원리에 기반을 두고 있다. 뒤집히고 절단되고 더럽혀진, 한마디로 '모순어법적으로' 표현된 괴기적 육체는 고정된 의미를 지향하지 않는다. 그것은 살아 있으면서도 죽은 것이고, 완성된 것이면서도 아직 생성중이며, 사람도 동물도 아닌 모습이다. 절대적 의미를 지향하지 않는다는 것은 세계와 자연을 향해 늘 열려 있다는 의미이다. 그 열림이 타자를 껴안고 하나의 축제 공동체를 형성할 수 있는 힘이다. 그 축제 공동체(터너는 그것을 community와 구별해 commuitas라고 표현하였다)가 바로 현실에서 실현할 수 있는 유토피아이며 그 속에서 인간은 자유를 느낄 수 있다.[15]

하지만 어떻게 변할지 예측할 수 없는 이 유동적인 이미지는 '괴상하고 비자연적이고 순수하지 못한 불순한' 이미지가 아닐 수 없다. 이것이 자연적 순수성과 투명성을 강조한 근대 감성주의 철학자들과 계몽 사상가들이 카니발적 표현양식을 비판한 이유이다. 민중들은 변화하고 생성하는 자연과 세계를 변화하지만 그 변화를 예측할 수 없는 괴기성으로 표현했던 반면, 근대의 계몽 사상가들은 자연을 절대적 원칙과 법칙 하에 움직이는, 그래서 예측 가능한 순수한 실체로 보았던 것이다.

기발한 변장과 마스크를 한 사람들의 행렬.
그것은 상징적 제스처와 이야기를 통해 끊임없이
메시지를 던지는 상징의 바다였다.

제4부 카니발의 풍경

1 화려한 행렬의 판타지 세계

 11세기부터 상업이 부활하고 도시가 발달하였다. 상업을 중심으로 발달한 중세 도시는 농촌 사회와는 매우 이질적인 공간이었고, 그곳에서 거행되는 카니발의 의미도 달라질 수밖에 없었다. 농촌 사람들은 카니발 기간이 되면 야만적인 동물 마스크를 쓰고 조잡하고 투박한 변장을 한 채 숲과 산으로 쏘다녔다. 그리고 그곳 어딘가에서 '카니발의 왕'과 '사순절의 여왕'을 만들어 육식일 행렬에 선보인 후 불태웠다. 반면 도시인들은 좀더 화려하고 기교적인 마스크와 변장을 하고 퍼레이드를 벌였으며, 연극을 비롯한 각종 이벤트와 스펙터클을 즐겼다. 그리고 이런 변장과 연극·스펙터클은 단순히 계절의 변화와 다산의 의미를 넘어 사회적·정치적·종교적 함의를 지니기 시작하였다.
 도시의 카니발은 시골의 그것과 달랐지만 그래도 그 기원은 역시 농촌에서 시작되었다. 농촌 사람들이 도시로 이동하면서 그들의 관행도 함께 전파된 것이다. 도시 카니발에 관한 비교적 오래된 기록 중의 하나는 1210년 에셴바흐(Wolfram von Eschenbach)의 『파르치팔』(Parzifal)이다. 그는 거기서 '바이에른의 돌렌슈타인(Dollenstein

시에서 육식 화요일 때 상인들이 전투 놀이를 즐긴다'고 기록하였다. 이 기록은 비록 프랑스에 관한 것은 아니지만 프랑스에서도 사정은 비슷하였다. 12세기 이후 도시 주민들은 시골의 카니발 관행을 받아들여 겨울이 끝나갈 무렵 새 봄의 도래를 축하하며 축제를 벌였다.

하지만 도시의 카니발은 시골의 것과 주체와 형태·성격·기능 모든 점에서 달랐다. 물론 시골이나 도시 모두 축제를 통해 공동체의 일체감과 화합을 성취하려는 목적은 같았지만 말이다. 도시에서는 자연의 다산과 풍요가 중요성을 상실하면서 그것을 위한 마술적 관행들이 점차 사라졌고 자연과의 관계성도 약화되었다. 그 대신 도시 생활에서 필요한 위계와 특권의 강조, 자기 직업에 대한 자부심, 도시의 번영을 위한 선전과 홍보, 질서 유지를 위한 윤리와 규범 등이 더욱 중요하게 강조되었다. 이런 '도시적인 문제'들은 마술적 관행보다는 시위(manifestation)와 퍼레이드를 통해 해결되어야 할 것들이다. 따라서 도시 카니발의 특징이자 하이라이트는 호화롭고 과시적인 행렬이었다.[1)]

거리에 요란하게 변장한 사람들이 행렬을 벌이고 그것을 보기 위해 군중들이 쇄도하면서 도시 카니발은 시작되었다. 도시 카니발은 비교적 규칙적인 순서에 따라 진행되었다. 아침 일찍 행렬인들은 각자 변장을 하고 광장에 모인다. 그런 후 그들은 미사를 보기 위해 교회까지 행진한다. 미사가 끝나면 다시 긴 행렬을 지어 거리를 누비는데, 대개 그 경로에는 시청과 시장·교회·광장·부르주아의 저택·장인 사무소 등 도시 생활에 필수적인 장소들이 포함된다. 그중에서도 특히 반드시 거쳐야 하는 장소는 교회와 시청·시장이었다. 행렬이 지나간 경로는 그 자체가 도시의 권력과 위계를 보여주는 흔적이다. 행렬은 도

카니발의 행렬에는 변장한 사람들과 함께 그로테스크하게 장식된 수레나 마차도 빠지지 않았다. 그림은 디종의 유명한 '아이들'의 마차이다. 그들은 행진할 때 마차에 올라타 해학적이고 풍자적인 시를 낭독하곤 하였다.

시의 주요 장소에서는 어김없이 멈추어 서서 큰 원을 그리고 한바탕 난장을 벌였다. 변장을 하고 창을 든 사람들이 뛰고 달리면서 군중들과 손을 잡고 춤을 추었다. 이처럼 카니발 행렬은 단순히 보여주는 것이 아니라 거리의 군중이 함께 뒤섞이면서 거대한 소용돌이를 만드는 환상과 기쁨의 스펙터클이었다. 오전에 미사와 행렬이 거행되고 나면 오후에는 각 구역별로 연극 공연과 놀이·경기 등이 펼쳐졌다. 여기에 연회와 무도회를 끝으로 도시 카니발은 막을 내렸다.

군중이 행렬에 뒤섞이는 일이 흔했기 때문에 그들로 인해 행렬에 지장을 초래할 때가 많았다. 그래서 행렬인들은 군중들의 방해를 막고 또 그들에게 '뜻밖의 놀람'을 선사하기 위해 교묘한 장치들을 이용하였다. 예를 들어 행렬에 뛰어들어 진로를 방해하는 군중이 나타나면 섶으로 만든 막대로 내리치기도 하고, 때로는 길 양편에 모인 군중을 향해 곤봉이나 창·장대를 휘둘러 위협하기도 하였다. 화약이 등장한 뒤로는 화약통을 꽃이나 나뭇가지 사이에 숨겨 다니다가 방해꾼이 나타나면 터뜨려 놀라게 하곤 하였다. 그 외에도 갑자기 불통을 터뜨려 군중이 기겁하게 하는 짓궂은 행렬인도 있었다. 이런 관행은 처음에는 웃어넘길 수 있는 가벼운 장난이거나 그 무장의 정도가 가벼웠지만 점점 무장이 위험 수위를 넘어섰고, 그로 인해 불상사도 많아졌다. 그래서 결국 도시 당국의 제재를 받아 무기 휴대가 금지되기에 이르렀다.

행렬 중에 걸립(乞粒, quête) 행위도 있었다. 마치 광인의 축제 때 복사들이 그랬던 것처럼 카니발에서도 행렬인들은 즉석에서 구경꾼들로부터 선물이나 음식·돈을 거두어들였다. 뿐만 아니라 행진을 하다가 도시 관리들의 문 앞에 멈추어 서서 돈을 요구하기도 하고 유대인이나 부도덕한 부인의 집 앞에서 그들의 기부를 강요하기도 하였다. 평소 미움의 대상이었던 돈 많은 유대인들이 주로 공격의 대상이 되었다. 실제 14~15세기 로마의 유대인들은 교황의 보호를 받는다는 구실로 축제를 위한 기금을 정규적으로 바쳐야 했다. 그 기금은 도시의 오락과 유흥을 위해 사용되었다.[2]

도시의 카니발 행렬은 시골과는 비교가 되지 않았다. 시골에서는 짚으로 만든 커다란 '카니발의 왕'을 중심으로 동물 마스크와 투박한 변장이 등장하는 정도였지만, 도시에서는 화려하게 장식한 거대한 마차와 거인 인형들, 좀더 세련되고 기발한 변장과 마스크, 성장(盛裝)을 한 도시 권력자들이 등장했다. 그것은 도시 군중들을 환상의 세계로 이끌 만큼 압도적이고 현란한 스펙터클이었다. 행렬인들은 단순히 거리를 누비는 것만이 아니라 상징적 제스처와 이야기·이미지들을 통해 군중들에게 끊임없이 메시지를 전달하였다. 따라서 그것은 거대한

카니발 행진을 주도하고 있는 광인. 광인은 카니발의 행렬에서 빠지지 않는 '감초'였다.

'상징의 바다'이기도 하였다.

　카니발 행렬의 변장과 제스처·이미지들은 테마에 있어서나 기술에 있어서 종교적 의례와 연극의 영향을 많이 받았다. 예를 들어 북부 프랑스와 영국·독일의 카니발 행진에서 가장 인기 있었던 것은 기계를 조종해서 불을 내뿜고 혀를 움직이게 하는 용 마차였다. 이 인상적인 용의 테마는 예수 성체절(Corpus Christi) 때 상연된 「성 조르쥬와 용의 놀이」(Jeu de Saint Georges et du dragon)에서 아이디어를 얻은 것이다. 종교적 의례 중에 특히 영향을 많이 준 것은 광인의 축제였다.[3] 광인의 주교 때 클레르들이 즐겨 쓰던 뒤집기 변장이 카니발 행진에서도 나타났다. 그리고 '광인의 주교'처럼 카니발 행렬의 무희들도 군중들에게 춤을 선보이고 군중들을 행렬로 끌어들이기도 하고 그들에게 작은 선물을 나누어 주기도 하였다. 광인의 지팡이를 든 '광인'이 등장한 것은 말할 나위도 없다.

2 광인과 야만인

광인은 누구인가

　카니발 행렬에서 이목을 집중시킨 존재는 후드가 달린 빨강과 노랑, 초록색(특히 초록색은 광기를 상징한다)의 옷을 입고 광인의 지팡이를 흔들어대는 광인이었다. 그는 당나귀를 타고 행진하면서 우스꽝스러운 행동을 연출했으며 돌발적인 제스처를 해서 군중들을 놀라게 하였다. 구리와 청동·은으로 만든 방울을 요란하게 흔들어대며 춤을 추기도 하였다. 뿐만 아니라 그는 군중을 향해 해학적이고 풍자적인 이야기를 쏟아내었다. 인간들의 근심과 욕망, 열정과 광기, 인생의 허무함 그리고 이 모든 것들이 일으키는 상호모순에 관해 끊임없이 지껄였다. 그것은 세상을 향한 예리하면서도 모순적인, 그러면서도 허탈한 목소리였다. 에라스무스의 『광우예찬』에서 들려오는 광인의 목소리도 이와 다르지 않다.
　광인은 점점 카니발에서 필수적인 존재가 되었다. 독일에 '광인 없는 놀이는 없다'는 속담이 있을 정도였다. 광인은 마차 위의 스타이자 선동가였으며 연극과 풍자·알레고리의 영웅이었다. 축제에 생기를 불어넣는 그의 존재는 카니발에만 국한되지 않았다. 광인은 장엄한 군주의 입성식에도 등장하였다. 예를 들어 1461년 루이 11세의 파리 입성식에 말을 탄 광인이 등장했으며, 앙리 2세의 입성식에도 광인이 등장해 군중의 조롱 욕구를 만족시켰다. 그리고 광인들은 크고 작은 궁정 축제에도 모습을 드러내 술자리의 흥을 돋우고 바이올린 연주자들을 고무하였다. 이처럼 광인이 축제의 '감초' 같은 존재가 되자 연출가들은 축제 프로그램에 무희와 곡예사뿐만 아니라 광인도 반드시 끼워넣었다.[4]

이렇게 광인은 축제의 영웅이었지만 중세 말과 근대 초에 현실적으로 존재하는 광인의 모습은 매우 다양하고 복잡하였다. 정말 통제할 수 없는 '미친 사람'이 있는가 하면 다소 어눌한 사람도 있었다. 직업적인 거리의 광대도 광인으로 통했으며 심지어 이름만 '광인협회'인 단체의 회원들도 모두 광인으로 통했다. 특히 후자의 경우는 도시의 상류층 명사들이었는데도 말이다. 사실 오늘날 시각으로 그 시대의 광인을 이해하는 데는 많은 한계가 있다. 왜냐하면 푸코의 지적대로 우리가 가진 광인의 개념은 이성이 강조되면서 생긴 매우 근대적인 개념이기 때문이다. 우리가 광기를 '이성의 결핍' 혹은 '반(反)이성'으로 생각하는 것이 그 단적인 예이다. 광기가 정말 이성이 결핍된 상태일까? 근대를 경험하지 않았던 의학의 아버지 히포크라테스는 광기는 이성의 결핍이 아니라 '이성의 과잉'이라고 했다.

아무튼 중세 광인의 모습이 다양하고 복잡했던 것만큼이나 그 시대 사람들이 광인에 대해 가졌던 태도 역시 모호하고 모순적이다. 사람들은 한편으로는 광인을 존경하고 공포심과 호기심을 가졌지만, 또 다른

중세 말과 근대 초 광인은 축제의
흥을 돋우는 선동가이자 축제의
주인공이었다.

한편으로는 광인을 불쌍히 여기고 혐오하고 조롱하였다. 그들이 보기에 광인은 신적인 능력이 부여된 존재로 공포의 대상이기도 했지만, 신이 인간의 몰락을 증명하기 위해 선택한 불행한 존재 혹은 사탄에 의해 희생양으로 전락한 존재이기도 했으며, 인간에게 주어진 모든 징벌의 표본으로 동정의 대상이기도 했던 것이다. 그 시대 광인에 대한 치료법도 다양하여, 기도와 푸닥거리 · 뇌수술 · 순례 등 여러 방법이 사용되었다. 광기를 뇌에서 시작된 병으로 보고 뇌를 절개하는 수술을 했다는 것은 엽기적이 아닐 수 없다. 광기 치료를 위해 성지를 순례할 경우에는 성인 무덤 주위를 도는 행진과 냉수치료법 등 특별한 의식이 동반되었다.[5]

1549년 앙리 2세의 루앙 입성식 때 등장한 광인과 음악가.

광인에 대한 모호한 인식에도 불구하고 그들의 이미지는 매우 특별한 의복과 상징에 의해 정형화되었다. 두 개의 귀 모양의 후드가 달린 의복과 끝에 여성의 두상과 방울이 달린 지팡이(maroutte)는 광인을 상징하는 모티프들이다. 광인의 지팡이는 왕홀을 패러디한 것으로 그가 '광인들의 왕'임을 암시하는 것이었다. 물론 이런 의복과 상징들이 보편화되어 실제 광인들이 일상생활에서 입고 다닌 것 같지는 않다. 단지 축제나 소극·의례 등에 많이 사용되었다. 이 외에도 당시 연극이나 소설·놀이에 광인은 흔히 치즈와 완두콩을 먹는 모습으로 등장한다. 메나르(Philippe Ménard)의 「푀이에의 놀이」(le Jeu de la Feuillé)에 큰 치즈를 들고 먹고 있는 사람이 등장하는데, 이 시대 사람들은 별다른 설명 없이도 그가 미쳤다는 것을 알 수 있었다.

광인에 대한 모호한 태도는 점점 변화하였다. 푸코에 의하면 광인들에 대한 서구인들의 인식 변화는 14세기에서 17세기 사이에 일어났다.[6] 광인들은 그들의 괴이하고도 돌출적인 행동으로 인해 점차 사회생활에 위협적인 존재로 인식되었다. 그와 동시에 광인에 대한 사회적인 차별과 배제가 제도화되기 시작하였다. 시 행정관이나 의사에 의해 광인으로 판정된 사람들은 교회를 비롯한 수용시설에 격리되거나 아니면 도시에서 추방되었다. 이렇게 추방된 광인들은 '광인의 배'를 타고 정처 없이 흘러 다녔다. 실제로 근대 초에 얼마나 많은 광인들이 강제 수용되고 집단 추방되었는지는 알 수 없다. 도시 도처에는 여전히 광인들이 배회했고 그들은 조롱의 대상이 되었다.[7]

광인에 대한 사회적 구박과 조롱은 점점 심해졌다. 중세 말이 되면 더 이상 광인에 대한 공포심과 경외심은 찾아볼 수 없고, 그들은 단지 도시의 천덕꾸러기에 불과했다. 광인이 나타나면 사람들은 창문으로 내다보며 야유했고, 아이들은 소리를 지르며 뒤쫓아가 막대로 때리거나 갈퀴로 할퀴었다. 혹은 그에게 물과 오물을 뒤집어씌우거나 얼굴과 몸을 재로 검게 칠하기도 하였다. 심지어 머리를 박박 깎아 당나귀에 거꾸로 태워 끌고 다니기도 하였다. 이처럼 광인의 통행은 항상 소란스러운 외침과 폭력, 엽기적인 가장행렬, 야유와 조롱이 뒤섞인 흉내내기 등을 동반하였다. 이런 짓궂고 민중적인 오락은 축제날에 더욱 심하였다.[8]

그러나 그렇게 조롱과 구박을 받는 광인, 즉 '바보들'만 있었던 것은

이 시기 사람들은 광기를 뇌 문제가 생겨 생기는 질병이라고 생각하였다. 그림은 뇌를 절개해 광인을 치료하는 모습이다.

아니다. 축제의 행진과 연극에서 일정한 역할을 하는 광인들도 있었다. 그들은 광인보다는 '광대'라고 불러야 더욱 정확할지 모르겠다. 그러나 그 시대에는 모두 '광인'으로 통했다. 축제에서 활동한 광인은 광포한 미치광이가 아니라 상태가 양호한 광인들이거나 어릿광대들이었다.[9] 중세 말과 근대 초에 이러한 광인과 어릿광대들은 정말로 매우 흔한 존재들이었다. 그들은 후드를 걸치고 도시와 도시를 돌아다니다가 카니발이나 수호성인의 축일에 부르주아와 신도회에게 일정한 금액을 받고 봉사하였다. 이처럼 유랑하는 광인이 있는 반면 왕과 군주의 궁정, 영주와 주교의 성에 상주하는 광인들도 있었다. 그들은 미친 사람들이라기보다는 허풍 떨고 재주 부리는 어릿광대나 곱사등이 같은 불구자들, 다소 지능이 떨어지는 바보들이었다. 그들이 군주와 영주에게 인기 있었던 이유는 당시 귀족들의 이국적 취향이나, '색다른 마스코트'를 확보하려는 허영심, 누군가를 조롱함으로써 재미를 느끼는 오락적 성향 때문이었다. 광인들은 귀족들의 이런 기대에 부응해 엽기적이고 기상천외한 방법으로 그들을 즐겁게 해주었다. 그러한 사실은 익살스럽고 해학적인 문학작품들을 통해 간접적으로 확인된다. 그 저자들은 주저 없이 궁정 장면에 광인을 세웠다. 예를 들어 『악마 로베르』(*Robert le Diable*)에는 한 광인이 개의 아가리에서 해골(os)을 뽑아내는 것을 보고 기뻐하는 황제의 모습이 나온다. 또한 『트리스탄의 광기』(*la Folie Tristan*)에는 마르크 왕(roi Marc)의 궁정에서 한 광인의 놀라운 허풍에 환호하는 귀족들의 모습이 나온다. 그 광인은 '나의 어머니는 고래이며 유모는 호랑이다. 나는 이졸데(Yseut)를 들어 올려 하늘에 달린 유리 성으로 끌고 갔다'라며 허풍을 떨고 있다. 이 외에도 광인들은 빙글빙글 돌다가 과감하게 창문에서 뛰어내리기

군주나 영주들은 이국적 혹은 오락적 취향으로 광인들을 '마스코트'처럼 데리고 있었다. 그림은 부르고뉴 공인 필립 르 아르디(Philippe le Hardi)가 데리고 있었던 광인이다.

도 하고 소란스럽고 과장되게 자신의 상상의 모험담을 떠벌리기도 하였다.[10]

그런데 여기서 주의할 점이 있다. 축제에 등장하는 광인 중에는 위에서 지적한 어릿광대나 바보 외에 또 다른 집단이 있었다. 그들은 축제를 조직하고 관리하는 유희단체들이었다. 그들은 자기 단체의 이름을 좀더 독특한 것으로 하기 위해 광인의 테마를 이용하였다. 예를 들면 부르고뉴 지역의 '미친 어머니'(la Mère folle)가 그러하다. 그들은 '광인' 혹은 '광인협회'로 통칭되지만 임금을 받고 고용된 어릿광대나 궁정에 거주하는 광인과는 엄연히 다른 존재들이다. 그들은 도시의 상류층이나 혹은 그 비슷한 사회적 범주에 속하는 사람들로 사회의 지배층들이었다. 최소한 15세기에는 그러하였다. 이 시대의 문헌 자료들에는 이 모든 광인들이 구별 없이 '광인'으로 표현되어 있기 때문에 맥락에 대한 정확한 이해가 필요하다.

중세 사람들은 축제에서 분출되는 광인의 익살과 제스처, 허풍을 즐겼다. 광인의 이상함과 엽기는 웃음을 터뜨리는 오락이며 스펙터클이었다. '광기는 자연의 흐름에 활기를 준다. 그래서 광기를 상징하는 색은 초록이다'라고 했던 게네베의 주장처럼 광기는 축제에도 활기를 부여하였다. 그러나 광인의 제스처와 담론이 단순히 웃고 즐기기 위한 오락 이상일 때도 있었다. 투르네(Tournai)에서 1464년 2월 거행된 왕의 입성식 때 일이다. 그때 콜랭(Colin)이라고 불리는 광인이 도시의 문장(紋章)이 새겨진 진홍색 옷을 입고 나타났다. 원래 도시의 문장은 사람들이 중요하게 생각하는 것으로 성문이나 위인의 의복 위에 새기는 것이 일반적인 관례였다. 그것이 광인의 옷에 그려졌다는 것은 정치권력에 대한 패러디와 조롱의 의미를 담고 있었다. 더구나 진홍색이 왕을 상징하는 색이었다는 점을 감안하면 조롱의 대상이 누구인지는 짐작할 만하다. 이처럼 광인의 제스처와 담론에는 사회와 정치에 대한 풍자가 담기기도 하였다. 이러한 경향은 16세기 이후 더욱 심해졌다.[11]

광인의 배

중세 말 근대 초의 카니발 축제 때 흔하게 등장한 것 중 하나가 '광인의 배'였다. 그것은 미치광이들을 배에 태워 강제로 추방시킨 그 시대의 현실을 반영한 것이기도 했지만, 브란트의 『광인의 배』가 성공하면서 더욱 유행하였다. 광인들의 다양한 모습을 시로 묘사한 『광인의 배』는 15세기 말 축제를 더욱 환상적이고 익살스러운 것으로 만들려는 축제 관계자들에게 풍부한 아이디어를 제공하였다.

브란트는 1457년 스트라스부르의 여관집 아들로 태어나 1492년에 성당 참사회원의 장의 지위에까지 오른 문인이자 인문주의자였다. 성당 참사회원으로서 그는 광인의 축제에서 발견되는 모든 형태의 환상과 환희를 직접 목격하였다. 그 경험을 바탕으로 해서 브란트는 1494년 카니발 기간의 광인들 이미지를 묘사한 『광인의 배』를 속어로 출판하였다. 그 시는 권력가와 교회를 비판하고 인간의 야망과 관습을 비웃는 광인들의 불경스럽고도 소란스러운 모습을 수많은 삽화와 함께 담고 있다. 『광인의 배』는 출판과 동시에 커다란 성공을 거두어 같은 해 뉘른베르크와 아우구스부르크, 뢰틀링겐(Reutlingen)에서도 출판되었고, 스트라스부르의 한 출판업자는 브란트의 동의 없이 여러 편의 시를 추가하여 증보판을 내기도 하였다. 3년 뒤에는 라틴어와 불어로도 번역되었고 이후에도 수십 차례 재판되었다. 이러한 개정판과 번역판들은 문학가들을 고무하여 수많은 모방작과 아류작을 낳게 하였다. 이러한 문학적 성공은 당대의 인문주의적이고 박식한 사람들이 '분별 있는 광인들'(sages)의 오락이나 그들의 사회적 비판에 많은 관심을 갖고 있었다는 것을 보여준다.

브란트가 광인의 배를 시로 묘사했다면 보쉬(Jérôme Bosch)는 그림으로 묘사하였다. 그의 그림은 중세 사람들이 광인의 존재를 어떻게 이해하였는지를 암시해준다. 배의 중앙에는 과자가 매달린 막대가 꽂혀 있고, 그 밑에는 수도사와 수녀들이 과자를 먹기 위해 경쟁하고 있다. 하지만 어느 누구도 과자를 먹지는 못한다. 그 사이에 광인의 복장을 하고 광인의 지팡이를 든 한 광인은 대접으로 능숙하게 음식을 먹고 있다. 거기서 광인은 오히려 정상인보다 더 '현인'으로 묘사되고 있

보쉬가 그린 이 그림은 원래 세 폭으로 그려졌는데, 오늘날에는 「광인의 배」만 남아 있다. 세바스티앙 브랑을 비롯한 당대의 문학가들은 광인에게서 인간의 재앙만을 보았지만, 복음주의 정신에 충실한 보쉬는 광인을 현자로 묘사하였다. 그림을 보면 수도사와 수녀가 술 취한 사람들과 함께 과자를 서로 먹기 위해 입을 벌리고 있고, 뒤에는 우둔한 사람이 나무에 매달린 고기를 먹기 위해 애쓰고 있다. 이 상황에서 가장 현명한 사람은 혼자 음식을 먹고 있는 광인이다.

세바스티앙 브랑의 「광인의 배」에 삽화로 사용된 광인들을 태운 배.

다. 실제 이 시기에 등장해 라인 강을 오르내렸던 광인의 배에는 정신 이상자만이 아니라 정상적인 정신을 가졌지만 사회 비판적인 발언을 하거나 과감하게 특이한 행동을 하는 사람들, 악령에 시달리거나 사람들의 조롱을 받는 현인들이 더 많았다고 한다.[12]

그러나 근대에 들어서면서 보쉬가 그린 '현인들을 태운 광인의 배'는 더 이상 등장하지 않는다. 슘베르크(S. L. Sumberg)에 의하면 그것은 더 이상 광인의 배가 아니라 '악의 배'(le navire du Mal)였다고 한다. 카니발 마지막 날 사람들은 전투 복장을 하고 무장한 채 '악의 배'를 파괴하는 의식을 거행했다. 그들은 긴 투창이나 곤봉·칼 등 다양한 공격 무기, 그리고 심지어 불이나 화약까지 들고 나왔다. 신호와 함께 모두 배의 측면에 사다리를 세우고 기어 올라가 '악의 요새'를 점령하고 파괴하고 결국은 태워버렸다. 이 관행은 광기에 대한 인식 변화의 단적인 예이다. 이제 광기는 점령하고 부숴버려야 하는 악이 되었다.

물론 그날 광인의 배만 태워진 것은 아니었다. 카니발 기간에 사용된 모든 마차와 성·집 등이 남김없이 파괴되고 불태워졌다. 사람들은 이런 파괴와 태움의 의식을 통해 모든 비이성적이고 악마적인 힘을 물리칠 수 있다고 믿었던 것이다. 시골에서 육식 화요일에 '카니발의 왕'을 태워버리는 것과 비슷한 의미이다. 16세기부터는 이런 관행이 좀더 스펙터클한 불꽃놀이로 변하였다. 대부분의 장식물이 종이와 나무로 만들어졌기 때문에 그 안에 작은 폭발 물질이나 화약 꾸러미를 장치해두면 그것이 타면서 연속적으로 폭발하여 장관을 연출했던 것이다.[13]

카니발 속의 야만인

광인과 마찬가지로 야만인도 이 시대 카니발 행진 속에 자주 등장한 인물이다. 이 야만인의 이미지는 태고의 신화와[14] 연결되어 만들어진 상상의 피조물이다. 대체로 그는 전신이 수염과 털로 덮인 거대한 체구와 강력한 힘의 소유자로 표현되었다. 야만인들은 농사도 짓지 않고 목축도 하지 않으며 숲에 살면서 늘 날고기와 밤만 먹고 사는 인물이다. 그들에게는 신앙도 없다. 그들의 사랑은 우아하고 세련된 '궁정식 사랑'이 아니라 강제로 여성을 납치하고 강탈하는 '약탈식 사랑'이다. 사람들은 그들에게 있는 것이 오로지 육체적 본능과 힘뿐이라고 상상하였다.[15]

이렇게 상상된 야만인은 카니발의 행진에서 이국적이고 환상적인 이미지로 구현되었다. 그들은 검은 수염과 덥수룩한 머리로 뒤덮인 가면을 썼으며 가죽과 모피로 만든 옷을 입고 손에는 곤봉을 들었다. 또 등에는 가시덤불을 지고 있거나 혹은 사로잡은 어린이나 악마의 모형을 담은 채롱을 지고 있었다. 남부 독일의 티롤(Tyrol)이나 스위스에서는 더욱 특수한 변장을 한 야만인들이 등장하였다. 그들은 야생 돼지의 마스크를 쓰고 헐렁한 튜닉 같은 옷을 입었다. 그리고 꿰맨 밤으로 만든 허리띠를 사용해 튜닉을 동여매었다. 이 외에도 새와 돼지·염소와 같은 그로테스크한 동물 마스크를 썼는데, 이것들은 악마적 힘이나 토템의 전통, 혹은 자연에 대한 취향을 반영하는 것이었다. 그들의 변장은 그 시대의 괴기적 취향을 반영해 점점 더 환상적인 색채를 띠었다. 그것을 위해 기발한 발명까지 동원되었다. 예를 들면 허리 주위에 작은 방울을 달아 움직일 때마다 요란한 소리를 내거나 혹은 거울을 달아 햇빛을 반사시켜 군중을 현혹시켰다. 야만인들은 행진하면서 군중을 위협하기도 하고 반대로 무서워 도망치는 거짓 흉내를 내기도 하였다.

카니발 행렬에는 야만인과 거의 비슷한 차원에서 농민과 무어 인도 등장하였다. 그들 역시 야만인과 마찬가지로 자연과 동물성·비문명을 상징하였다. 농민은 손질하지 않은 더러운 옷을 입고 투박한 장화를 신은 채 헝클어진 머리를 한 촌스러운 모습으로 나타났다. 이러한 이미지는 당시 도시인들이 농민들에 대해 가졌던 혐오감이나 경멸감을 표현한 것이다. 무어 인의 모습은 15세기 말경부터 나타나기 시작했다. 그들은 입이 크고 머리 숱이 많은 독특한 검은색 마스크를 쓰고 등장하였다.

15세기와 16세기 도시 카니발에서 이국적 테마가 유행하였다. 몸집이 큰 코끼리의 모습과 터키풍의 변장은 이런 취향을 잘 반영하고 있다. 코끼리는 왕의 입성식과 같은 대축제에 등장해 사람들의 시선을 사로잡았다. 15세기 터키가 동양의 강국으로 등장하면서 터키풍이 유

카니발 행렬에 야만인으로 변장한 사람들.

행하였다. 이런 유행은 축제에도 반영되어 터키풍의 장식과 변장이 행렬을 장식하였다. 여기에 다소 연극적인 제스처가 가미되어 기독교 기사들이 화려하게 차려입은 터키 군대와 말을 공격하고 개종을 강요하는 장면이 연출되었다. 신대륙이 발견되면서는 인디언의 모습도 등장하였다. 갈색 피부와 양털이 달린 넓은 줄무늬의 후드가 달린 복장·몸의 문신·깃털이 달린 투구·활과 투창·앵무새·카누·열대 과일과 식물·금으로 만든 팔찌와 정강이받이 등은 카니발의 분위기를 더욱 이국적이고 환상적인 것으로 만들었다. 이 모든 것이 뒤섞인 중세 말과 근대 초의 도시 카니발은 환상과 꿈으로 가득 찬 거대한 '상징의 바다'였다.16)

3 종교극과 세속극

도시 카니발에서 행렬 다음으로 인기가 있었던 볼거리는 교회 앞마당이나 거리·광장 등에서 상연된 연극이었다. 연극의 기원이 디오니소스 축제에서 비롯되었다는 것은 다 알려진 사실이다. 그만큼 연극과 축제는 밀접한 관련을 가지고 있다. 게네베에 의하면 카니발과 연극은 별개가 아니다. 시골의 관행이 도시로 전해지면서 연극으로 자리 잡게 되었던 것이다. 도시의 축제에서 행렬 자체가 매우 연극적으로 펼쳐졌을 뿐만 아니라 그 자체가 긴 파노라마처럼 펼쳐진 연극무대였다. 행렬이 끝난 후에도 도시 여러 곳에 무대가 설치되어 다양한 연극이 상연되었다.

종교극의 발달

중세 연극에는 종교극과 세속극이 있었다. 종교극에는 기적극과 신비극이 포함된다. 기적극은 성모마리아를 주제로 한 연극이고, 성사극(聖事劇)이라고도 불리는 신비극은 신약이나 구약의 여러 인물을 다룬 연극이다. 이 당시 가장 유명한 신비극은 그레방(Arnou Gréban)의 「예수 수난극」(Mystère de la Passion)이었다.

종교극의 시작은 중세 초 대축일에 교회 내에서 예수의 생애와 그의 대속(代贖) 사업을 소재로 한 연극이 상연되면서부터였다. 특히 민중들의 관심을 끌기 위해 부활절 예배에 신비극을 도입한 것이 종교극의 직접적 기원이 되었다. 11~13세기경부터 이탈리아의 몇몇 교회에서 부활절에 찬송가를 돈호법으로 부르며 그 노래 중에 부사제가 옆에서 그 노래에 관련된 그림을 보여주는 관행이 등장하였다. 그 이후 이러한 관행이 더욱 발전하여 부활절 예배 중에 「매장 의례」(l'Officium Sepulchri)를 상연하기 시작하였다. 이것은 예수의 무덤을 방문한 세 명의 마리아를 소재로 한 것으로, 세 명의 클레르가 각각 마리아로 분장하고 나와 '너희들은 십자가에 못 박힌 나사렛 예수를 찾느냐? 그는 여기에 없다'라는 말을 듣는 것으로 시작되는 단순한 연극이었다. 그것 말고도 「예수 수난극」이 등장하여 다양한 활인화(活人畵)와 제스처를 선보였다. 이 당시 「예수 수난극」은 성모마리아 숭배를 반영하여 예수의 십자가 못 박힘보다는 마리아의 슬픔(피에타)을 더욱 강조하는 경향이 있었다.

부활절 외에 다른 축일에도 그날의 특성이 반영된 다양한 종교극이 상연되었다. 예를 들면 성령강림대축일(聖靈降臨節祝日)에는 특별히 성령의 강림을 표현하는 것이 중요하였다. 그래서 성당 내에서 신도들의 머리 위로 꽃과 과자·빵을 던지고 성령을 상징하는 삼 부스러기와 갈대·비둘기 등을 날리는 스펙터클이 펼쳐졌다. 뿐만 아니라 거대한 기계장치를 이용해 천사를 날리기도 하고 성령이 하강하는 모습을 직접 보여주기도 하였다. 예수승천대축일에도 역시 예수의 승천을 표현하기 위한 다양한 장치들이 고안되었다. 이러한 관행들은 중세 종교극을 더욱 풍성하게 하는 데 기여하였다.[17]

예수공현절에는 「동방박사들의 경배」라는 연극이 상연되었다. 그것은 화려한 이국적인 변장과 풍부한 활인화로 인해 매우 인상적이었다. 대개 동방박사의 역할은 성당 참사회원들이 맡았다. 그날 세 명의 성당 참사회원들이 흰색과 검은색·붉은색 옷을 입고 머리에는 왕관을 쓰고 등장하였다. 1250년 브장송의 예수공현절 연극에서는 세 명의 동방박사가 어깨 위에 값비싼 망토를 걸치고 머리에는 시리아 인들처럼 검은 가발을 쓰고 손에는 각각 종려나무와 성배·향수병을 들고 등장하였다. 가끔 성당 참사회원을 대신해 세 명의 소년이 페르시아 풍으로 변장하고 동방박사 역을 맡는 경우도 있었다. 그들 중 한 명은 얼굴과 손을 검게 칠해 무어 인으로 변장하는 것이 관례였다. 그들은 본당을 한 바퀴 돌며 행진한 후 부사제들과 함께 복음서를 노래하였다. 동방박사들이 등장하는 예수공현절의 연극은 이국적인 분장과 여기에 기계장치를 사용해 성가대석 입구의 은색별을 잡아당기는 스펙터클이 제공되었기 때문에 매우 인기가 있었다.

종교극은 대개 각 성당 소속의 신도회나 협회가 해당 성당과 시 관리들의 재정적 지원을 받아 상연하였다. 사실 도시의 교회와 성당에서 상연되는 종교극에는 많은 비용과 배우, 그리고 긴 준비 과정이 필요하였다. 이국적이며 독창적인 분장과 의상·무대·제스처를 위해서는 많은 경제적 부담과 배우들의 헌신이 필요했던 것이다. 그러한 부담과 희생에도 불구하고 각 성당들은 열성적이고 경쟁적으로 종교극을 상연하였다. 왜냐하면 종교극은 그 도시의 명성과도 결부되어 있었기 때문이다.

종교극이 발달하면서 그것은 점차 공간적으로, 시간적으로 교회를 벗어나기 시작하였다. 교회 안에서만 상연된 것이 아니라 교회 앞마당과 시의 광장·거리에서도 상연되었으며 종교적 축일만이 아니라 카니발이나 왕의 입성식과 같은 비종교적인 축제에도 상연되었다. 상연 기간도 하루로 끝난 것이 아니라 며칠씩 이어지는 경우가 많았다.

그렇다면 중세 종교극이 궁극적으로 전달하고자 한 메시지는 무엇이었을까? 그것은 앞서 광인의 축제에서도 잠시 언급했지만 현세적 삶의 공허함과 신 앞에서의 만인의 평등이었다. 현세적 삶이 얼마나 덧없는 것인지를 강조함으로써 역으로 신의 구원과 내세적 삶의 가치를 더욱 강조한 것이다. 그리고 신의 구원과 죽음 앞에서는 모든 사람이 신분고하를 막론하고 평등하다는 점도 강조하였다. 그러나 이러한 경향은 흑사병과 전쟁·기아가 만연한 중세 말의 재앙 속에서 비단 종교극만이 아니라 이 당시 모든 문화가 장르를 넘어 공유한 시대정신이기도 하였다.

종교극이 점차 발달할수록 해학적이고 세속적인 요소가 침투하였다. 관객에게 종교적 감동을 불어넣어 복음서와 성인의 삶을 이해시키기보다는 그들의 관심을 끌기 위해 웃음과 익살·외설·세속성을 강조하기 시작한 것이다. 예를 들어 부활절에 상연되는 「예수 수난극」은 성스러운 분위기를 연출하기보다는 지옥의 악마와 용과 같은 환상적인 동물들과 기계들을 사용해 바로크 연극의 엽기적인 속성을 보여주었다. 몽페랑(Monferrand) 시에서 상연된 「예수 수난극」에서는 십자가에 매달린 예수를 상대로 외설적인 익살이 난무하였다. 가장 엄숙하게 보내야 할 재의 수요일도 예외는 아니었다. 인간의 나약함을 환기하고 속죄해야 할 이날에도 사람들은 카니발의 여운을 잊지 못해 교

16세기 신비극의 상연 장면.

회 안에서 우스꽝스러운 가장행렬을 벌이며 고함지르고 노래하며 춤을 추었다.[18]

결국 교회 당국은 이런 종교극의 '타락'을 크게 우려하기에 이르렀고, 특히 그 타락에 성직자와 성당 참사회원들이 개입되었다는 점에 분노하였다.[19] 종교극의 내용이 외설적이고 세속적인 것도 문제였지만 그것이 성직자들에 의해 신전 내에서 벌어진다는 점이 더욱 문제였던 것이다. 교회는 최소한 신전 내에서만큼은 신성모독적인 연극이 상연되는 것을 근절하려 하였다. 그러나 그러한 노력에도 불구하고 교회 내의 연극적 관행은 완전히 근절되지 않았다. 결국 1566년 톨레도 공의회는 교회 내에서 신비극을 상연하는 행위를 전면 금지하였다. 종교극을 상연하는 대신 종교적 이미지만을 보여주거나 설교로 대신하게 하였다. 이전처럼 놀라움이나 폭소가 아니라 감동적이고 설득력 있는 강론이나 설교로 신자들을 교화시키려 하였던 것이다.[20]

세속극, 사회 질서의 파수꾼

세속극은 종교극에서 갈라져 나왔다. 신비극의 막간에 악마와 도둑과 같은 우스꽝스러운 인물이 등장해 저속하고 풍자적인 농담을 던지며 관객을 웃기는 관행이 있었는데, 이것이 세속극의 기원이다. 이 막간극이 나중에 독립된 형태로 시장이나 광장에서 상연되면서 세속극으로 발전한 것이다. 세속극은 점차 소극(farce)과 촌극(sottie)·도덕극(moralité)과 같은 장르로 세분화되었다. 세속극이 비록 종교극에서 나온 것이긴 하지만 성서의 인물이 아니라 세속적 인물을 다룬다는 점에서 종교극과 달랐다. 세속극은 세속적 인물과 사건을 풍자적이고 익살맞게 표현함으로써 점차 독자적인 민중문학의 장르로 자리 잡았고 축제에서도 가장 인기 있는 분야가 되었다.

전문적인 연극배우가 출현하기 이전 중세 때 세속극을 상연한 단체는 도시의 여러 직업단체나 유희단체들이었다. 이 단체를 구성하는 계층은 대부분 청년들이었다. 그런데 이 청년들이 축제 때 상연한 연극은 단순한 연극을 넘어 공동체를 통제하고 감시하는 준 사법적 기능을 하였다. 왜냐하면 그들의 연극은 동료들이나 이웃의 행동을 판단하고 단죄하는 일종의 패러디였기 때문이다. 그들은 평소에 도시 내 스캔들이 될 만한 사건의 정보를 미리 수집해두었다가 축제 때 그것을 테마로 소극을 상연하였다. 그 소극의 무대에서 도시의 스캔들은 가차 없

소극이나 도덕극 등을 상연하기 위해 거리에 세워진 무대.

이 비난받고 조롱당하였다. 이런 점에서 청년 단체들의 소극은 '민중의 정의'를 실행하는 일종의 모의 법정이었던 셈이다. 청년들은 도시의 스캔들을 연극을 통해 단죄하였을 뿐만 아니라 풍자적인 노래로 만들어 카니발 기간 내내 부르고 다녔다. 이처럼 청년들의 연극과 노래에는 스캔들을 조롱하고 그럼으로써 사회의 질서와 도덕을 확립하려는 교훈적인 것들이 많았다.

프랑스의 소극은 카니발 기간에 상연되던 연극이다. 그것을 상연한 단체는 대개 카니발 신도회였다. 그들은 축제일에 광장이나 실내의 넓은 홀에 간단한 무대를 설치하고 마스크를 쓰고 소극을 공연하였다. 소극은 이미 14세기와 15세기 광범위하게 보급되어 16세기에 전성기를 누렸다. 지금까지 남아 있는 가장 오래된 소극은 1465년경에 쓰여졌다고 추정되는 작자 미상의 「피에르 파트랭 선생」(Maistre Pierre Pathelin)이다. 이것은 직물 상인을 속여 옷감을 빼낸 변호사 파트랭

파트랭 선생의 소극.

이 결국 미천한 양치기한테 속아 넘어간다는 내용으로, 소극의 특징인 속고 속이는 관계 속에서 발생하는 웃음과 교훈을 잘 표현한 작품이다.

소극의 내용은 부부 싸움이나 가정 문제·간통과 같은 일상적인 문제들에서 교훈을 끌어내는 것들이 대부분이다. 그러나 그 외에도 농부의 어리석음이나 전쟁의 불행을 강조하거나 죽음과 지옥을 환기시켜 종교적 구원을 강조하는 작품들도 있다. 이런 다양한 주제를 통해 소극이 지향한 이념은 부르주아들의 이상적 사회관, 전쟁 없는 평화적인 사회와 정의로운 통치였다. 그런 만큼 소극에 사용된 풍자와 익살은 사회적 갈등을 조장하고 반란을 선동하는 것이라기보다는 공동체를

16세기 시장에서 상연된 소극 장면.

위협하는 비도덕성을 처벌함으로써 질서와 조화를 유지하기 위한 것이었다.

이처럼 세속극은 다소 위험해 보이는 내용에도 불구하고 결국은 공동체의 존속과 질서의 유지에 기여하는 문학 장르였다. 그것은 사회를 전복하려는 의도의 표현이 아니라 단지 웃음과 즐거움을 통해 교훈을 전달하려는 오락이었던 것이다.[21]

카니발 기간 중에 상연된 소극이나 노래는 일회성으로 끝나지 않고 활자화되었다. '카니발의 문학화'가[22] 진행된 것이다. 카니발의 문학화는 특히 도시, 그 중에서도 독일의 뤼베크와 뉘른베르크·오스트리아에서 매우 활발하였다. 카니발 연극이 문학화 되면서 풍자 문학이 발달하였다. 독일의 가장 대표적인 풍자 문학은 사육제극(Fastnachtspiel)인데 이것은 육식일에 상연되던 소극들이 발전한 형태이다. 15세기와 16세기의 사육제극은 오늘날에도 많이 남아 있다. 이들 남아 있는 작품의 대부분은 익명으로 되어 있으며, 작가가 알려졌다고 해도 대부분 전문적인 작가라기보다는 거의 장인들이다. 그중에서 가장 대표적인 작가는 역시 장인 출신으로 「똥 연극」과 「교활한 뚜쟁이 노파와 성당 참사회원」 등을 저술한 한스 작스(Hans Sachs)이다. 사육제극은 15세기 이전에는 부르주아의 저택이나 궁정, 장인 조합의 큰 홀에서 제한된 사람들을 상대로 상연되었지만 점차 도시의 광장이나 교회 앞에서 많은 군중을 상대로 상연되었다. 이처럼 폭넓은 민중을 대상으로 하면서 그것은 민중문학의 대표적인 장르로 발달하였다.

중세의 종교극과 세속극은 어떤 무대에서 공연되었을까? 중세의 연극 무대에는 고정 무대와 이동 무대가 있었다. 고정 무대는 교회나 광장 · 분수대 · 건물의 내부에 설치된 움직이지 않는 무대이다. 앞에서 잠시 언급했듯이 고대 로마와 달리 중세에는 연극을 상연하는 전문적인 극장이 별도로 존재하지 않았다. 그런 극장은 이탈리아에서 고전고대의 연극이 부활하기 시작하는 르네상스 이후에 가서야 나타난다.[23] 따라서 중세에는 주로 교회나 묘지 · 광장에 임시 무대를 설치해 연극을 상연하였다.

세속극, 특히 소극을 상연하기 위한 임시 무대는 가로 3미터, 세로 2미터 가량 되는 넓이의 땅위에 약간 높게 세워진 발판 정도의 허술한 것이었다. 무대 전면과 그 후면도 간단히 천으로만 가렸으며 무대장치도 몇 개의 소도구가 고작이었다. 관객들은 발판 주위의 바닥에 앉아

뉘른베르크의 카니발 놀이인 사육제극은 마스크를 사용하지 않는 일종의 연극으로 역사적 사건이나 시대적 공포, 특히 농민의 어리석음을 보여주었다. 16세기의 한스 작스는 이와 관련된 작품을 80개 이상 작성하였다. 이 사육제극은 뉘른베르크의 독창성이 가장 드러나는 영역이다. 그러나 뉘른베르크의 축제는 1539년 루터주의자들에 의해 금지되었다.

연극을 구경하였고, 특별히 입구를 통제할 수 없었기 때문에 입장료는 따로 없이 공연이 끝나면 작은 바구니를 돌리는 정도였다. 관객들은 연극을 보는 중에도 서로 싸우고 욕하고 고함을 질러댔기 때문에 무대 주변은 늘 소란스럽고 시끌벅적하였다.[24]

고정 무대 외에도 이동식 무대가 있었다. 이동의 편리함을 위해 수레 위에 만들어진 무대가 대표적인 형태였다. 예를 들어 「예수 수난극」을 상연할 때 배우들은 수레 위에 무대를 설치해 이동하면서 공연하였다. 이 외에도 움직이는 노아의 방주가 등장하고, 「성녀 우르술라의 삶」(la Vie de sainte Ursule)을 상연할 때도 이동식 배가 등장하였다. 독일 뉘른베르크의 카니발(Schembartlaut)에 사용된 '지옥문'(les Hillen)이라고 명명된 무대는 특히 유명한 이동식 무대이다. 이 '지옥문'이라는 명칭은 「예수 수난극」에서 유다의 죄를 처벌하기 위해 '지옥의 입'이라는 무대장치를 사용하면서 붙여진 것이었다. 그것은 지옥을 형상화한 것으로 거대한 아가리를 벌리고 있는 괴물을 배경으로 한 무대이다. 그 아가리 위로 사람들과 악마들이 끊임없이 기어오르고 있었다. 이동식 무대인 이 '지옥문'을 끌고 다니는 것은 '지옥의 앞잡이'나 악마들이었다. 이렇게 수레로 만들어진 이동식 무대는 행렬에도 이용되었다.25)

4 귀족들의 마상시합

카니발 오락에서 빠지지 않는 것 중 하나가 마상시합이었다. 마상시합의 기원은 중세 초 호전적이고 폭력적인 전사 계급에서 유래한다. 그들은 중세 초에 지속적인 전쟁과 약탈을 통해 자신들의 공격적인 본능을 마음껏 해소할 수 있었다. 그러나 11세기 이후 사회가 점차적으로 안정되었고, 거친 전사들을 순화시키려는 교회의 지속적인 노력으로 인해 그들은 점차 공격적인 본능을 해소할 수 있는 기회를 상실하였다. 이런 상황에서 마상시합은 실전이 아닌 놀이 형태이긴 하지만 기사들의 호전성을 해소시켜주는 새로운 수단으로 그들 사이에서 인기를 얻었다. 기원이 이러하듯 마상시합은 기본적으로 매우 '귀족적인' 놀이문화였다. 하지만 그 향유 계층은 귀족에서 상층 부르주아로 점차 확대되었다.

마상시합은 대개 카니발과 같은 도시의 대축제 날에 벌어졌다. 마상시합이 축제의 중요한 행사로 발전하자 그것을 관리하고 조직하는 특별한 단체가 생겨났다. 예를 들어 1331년 투르네에서 부유한 상인 31명이 모여 마상시합을 준비하기 위한 신도회를 조직하였다. 각 회원들은 원탁의 기사에서 따온 왕과 영웅들의 이름을 가지고 있었다. 그들은 마상시합이 있기 일 년 전부터 그것을 예고하고 그 홍보와 준비를 위해 각 회원들이 일요일마다 번갈아가며 연회를 베풀었다. 뿐만 아니라 그 기간 동안 각종 의례와 미사에 자신들의 깃발과 군사(軍使)를 앞세우고 입장함으로써 자신들의 연대의식(solidarité)을 과시하였다. 그들의 마상시합은 대개 성체첨례축일 이후 월요일에 시작해 2~3일 동안 지속되었다. 그 시합에는 회원들 외에도 주위의 생 토메르(Saint-Omer)와 콩피에뉴(Compiègne) · 랭스 · 파리의 경쟁자들도 초대되었다. 마지막 날에는 모든 참가자들이 편을 나누어 단체로 마상시합을 벌였는데 그것은 사람이 다치고 말이 죽을 만큼 격렬하였다.

부르주에도 마상시합을 조직하는 특별한 신도회가 있었다. 부르주의 마상시합은 1220년 잔느(Jeanne) 공작부인이 자기 영지의 산림감독관(Forestiers)을 기념하기 위해 매년 거행하면서 관례화되었다. 마상시합이 벌어지는 날에는 옛날의 늑대와 멧돼지 사냥을 환기시키는 전투적 마상시합과 함께 그해의 산림감독관이 사냥 창을 들고 주관하는 말싸움이 함께 벌어졌다. 부르주의 마상시합에는 주변 지역의 기사와 백작 · 제후들 뿐만 아니라 부르주아들도 참여하여 실력을 겨루었다. 따라서 그것은 부르고뉴 귀족들과 도시 부르주아들의 연대를 강화하는 특별한 기회이기도 하였다. 부르주의 마상시합에 참가한 인물들을 보면 그 시합이 프랑스 내에서 점하고 있는 명성과 지위를 짐작할 수 있다. 예를 들어 1421년 마상시합에 참여해 은으로 만든 곰과 사슴뿔을 우승상으로 탄 사람은 피에르 드 룩셈부르크(Pierre de Luxembourg)와 장 드 라 트레모이유(Jean de la Trémoille)였으며, 1427년에는 필립 르 봉(Phillipe le Bon)이 마상시합에 참여하였다.[26]

중세 귀족들의 마상시합 장면. 마상시합은 중세 기사들의 호전적 기질을 만족시켜주었을 뿐만 아니라 그들의 사교 기회, 권위와 명예의 과시 등의 기능을 하였다.

릴에서 마상시합을 주관한 사람은 육식 일요일 연회 때 뽑힌 '가문비나무의 왕'(Roi de l'Épinette)이었다. 그는 다른 도시의 선수들과 싸울 네 명의 선수를 지명하고, 마상시합을 위해 릴을 방문한 선수들, 예를 들면 캉브레의 '바보들의 왕'(Roi des Ribauds)이나 투르네의 '사랑의 왕자'(Prince d'Amour) 등을 접대하는 일을 하였다. 이 외에도 릴의 마상시합에 참여한 손님에는 부르고뉴 왕국의 고관이나 파리 왕실의 왕 등 중요한 인물들이 포함되어 있었다. 예를 들어 1463년에는 루이 11세가 참여하였으며 1479년에는 막시밀리안 황제가 참가하였다. 이런 사실들은 릴의 마상시합이 매우 '국제적인' 규모로 거행되었음을 암시한다. 릴의 마상시합은 최소한 2주 정도 지속되었다. 마지막 날 우승자에 대한 시상식이 있었는데, 여기에는 도시의 유명한 귀부인들도 참여하였다. 귀부인들이 지켜보는 가운데 마상시합의 우승자는 의기양양하게 금으로 만든 상을 받았다.

이렇게 국제적인 규모로 거행된 릴의 마상시합은 도시 간, 영지(領地) 간 초청과 방문을 촉진하여 그들 사이 친목을 강화시켜주었다. 1447년 릴의 마상시합에는 부르주의 산림감독관인 반 애르트리크(Van Aertricke)가 참가해 곰 상을 수상한 바 있다. 그는 그것에 관한 답례로서 이번에는 자신의 도시에서 화려한 마상시합을 열어 샤를르 드 트레메르(Charles de Téméraire)와 이자벨 공작부인 등 당대의 유명한 귀족과 왕족을 초대하여 경주와 함께 연회를 베풀고 불꽃놀이를 벌였다.

도시의 귀족들이 이처럼 화려하고 스펙터클한 마상시합을 개최한 데에는 친목강화를 위한 목적 외에도 다른 정치적 목적이 있었다. 그것은 주민들과 다른 도시의 귀족들을 향해 자신들의 승리와 영광, 도시의 화려함과 위엄을 과시하기 위한 것이었다. 이러한 목적을 위해서는 최대한 축제를 성대하고 성공적인 것으로 거행해야 했을 것이다. 그러기 위해서는 많은 관객을 동원해야 했고 또 많은 관객을 끌어들이기 위해서는 풍성한 축연과 화려한 볼거리를 제공해주어야 했다. 이런 과정에서 직접 마상시합에 참여하진 않았지만, 마상시합을 향유하는 계층의 외연이 확대되었다.

　군주와 귀족들은 마상시합에 자신의 동료들과 추종자들뿐 아니라 말과 무기와 관련된 일에 종사하는 장인과 상인도 초대하고 또 여기에 군중과 그 가족들이 관객으로 참여하면서 관중이 확대되었다. 1493년 상드리쿠(Sandricout)에서 8일 동안 벌어진 마상시합에 귀족들을 포함해 참가한 손님과 관객들이 모두 1,800~2,000명이었다는 기록을 보면 마상시합이 단순히 귀족들만의 여가놀이를 넘어서고 있음을 알 수 있다. 도시 시민들은 볼거리가 많은 마상시합에 참여해 귀족들의 경기에 환호하고 열광했다.

　마상시합에는 귀족의 특권을 과시하고 그들 사이의 친목을 강화하기 위한 것만 있는 것은 아니었다. 그것과는 정반대의 마상시합이 있었는데, 그것은 바로 귀족들의 마상시합을 패러디한 '역(逆)마상시합'이었다. 중세 말 몰락하는 계급인 기사계급에 대한 조롱과 풍자가 유행하면서, 기사도적인 전쟁과 규칙을 환기하는 마상시합이 오히려 귀족들을 패러디하기 위한 가장 좋은 소재가 되었다. 그런 맥락에서 나온 '역마상시합'은 익살과 해학까지 가미되어 축제 때 민중들 사이에 인기가 높았다. 예를 들어 당나귀에 거꾸로 탄 채 진행되는 마상시합은 귀족의 권위와 특권을 보여주는 것이라기보다는 기사도적인 미덕이나 전쟁의 무훈을 조롱하기 위한 마상시합의 패러디였다.

　마상시합의 모방과 패러디는 점차 모든 축제의 단골 메뉴가 되었다. 그것은 우스꽝스럽고 상스럽게 마상시합을 모방하여 귀족의 권위를 떨어뜨렸다. 예를 들어 앞에서 확인했듯이 부르주에는 매년 귀족 출신인 '산림감독관'이 주재하는 마상시합도 열렸지만 도시의 소상인과 장인들이 벌이는 것도 있었다. 그런데 그것은 정상적인 룰이 지배하는 마상시합이 아니라 익살스럽고 우스꽝스럽게 패러디된 마상시합이었다. 1450년 부르주 근처의 강(Gand)에서 벌어진 마상시합 패러디는 매우 인상적이었다. 그때 참가자들은 실제 창이 아니라 낚싯대와 막대기를 가지고 시합을 벌였으며, 박차(拍車)를 가하지도 않고 말의 뒤꿈치를 차는 서툰 승마 솜씨를 보여줌으로써 군중들의 폭소를 자아냈다. 이러한 패러디를 보면서 어느 누구도 기사들의 위엄과 권위를 떠올리진 않았을 것이다. 이처럼 마상시합은 도시 명사들의 위상을 드러내는 기회이기도 했지만, 역으로 그것이 패러디되고 소극의 테마로 활용됨으로써 오히려 기사를 조롱하고 풍자하는 수단이 되기도 하였다.[27]

5 샤리바리

샤리바리, 그 소란의 의미

카니발 기간에 주로 벌어지는 이색적인 풍경 하나가 '샤리바리'이다. 샤리바리가 행해지는 날은 지역마다 약간씩 차이가 있었는데, 예를 들면 앙구무아(Angoumois)와 푸아투(Poitou) 지방에서는 성탄절에, 일 드 프랑스에서는 육식일에, 리옹에서는 사순절 첫째 일요일에, 푸아투 저지방(Bas-Poitou)에서는 성신강림절, 피레네 지방에서는 성촉절에 행해졌다. 이처럼 약간씩 차이가 있긴 했지만 대개 카니발 기간에 집중되었다. 마상시합이 '귀족적인' 놀이문화였다면, 샤리바리는 '민중적인' 관행이었다. 물론 궁정에서도 샤리바리가 벌어지긴 했지만, 대개의 경우 민중들 사이에서 소란스럽고 폭력적으로 벌어졌다.

샤리바리(charivari)라는 용어가 문헌상에 처음 나타난 것은 1310년 『로망 드 포벨』(*Roman de Fauvel*)에서였으며, 이후 다양한 방언의 형태—chalvarium, calvali, charavallium, charivarium, charivalli—

로 나타났다. 티에르에는 그것을 '북과 화약·종·접시·그릇·냄비·휘파람·고함 등이 섞여 나는 시끄러운 소리'라고 정의하였고,[28] 좀더 최근에 와서 인류학자인 포르티에 볼리유(P. Fortier-Beaulieu)는 '날이 저물어 새 신랑의 창 밑에 모여 고함지르며 주방기구를 두드리거나 호른을 불면서 소란을 피우는 민중적 시위'라고 정의하였다.[29] 위의 두 정의에서 보듯 샤리바리의 핵심은 시끄럽고 요란한 '소란'이다. 이 때문에 샤리바리의 어원이 '철이나 청동기구의 요란한 소리'를 의미하는 그리스어 'chalibario'라고 주장하는 학자들도 있다.[30] 이 소란 외에도 외설적인 댄스와 제스처·모욕적인 야유·사슴뿔과 실톳대·수레들이 등장하는 변장과 마스크의 행렬·당나귀 행진(l'azouade)·폭력과 구타·일정한 경제적 보상의 요구 등이 샤리바리의 핵심적 모티프들이다. 요컨대 샤리바리는 이 모든 모티프들을 사용해 누군가를 공개적으로 처벌하는 민중적 관행으로 정의될 수 있다.

　샤리바리는 지역적으로 프랑스만이 아니라[31] 모든 인도유럽문화권에서 골고루 발견된다. 시기적으로도 14세기 문헌상에 등장하기 훨씬 이전부터 내려온 오래된 관행이다. 그것은 다소 떠들썩하고 폭력적인 소란임에도 불구하고 신화적 기원을 가지고 있으며, 그 소란한 행위는 신화의 재현에 다름 아니다. 그 신화란 결혼과 여성의 교환 관계가 확립되기 이전, 여성을 강탈하고 결혼의 규칙을 일탈했던 무질서와 혼란의 신화들이다. 예를 들면 특별히 유부녀들에게 흑심을 품었던 그리스의 켄타우로스와 로마의 목신, 야만적 공격성을 민간인, 특히 여성들을 통해 해소했던 덴마크의 프로토(Frotho) 왕과 그 전사들, 결혼을 하지 않는 대신 모든 여성에 대한 소유권을 주장했던 게르만의 차텐(Chatti) 족의 신화가 그것이다. 하지만 결국 이들은 '도시 남자들'에

결혼식을 마친 포벨은 서둘러 부인의 침대로 뛰어들었다. 방탕한 일련의 무리들이 엄청난 소란을 벌인 것은 바로 그때였다. 그들은 모두 변장을 하고 있었다. (중략) 어떤 자는 커다란 냄비와 대야, 갈퀴와 석쇠, 절굿공이 등을 흔들어댔고, 또 어떤 자는 외설적인 춤을 추며 허벅지와 궁둥이에 매단 소 방울을 흔들었다. (중략) 그 후 폭력적인 행동이 뒤를 이었다. 그들은 고함을 지르며 차양을 부수고 창문과 문을 부수었다. 어떤 자는 우물에 소금을 던지고 어떤 자는 문에 오물을 던졌다. 이 소란스러운 야만적 무리를 지휘하는 자는 커다란 말을 탄 거인, 엘캥이었다(『로망 드 포벨』 중에서).

왼쪽 그림은 수레바퀴와 아이들의 모습, 오른쪽 그림은 관 속에 든 사자들의 모습이다. 모두 샤리바리 행진에서 빠지지 않는 모티프들이다.

의해 정복되어 도시로 끌려오고 순화된다. 여성도 귀환하고 사회에는 다시 법과 질서가 찾아온다.[32] 중세의 샤리바리는 여성의 교환 법칙이 확립되기 이전 이런 신화적 무질서를 환기시키는 관행이다. 그러나 무질서를 환기시킴으로써 궁극적으로 지향하는 것은 법과 질서이다. 원시 사회에서 가장 중요한 법과 질서는 여성의 정상적인 교환과 세대의 원만한 계승일 것이다. 따라서 이런 교환과 세대유지가 원만히 이루어지지 않을 때 사람들은 대소란을 벌여 그것을 처벌하는데, 그것이 바로 샤리바리이다.

여기서 샤리바리는 인류학적으로 심오한 상징적 의미를 담고 있다. 원래 우주의 질서가 유지되기 위해서는 하늘과 땅·해와 달·남성과 여성은 분리되어 있어야 하고 그것들은 단지 상징적 중재에 의해서만 연결되어야 한다. 따라서 이 중재가 이루어지는 시기는 우주의 질서가 유지되는 시기이고 그래서 우주는 침묵한다. 남성과 여성의 중재는 아이의 출생이라고 할 수 있다. 따라서 원시 사회에서는 결혼한 부부가 아이를 출산할 때까지 침묵이 강요된다. 그런데 만약 이 중재가 실패하면, 즉 부부가 아이를 출산하지 못하면 침묵의 반대, 대소란이 벌어진다. 이처럼 대소란은 기대했던 중재 관계가 발생하지 않았을 때 그 부재와 공허를 보충하기 위해 일어난다.

이 외에 위험한 결합이라고 예상될 때도 소란이 발생한다. 기대하지 않은 태양과 달의 결합인 일식 때 아프리카 원주민들이 대소란을 벌이는 것도 이 때문이다. 그런데 인간 사회에서 해와 달의 결합에 비유될 수 있는 부적절한 결합은 홀아비와 처녀, 과부와 총각의 결합이다. 그것은 마치 달이 해를 삼켰듯이 홀아비와 과부가 젊은 처녀와 총각을 삼킨 것이다. 따라서 재혼 때 대소란, 샤리바리가 벌어졌다. 샤리바리의 대소란은 기대하지 않았던 위험한 결합을 비난 혹은 속죄하고 궁극적으로 우주와 인간 사회의 질서를 유지해가기 위한 관행이었다. 이런 의미의 샤리바리는 중세 농촌사회에서 가장 순수한 형태로 나타났다.[33]

농촌의 샤리바리

중세 농촌에서 주로 샤리바리의 표적이 된 사람들은 재혼한 부부, 특히 처녀와 결혼한 홀아비나 청년과 결혼한 과부였다. 시골에서 이런 일이 발생하면 마을 청년들은 마스크를 쓰고 각종 주방도구와 종·호른·딸랑이·탬버린 등을 들고 그 부부의 집 앞에서 소란을 피웠다. 그러한 소란은 신랑이 청년들의 요구를 들어줄 때까지 며칠 간 계속되

샤리바리는 날이 저물었을 때 새 신랑의 집 창문 밑에 모여 고함지르며 주방기구를 두드리거나 호른을 불면서 소란을 피우는 민중적 시위이다.

었다. 그 요구란 대개 청년들이 놀이를 하고 술을 마시기 위해 필요한 돈이었다. 벌금의 기본은 술값이었지만 그 외에 음식이나 간단한 물건 등이 포함되는 경우도 있었다. 그 액수는 18세기 기준으로 약 금화 한 냥(3리브르) 정도였는데, 그것은 농민들에게는 적지 않은 금액이었다. 만약 신랑이 청년들의 요구를 들어주지 않으면 '샤리바리'가 행해졌다. 청년들은 신랑을 붙잡아 당나귀에 태워 행진시키기도 하고 옷을 벗겨 강에 집어던지기도 하였으며 물통을 뒤집어씌우기도 하였다. 혹은 집 주위에 쓰레기를 쌓아놓거나 밤 내내 아우성을 쳐 밤잠을 방해하였다. 심지어 신부를 선술집으로 납치해 술값을 요구하기도 하였다. 돈 많은 사람들은 금전을 후하게 던져줌으로써 이런 육체적 시련을 피할 수 있었다.[34]

즉흥적이고 무질서해보이지만 샤리바리에는 일정한 규칙이나 단계가 있었다. 첫 번째 단계는 돈과 음식을 요구하는 단계이고 두 번째 단계는 신혼부부의 집에 들어가 재산을 탈취하는 단계인데, 이것은 결혼 당일에 벌어졌다. 마지막으로 세 번째 단계는 신랑을 구타하거나 당나귀에 태워 행진시키는 단계인데 축제 때 벌어졌다. 이처럼 대체로 샤리바리는 결혼 당일로 끝나지 않고 가까운 축제일에 극적인 형태로 전개되었다.

중세 농촌에서 샤리바리는 단순한 유흥과 오락의 기능 외에 몇 가지 중요한 기능을 가지고 있었다. 우선 샤리바리는 정상적인 결혼 규칙을 일탈한 재혼을 처벌하는 기능을 하였다. 재혼, 특히 나이 많은 홀아비나 과부와 젊은 처녀나 총각의 결합은 상대적으로 다산의 가능성이 낮았다. 따라서 재혼은 아이의 출산이 곧 노동력의 확보와 공동체의 유지를 의미했던 전통사회에서는 달갑지 않은 결합이었다.[35] 그뿐이 아니었다. 재혼은 마을 청년들의 입장에서는 미래 배우자의 상실을 의미하였다. 이런 이유에서 레비 스트로스는 『신화학』에서 재혼을 '개인의 횡령, 이상적인 혼인 결합을 방해하는 것'으로 정의하였고, 볼리유는 「홀아비에 대한 샤리바리」에서 '홀아비와 과부가 독신 처녀와 총각과 결혼하는 것, 그 비정상(anomalie)에 대한 민중들의 공격'이라고 지적했다. 실제로 15세기 툴루즈에서 있었던 샤리바리의 예를 살펴보자.

1479년 툴루즈에서 살던 알리곤 부인은 이미 60이 넘은 노파였다. 과거 네 번 결혼한 그녀는 이제 다섯 번째 결혼을 앞두고 있었다. 그런데 새 남편 고베르의 나이가 그녀보다 최소한 40살은 어렸다. 알리곤 부인은 신중하고 비밀스럽게 결혼을 준비했지만 소문이 나지 않을 리 없었다. 그 이야기를 들은 그 지역의 청년회는 재빨리 샤리바리를 준비하였다. 그들은 결혼식을 올린 신혼부부의 집 앞에 모여 주방기구를 두드리며 모욕적인 야유와 외설적인 노래를 불렀다. 그리고 어김없이 금전적 보상을 요구하였다. 그녀는 상당한 부자였음에도 불구하고 그 보상을 거절하였고, 게다가 그 일을 고등법원에 고소하였다. 이 소송에서 청년회 회원들은 자신들의 행위를 정당화하는 여러 가지 신화적 근거들을 늘어놓았으며, 궁극적으로 그녀의 결혼을 '자식을 낳을 수 없는 늙은 여인의 탐욕'이라고 선언하였다. 이에 대해 그녀는 성서에 등장하는 사라와 성녀 엘리자베스의 사례를 들어가며 자신의 수태능력을 주장하였다. 고등법원은 그녀에게 '청년회가 술을 마실 비용을 지불하라'고 판결하였다.

이 흥미 있는 사례를 통해 확인할 수 있는 것은, 그 당시 청년들이 샤리바리를 오랜 신화에 근거를 둔 자신들의 권리로 인식하고 있었다는 점, 그리고 세속 당국이 샤리바리 관행에 대해 관대하였다는 점이다. 또한 '임신할 수 없다'는 청년들의 주장에 대해 알리곤 부인이 사라의 예까지 끌어들여 자신의 수태능력을 주장한 장면에서 알 수 있듯이 재혼이 샤리바리의 주 대상이 된 이유가 불임가능성 때문이었다는 점을 알 수 있다.

하지만 샤리바리는 재혼 당사자들을 단순히 처벌하는 기능만을 하지는 않았다. 그것은 재혼에 대한 처벌이면서 동시에 그 재혼을 즐거운 소란을 통해 '공인'하는 것이기도 하였다. 그것은 두 가지 점에서 그러하다. 우선 샤리바리는 재혼이 야기할 수 있는 고인(죽은 남편과 아내)의 복수를 완화시키는 일종의 속죄의식이자 푸닥거리였다. 샤리바리 의식에 죽은 고인들의 마네킹이 등장하는 것은 그 때문이다. 샤리바리가 가면을 쓰고 밤에 행해지는 것도 마찬가지다. 가면을 쓰는 것은 죽은 영혼과 대화하기 위한 것이었고, 밤에 활동한 것은 그때가 죽은 영혼이 활동하는 시간이었기 때문이다. 샤리바리를 통해 청년들은 고인과 만나 재혼에 대한 그들의 동의를 구하고 그들의 복수 의도를 완화하였다.

샤리바리를 재혼에 대한 '공인'이라고 하는 두 번째 이유는 재혼에 대한 가톨릭교회의 모호한 입장과 연관되어 있다. 당시 교회는 재혼을 합법적인 것으로 인정하면서도 그것에 대한 축성은 하지 않았다. 세속인들이 보기에 종교적 축성의 부재는 결혼 의례를 불완전하게 만드는 것이고, 따라서 결혼의 신성한 효과를 의심하게 하는 것이었다. 따라서 민중들은 샤리바리를 통해 그 결혼을 '축성'함으로써 그것을 완전하게 하였다. 이런 점에서 새 신랑이 부담하는 벌금은 이중적인 의미를 가지고 있었다. 그것은 피해를 입은 청년들에 대한 보상인 동시에

청년들이 재혼 의례를 '축성'해준 것에 대한 일종의 사례(redevance)인 것이다.[36]

마지막으로 샤리바리는 통과의례의 기능을 하였다. 샤리바리의 주모자들은 인생주기에서 과도기에 있는 마을 청년들이었다. 그들은 전통사회에서 결혼과 성생활을 통제하는 특별한 권리를 가진 집단이었다. 그 중에서 가장 대표적인 것이 샤리바리였고, 특히 바스크 지방에서 그 전통이 강하였다. 모욕과 조롱·야유로 이루어진 샤리바리는 저항과 무질서의 표현처럼 보이지만, 그것이 반란을 유도할 만큼 심각한 것은 아니었다. 오히려 청년들에게 인생의 각 단계의 상이함을 인식시키고 결혼했을 때 발생하는 책임을 각성시켜 그들을 사회에 통합시키고 그럼으로써 공동체를 유지하는 기능을 하였다. 그리고 또 청년들은 사춘기와 성년기 사이의 과도기에 허용되는 특별한 자율성을 통해 자신들의 성적 본능 혹은 공격적 본능을 조절하는 법을 습득하였다. 결국 샤리바리 의식은 청년들에게 공동체 의식을 부여함으로써 그들을 사회화시키는 통과의례로서의 기능을 담당하였다.

도시의 샤리바리

도시의 샤리바리는 그 특징이나 성격이 다소 달랐다. 농촌의 샤리바리가 공동체의 생물학적 지속성을 위한 것이었다면, 도시의 샤리바리의 목적은 더욱 다양하고 복잡하였다. 첫째로, 도시의 샤리바리가 농촌의 것과 다른 점은 그것이 매우 연극화·문학화 되었다는 점이다. 물론 이것은 청년집단의 구성 변화보다는 도시 전체의 문자해독률의 상승이나 국민문학과 인쇄술의 발달 등과 연관되어 있을 것이다. 도시

16세기 리옹에서 벌어진 매 맞는 남편의 샤리바리 장면. 남자는 당나귀에 거꾸로 태워져 실톳대를 들고 있다. 이때 실톳대는 거세된 남성의 상징이다.

청년회는 샤리바리할 인물이나 사건에 대한 정보를 미리 수집해두었다가 그것을 소재로 축제 때 패러디와 소극을 상연하였다. 예를 들어 디종의 청년회와 그들의 '왕'인 '미친 어머니'는 축제 때 이웃 부부의 불화나 간통 등을 소재로 연극을 상연하였다.[37]

 도시의 샤리바리는 그 대상이나 기능에 있어서도 농촌과 달랐다. 무엇보다 중요한 것은 농촌 샤리바리가 주로 재혼을 대상으로 했다면 16세기를 경과하면서 도시의 샤리바리는 재혼을 포함한 모든 혼인과 부부관계(매 맞는 남편, 오쟁이 진 남편) 등으로 확대되었다는 점이다. 티에르는 '일반 사람들이 새 신랑에게 돈을 얻어내거나 그들을 골탕 먹이기 위해 샤리바리를 하는데, 그것은 재혼만이 아니라 거의 모든

아내에게 매 맞는 남편의 모습. 공처가라는 소문이 퍼지면 그들은 축제 때마다 샤리바리에 시달려야 했다.

혼인에 대해 행해진다'라고 언급하였다. 축제 때 매 맞는 남편이나 오쟁이 진 남편은 영락없이 당나귀에 거꾸로 태워지는 수모를 당하였다. 그는 당나귀에 거꾸로 태워진 채 '그건 내가 아니라 이웃집 남자야'(ce n'est pas moi, c'est mon voisin)라고 외쳤다.[38] 리옹 메르시에르(Mercière) 거리의 청년회는 아내한테 매 맞는 남편을 당나귀에 태워 퍼레이드를 했다. 당시 청년집단들은 이런 당나귀 행진이 '남편을 때리는 여자의 무례함을 처벌하고 질서를 잡기 위해 필요한 것이다'라고 주장했다.[39] 이처럼 재혼보다는 오만한 아내의 남편, 즉 공처가에 대한 샤리바리가 주로 행해진 이유는 도시에서 재혼이나 부부 사이의 나이차가 스캔들로 인식되지 않아서가 아니라, 그곳에서는 인구 규모나 지속적인 인구 유입으로 인해 미래의 배우자를 충분히 확보할 수 있었기 때문이다. 도시에서 문제가 된 것은 여성의 지위가 악화된 프랑스법과 여성의 종속성을 강조하는 프로테스탄티즘에서 짐작할 수 있듯이 공처가와 오만한 아내였다.[40]

샤리바리와 관련된 비극적인 사건도 심심치 않게 일어나곤 했다. 17세기 후반 리옹에서의 일이다.

리옹은 당시 루이 14세 통치 하에 있는 인구 9만의 도시였다. 이 사건의 무대는 귀족들의 거주지인 벨쿠르 광장을 중심으로 하여 재단사와 소목장이·모피제조업자·통 제조업자·병기 제조업자들의 낡은 작업실이 빽빽하게 모여 있는 지역이었다. 미망인인 플로리 날롱 부인의 수레 제조소도 거기에 있었다. 그 제조소는 그녀의 죽은 남편이 물려준 것으로 당시 그녀가 직접 관리하고 있었다.

수공업자들이 밀집해 모여 사는 이 지역에 플로리 날롱 부인의 재혼은 하나의 스캔들이었다. 그녀는 1668년 9월 5일 마차꾼인 에티엔 티세랑과 재혼하였는데, 그는 날롱 부인보다 나이도 훨씬 어렸고, 경제적으로나 신분적으로도 낮은 지위에 있었다. 부인의 고용인이었다는 주장도 있다. 사실 이 당시에는 남편이 사망하고 그 작업장을 물려받은 미망인들이 그 작업장 내의 직인이나 도제와 재혼하는 사례가 흔했다.

신혼부부가 그들의 집으로 돌아가 촛불을 끄자 관행대로 그 문 앞에서 '샤리바리'가 벌어졌다. 샤리바리를 주도한 네 명의 청년들은 새 신랑의 동료들이었다. 네 명 중 세 명은 마리 게랭이라는 젊은 여자와 결혼해 살고 있는 마구 제조업자 자크 콜롱베의 작업장 일꾼이었고, 나머지 한 명은 벨쿠르 광장에 사는 조각가 밑에서 일하고 있었다. 모두 리옹에 이주한 지 얼마 되지 않은 노동자들로 그들의 주인들조차 본명을 모른 채, 그들을 별명으로만 부르고 있었다. 그들은 날롱 부인과 에티엔의 재혼 소식을 듣자 자주 드나드는 선술집에 모여 샤리바리 계획을 세웠다. 그리고 미숙련 장색조합이라는 채널을 통해 사람들을 모았다. 샤리바리 당일 그들은 거리에서 북을 치고 소란을 피우며 날롱 부인의 집으로 향했다. 당시 이 청년들의 언동을 보면 샤리바리를 자신들의 당당한 권리로 인식하고 있음을 알 수 있다. 그들은 '우리는 이렇게 즐기고 논다, 안 될 것이 무엇인가? 만약 우리의 오락을 방해하면 총을 쏘겠다'라고 선언하였던 것이다.

대개 샤리바리는 사전계획과 소란, 행진, 희생자와의 거래, 술과 오락 등의 순서로 이루어진다. 대소란을 일으키기 위해 30~40여 명의 남자들이 조롱에 필요한 악기들과 주방기구 · 작업도구 등을 들고 나왔다. 그들은 냄비와 프라이팬 · 금속 뚜껑 · 마구 · 편자 등을 이용해 온갖 소리를 내기도 하고, 큰북을 두드리고 무거운 쇠를 길 위에 끌면서 요란한 소음을 만들기도 했다. 여기에 웃음과 휘파람이 마치 후렴구처럼 반복되었다. "샤리바리! 샤리바리! 플로리 부인과 그의 남편에게!"

이렇게 전개된 샤리바리는 금전적 보상에 의해 마무리되는 것이 관례였다. 저녁 열 시가 되자 동료들은 일단 소란을 멈추고 숙소로 몰려가 에티엔의 반응을 기다렸다. 에티엔은 그들의 숙소로 와 마치 새 주인이나 된 듯 뻐기는 태도로 '동료들의 행동은 잘못되었고 샤리바리는 금지된 관행'이라고 말하며 20수를 던져주었다. 당시 20수는 그때 샤리바리에 참가한 사람들이 겨우 목을 축일 정도의 적은 액수여서 문제가 되었지만 사실 더 큰 문제는 에티엔의 거만한 행동이었다. 결국 동료들은 자존심과 명예에 상처를 입고 '우린 너보다 더 돈이 많다' 라며 돈을 도로 집어던지고 자리를 떴다. 내일 밤에 다시 돌아오겠다는 약속과 함께.

　다음날 아침 날롱 부인은 전날 당한 샤리바리에 대한 보복으로 자크를 찾아가 공개적으로 모욕을 주었다. 샤리바리를 주도한 청년들이 자크 작업장의 일꾼들이었기 때문이다. 그녀는 이웃들을 향해 자크가 젊은 여자와 살고 있고 얼마 전 그 젊은 여자가 불륜을 저질렀다고 떠들어댔다. 즉 자크를 오쟁이 진 남편으로 몰았던 것이다. 만약 자크가 두 번째 샤리바리에 가담할 결심을 했다면 이 순간이었을 것이다. 노동자들의 흥분에 그 주인의 분노와 증오가 추가된 두 번째 샤리바리는 심각했다. 자크는 노동자들의 외출을 금지시키라는 시 당국의 권유를 무시하고 오히려 그들을 고무하였다.

　북이 울리고 두 번째 샤리바리가 시작되었다. 동료들은 커다란 톱과 쇠스랑·미늘창·큰 막대·피스톨 등 더욱 험악한 도구들을 들고 집결했다. 에티엔이 두 명의 친구와 함께 문에 나타났다. 그러고는 전날보다 더 적은 15수를 던져주었다. 몇 번의 험악한 말이 오갔고 결국 동료들 중 한 명인 르 푸아트뱅이 에티엔을 향해 총을 쏘았다. 그들은 거기서 끝내지 않고 피를 흘리는 에티엔을 구타하고 유기하여 그 일대가 피로 흥건해졌다. 주동자들은 자크의 작업장으로 돌아가 바로 도망쳤으며, 두 주 후에 에티엔은 시립병원에서 사망하였다.

　날롱 부인의 고소로 이 사건은 사법적 소송에 휘말렸다. 샤리바리를 주도한 네 명은 교수형을 선고받았지만 이미 도망을 간 후였기 때문에 대신 그들의 마네킹이 교수형을 당했다. 자크는 투옥되었지만 곧 석방되고 200리브르의 벌금을 냈다. 날롱 부인은 3,000리브르의 배상을 요구했지만 무시되었다. 소극적으로 참가한 사람들은 심문도 추궁도 당하지 않았다.

리옹에서 벌어진 이 폭력적인 샤리바리의 원인은 앞에서 살펴본 15세기 툴루즈의 사례와는 다르게 해당 과부의 불임 가능성 때문이 아니었다. 날롱 부인에게는 자식이 없었고 그녀와 새 남편의 나이를 감안할 때 충분히 자식을 낳을 가능성이 있었다. 신랑이 돈을 충분하게 지불하지 않은 점도 물론 원인이 되었지만 그것이 전부가 아니었다. 오히려 문제의 핵심은 당사자들의 명예와 자존심이었다. 이 시기 장인들은 개인의 명예를 무엇보다 소중히 여겼고 샤리바리는 자신의 명예에 대한 치명적인 공격이라고 인식하였다. 리옹의 이 사례는 명예가 훼손당했다고 생각한 날롱 부인과 자크, 에티엔의 거만한 태도에 자존심 상한 일꾼들 모두의 불쾌한 감정이 얽혀 일어난 불상사였다. 한편, 명시적으로 드러나진 않았지만 잠재적으로 추론할 수 있는 또 다른 원인은, 나이나 경제력으로 보아 에티엔이 장래 공처가 남편이 될 것이 뻔했기 때문이다. 사실 그 시대 리옹에서 공처가는 샤리바리의 주 표적 중 하나였다.

샤리바리를 통한 갈등의 분출

도시의 샤리바리는 가정 내 부부문제에만 한정되지 않았다. 청년들은 도시의 정의와 질서를 해치는 '사악한 행동'에 대해서도 샤리바리를 하였다. 예를 들면 디종의 청년회는 이웃에서 강도와 별난 결혼·사기·살인 등의 사건이 일어나면 샤리바리를 했다. 리옹의 청년회 역시 1580년대 종교전쟁의 어리석음과 높은 빵 가격, 상인들의 매점매

석 행위를 비난하는 샤리바리 연극을 상연하였다. 아미앵에서는 품질이 좋지 않은 밀랍을 팔았다는 이유로 상인이 샤리바리를 당했으며, 루앙의 '바보들'(conards) 역시 속임수를 쓰는 상인이 있으면 즉각 '뿔 나팔' 소리를 울렸다.[41]

더 나아가 도시의 샤리바리는 정치 혹은 종교적 권력을 향했다. 이런 경향은 장인이나 상인과 같은 중간 부르주아들이 정치적 권력에서 소외되었던 과두정치 하의 도시에서 강하게 나타났다. 중간 부르주아들은 샤리바리라는 전통적 수단을 통해 자신들의 정치적 불만과 비판을 표현하였던 것이다. 예를 들어 16세기 초 루앙에서는 시 행정관의 부패를 비난하는 샤리바리 연극이 있었다. 그 연극에 의하면 그 관리는 한 탄원자가 가져온 토끼를 거부하고 그 대신 많은 돈을 요구하였다고 하는데, 그 이유는 그의 부인이 토끼 고기를 좋아하지 않는다는 것이었다. 여기에는 샤리바리 연극을 행한 청년들의 익살과 함께 신랄한 정치적 비판도 내포되어 있다.[42] 파리의 '바조슈들'(Basoches)은 1516년 '어리석은 어머니'(왕을 풍자한 인물)가 중세(重稅)를 부과하고 폭정을 일삼는 연극을 상연하였다.[43] 같은 해 디종의 청년회는 왕의 숲 관리인을 모욕하는 연극을 상연하였는데, 그 이유는 그가 아내를 구타했기 때문이 아니라[44] 자신의 이익을 위해 숲을 황폐하게 만들었기 때문이었다. 16세기 청년들의 비판적인 샤리바리 연극은 일회성으로 끝난 것이 아니라 인쇄되어 그것을 보지 못한 사람들에게까지 확산되었다.

종교적 대립이 극심한 지역에서는 샤리바리가 종교적 폭력의 수단이 되었다. 가톨릭 군중들은 신교 여성들에게 재갈을 물리거나(1562년 툴루즈)[45] 가시관을 씌워 끌고 다니며(1562년 카스티앙)[46] 샤리바리를 하였다. 1562년 블루아(Blois)에서도 가톨릭교도들이 한 신교 마구(馬具) 상인을 샤리바리하였다. 군중들은 그를 당나귀에 거꾸로 태워 미늘창으로 마구 찌르며 끌고다녔다. 반대로 몽토방에서는 가톨릭교도가 샤리바리를 당하였다. 그는 한 손에는 성배를 다른 한 손에는 면병을 든 채 당나귀에 거꾸로 태워져 끌려다녔다. 그의 옆에는 미사전서가 꽂힌 도끼창이 놓여 있었다. 이러한 행진이 끝난 후 신교 군중들이 조롱 삼아 「테 데움」과 「레퀴엠」을 부르는 동안 그는 면병을 부수고 신성한 의복을 태우는 의례를 해야 했다.[47]

이처럼 도시에서 샤리바리는 더 이상 공동체를 통합시켜주는 수단이 아니라 경제적·정치적·종교적 갈등과 불만을 폭발시키는 수단이 되었다. 농촌에서 샤리바리는 다소 가혹하기는 했지만 공동체의 풍요와 다산·종족 유지·성(性) 규율을 위해 필요한 것이라고 인식되었다. 교회와 세속 당국이 샤리바리 관행을 용인하고 재정적 지원까지 해준 이유도 그 때문이었다. 그러나 도시에서 샤리바리는 갈등과 대립, 소란과 무질서로 비쳤고 따라서 교회와 세속 당국의 의심도 커졌다.

샤리바리에 대한 비난과 억압은 교회에서 먼저 시작되었다. 교회는 트렌트(Trent) 공의회(1545~63) 이후 샤리바리를 교회의 신성한 혼인성사에 대한 모욕이라고 보고 비난하기 시작하였다. 교회의 비난은 세속 당국, 특히 고등법원에 의해 사법적 효력을 가지게 되었다. 지방마다 차이가 있지만 16, 17세기를 거치면서 대부분의 지방에서 샤리바리가 법령으로 금지되었다. 하지만 교회와 세속 당국의 이런 의지와 노력이 없었더라도 샤리바리는 더 이상 유지되기 힘들었을 것이다. 16세기 이후 개인주의가 발달하면서 샤리바리는 '남의 가정사'에 대한 간섭으로 인식되었고, 자본주의적인 사적 소유 개념이 발달하면서 샤리바리의 핵심인 금품 갈취는 더 이상 설자리를 잃었다. 이런 시대적 흐름으로 인해 샤리바리 피해자들의 고소 사례도 증가하였다. 샤리바리 관련 민사 소송에서 가해자들(청년회)은 샤리바리가 자신들의 전통적 권리라고 변호했지만, 그 목소리는 점점 호소력과 설득력을 잃었다.[48]

카니발 기간이 되면 그들은 '축제의 왕'을 뽑고
해학과 풍자와 상상력으로 가득한 왕국을 다스렸다.
광기, 그것은 그들의 특권이었다.

제5부 신도회: 카니발의 주역

1 농촌의 청년회

청년들과 카니발

농촌에서 카니발의 주역은 청년들(jeunes, garçons, filles)이었다. 여기서 청년이라 함은 무기를 다룰 수 있는 15세부터 결혼 직전까지의 독신 남성들을 말한다. 중세 농촌 사회에서 이 나이 또래의 남성들은 하나의 독특한 집단을 형성하고 있었는데,[1] 그 명칭은 지역마다 차이가 있었다. 일반적으로는 '시종들(varlets) 혹은 결혼할 시종들(varlets à marier), 동료들(compagnons), 결혼할 동료들(compagnons à marier), 바셜리에(bacheliers)라고 불렸지만, 푸아투와 베리·앙구무아·방데 지방에서는 바셜레리(bachelleries)로, 부르고뉴와 도피네·사부아·중부(le Midi) 지방에서는 청년 수도원(Abbayes de la Jeunesse)이라고도 불렸다. 대개 한 교구 내에서 하나의 청년회가 구성되는 것이 일반적이었지만 교구가 작을 경우 이웃 교구의 청년들을 포함하는 경우도 있었다.

농촌에서 청년회를 구성할 때 사회적 신분이나 경제적 부는 중요하지 않았다. 비슷한 나이 또래의 미혼 청년이라면 누구나 자연스럽게 청년회에 가입하였다.[2] 그런 만큼 청년회는 특정 신분이나 계급을 대표하기보다는 전체 마을공동체를 대표하는 역할을 담당하였다. 청년들이 축제 때 마을공동체를 상징하는 깃발이나 물건을 앞세우고 칼로 무장한 채 행진하는 것은 이 때문이다. 이때 청년들의 모습은 공동체의 대표성과 함께 그 공격성을 과시하는 것이기도 하였다. 전통사회의 청년회에 대해서는 인류학자 바라냐크(André Vargnac)와 사회학자 아이젠슈타트(S. N. Eisenstadt) 등에 의해 충분히 연구되었다. 그들은 중세와 근대 초 전 유럽에 걸쳐 농촌마다 청년회가 존재했으며 그것이 마을을 대표하는 특별한 역할을 담당하였다고 주장하였다. 특히 아이젠슈타트는 부유한 농부부터 가난한 농부까지 모두를 포함하는 청년회가 경제적 변화와 인구의 변화에도 불구하고 항시적으로 존재했었다는 점을 지적하고, 그러한 사실은 농촌공동체의 유지에 그들의 존재가 얼마나 중요했는지를 보여주는 증거라고 하였다. 그에 의하면 청년회는 농촌공동체의 생물학적 유지만이 아니라 농촌공동체가 외부에 대해 자신들의 정체성을 주장하고 안전을 확보하는 데 있어서도 결정적인 역할을 하였다고 한다.[3]

청년들은 공동체의 미래를 담지하고 공동체를 대표하는 집단일 뿐만 아니라 인생의 과도기에 해당되는 시기, 즉 통과의례가 이루어지는 시기에 속한 자들이었다. 따라서 중세 농촌 사회는 그런 청년들에게 특별한 권리를 부여하였다. 그것은 결혼과 동시에 성인이 되면 누릴 수 없는 한시적 특권이기도 하였는데, 금기시되는 과감한 행동이나 자유로운 놀이·음탕한 노래와 춤 등을 맘껏 즐길 수 있었던 것이다. 특히 청년들의 특권 중에는 결혼이나 성·다산과 연관된 것들이 많았다.

예를 들어 사순절 전과 사순절 제1일요일 축제(Brandons) 때 마을의 풍요와 다산을 빌며 장작불 주위에서 춤을 추고 그 불을 뛰어넘는 관행이 있었는데, 그것은 단연 청년들의 몫이었다. 오월제 때 청년들이 꽃바구니를 들고 다니며 결혼을 앞둔 처녀들을 평가하던 놀이도 이런 차원에서 이해될 수 있다.[4] 뿐만 아니라 청년들은 결혼식이나 결혼행렬, 신방 치르기와 관련된 모든 관행들에서 핵심적인 역할을 담당하였다. 그런데 결혼과 성에 관련된 청년들의 특권은 '준공식적인 사법권'의 형태를 띨 만큼 강력했다. 그 대표적인 예가 샤리바리이다. 그리고 카니발 역시 청년들의 역할이나 특권이 잘 표현된 남성 중심적인 문화였다.[5]

카니발 기간이 되면 마을 청년회는 선술집에 모여 그해의 '축제의 왕', 즉 지도자를 뽑았다. 가끔 이 선거에 영주나 시 관리·지역 재판관도 참여했다는 기록을 보면 그것이 어느 정도 준 공식적인 성격을 띠고 있었음을 알 수 있다. '축제의 왕'을 뽑는 방법은 지역마다 다양했다. 재치 경연대회를 열어 뛰어난 재능을 가진 사람을 왕으로 뽑기도 하고 몸집이나 외모가 수려한 사람을 뽑기도 했으며, 나중에는 그 지위를 경매에 붙여 부자에게 우선권을 주기도 하였다. '축제의 왕'을 뽑는 방법만큼이나 그 명칭도 다양하였다. 푸아투 지방에서는 '바셜레리의 왕'으로 불렸고, 프로방스 지방에서는 '촌놈들의 왕'이나 '청년회의 군주', '청년회의 사제'(abbé de la jeunesse)'로, 랑그독 지방에서는 '두목'(cap) 등으로 불렸다. '축제의 왕'은 자신의 주위에 조신(cour)과 수행원을 거느릴 수 있었다. 농촌에서는 마을 혹은 교구별로 한 명의 '축제의 왕'을 뽑는 것이 관례였다.

'카니발의 왕'의 행렬.

    '축제의 왕'의 역할은 카니발 진행에서 절대적이었다. 그는 모든 행사를 주관하고 그것에 관해 책임을 졌다. 연회를 열어 주연과 오락을 베풀었으며, 각종 경주대회, 예를 들면 새 사냥이나 황소 경주·과녁 찌르기 등을 주관했다. 그리고 주악행렬(aubade)이나 의장행렬도 주관했다. 축제 때 동료들이 마신 술값도 그가 지불하였다. 이처럼 '축제의 왕'은 축제 기간의 모든 행사를 주관했을 뿐만 아니라 동료들의 지나친 소란과 위험한 무질서를 통제하고 조정하는 역할도 하였다. 예를 들어 그는 동료들이 지나치게 신성을 모독하거나 난폭하게 행동하는 것을 방지하기 위해 그런 행동에 대해 벌금을 부과하였으며, 동료들 간에 싸움이 벌어지면 그것을 중재하였다. 이로써 청년들의 축제 관행은 다소 무질서하고 위험하긴 했지만 일정한 선을 넘진 않았다.[6]

통과의례로서의 카니발

그렇다면 전통적인 농촌 사회에서 청년회는 어떤 기능을 하였을까? 우선 청년들은 카니발 기간의 무질서하고 소란스러운 관행을 통해 평소 억압되었던 젊은이의 본능과 욕망을 마음껏 발산시킬 수 있었다. 소란한 외침과 각종 소극, 사람을 물에 빠뜨리는 폭력적인 장난, 제스처를 동반한 재담 등은 일상의 진지함과 심각함으로부터 청년들의 본능을 해방시켰다. 특히 음악과 춤은 축제의 유희적이고 오락적인 기능을 촉진했다. 청년들은 축제의 음악을 위해 오보에와 뮤제트·북·종 등 다양한 악기를 사용했지만 무엇보다 그들을 흥분의 도가니로 몰고 간 것은 온갖 농기구와 살림도구를 동원해 만들어내는 시끄러운 대소란, 샤리바리였다. 이런 극단적인 소란 속에서 청년들은 절제되지 못한 인간의 감추어진 본능을 마음껏 해소할 수 있었던 것이다. 이런 측면에서 카니발 축제는 '끓는 냄비'의 위험성을 완화하는 사회적 안전판의 역할을 한 셈이다.

뿐만 아니라 청년들의 축제 관행은 그들의 인생에서 일종의 통과의례에 해당되었다. 청년들은 어린이에서 성인으로 넘어가는 과도기에 특별한 경험, 즉 과도한 자유와 방탕을 경험함으로써 책임감 있는 한 명의 공동체 성원으로 성장할 수 있었다.[7] 그들은 무절제한 미혼시절의 경험을 통해 절제와 책임이 따르는 결혼을 인식할 수 있었다. 나탈리 지먼 데이비스(N. Z. Davis)에 의하면 청년들의 축제 관행은 인생의 상이한 단계의 차이를 극화(劇化)함으로써 청년들에게 인생과 결혼에 대한 책임감을 인식시키고 그들을 사회의 완전한 성인으로 성장시키며, 그럼으로써 그 공동체의 생물학적 유지에 기여했다고 한다.[8]

청년들은 축제 기간에 임시적이긴 하지만 공동체를 규제하는 준 사법적인 기능을 하였다. 청년들은 축제 때 모의재판이나 소극·샤리바리를 벌여 공동체의 일탈 행위를 심판하고 처벌하였다. 이런 점에서 청년들의 축제 관행은 공동체가 윤리적 규범을 유지해가는 데 기여한 셈이다. 데이비스는 청년집단이 마을 사람들과 동료들을 조롱하고 모욕함으로써 그들을 통제하는 기능을 하였다고 주장하였다. 이 외에도 청년들의 축제 관행은 공동체 성원들을 통합시키는 기능을 하였다. 축제 때 벌어지는 이웃 마을과의 격투나 결혼한 이방인에 대한 학대는 자신의 공동체와 타 공동체 간의 차별성을 인식시켜 내부의 공동체 의식을 강화하였다. 이렇게 강화된 공동체 의식은 그 사회를 유지시키는 정신적 힘이 되었다.

이상에서 살펴본 바와 같이 청년회와 그들의 축제는 무질서와 혼란, 일탈에도 불구하고 공동체와 청년 자신들을 위해서 긍정적인 측면을 가지고 있었다. 영주와 사법 당국이 청년들의 '소란스러운' 축제를 관행적으로 용인해주었을 뿐만 아니라 재정적인 지원까지 해준 이유는 그 때문이었다. 재정적인 지원은 직접 후원금을 주는 경우도 있었지만 그렇지 못할 경우 청년들이 자체적으로 경비를 조달할 수 있도록 여러 가지 특권을 부여하였다. 그 방법 중의 하나가 영주가 관리하는 수입을 며칠 동안 청년들에게 위임하는 것이었다. 예를 들어 샤토뉴 쉬르 세르(Chateauneut-sur-Cher)에서는 성령강림대축일 하루 동안 '바셜레리의 왕'이 영주재판소에서 발생한 수입을 가져갔고, 생 지유 크루아 드 비(Saint-Gilles-Croix-de-Vie)에서는 오월제, 즉 4월 29일에서 5월 1일까지 청년들이 시장(市場)을 관리하고 그 수입을 챙겼다. 랑그도크의 수베(Soubés)라는 마을에서도 일정 기간 동안 재판소의 경범

죄 벌금이 청년들에게 할애되었다.[9]

　농촌 청년회는 비슷한 나이 또래의 청년들로 구성된 '나이 집단'이었지만 도시에서는 사정이 좀 달랐다. 도시의 청년회는 직업별·구역별·신분별로 따로 구성되었다. 따라서 그것은 이미 나이 집단으로서의 성격을 상실하였으며, 그런 의미에서 청년회보다는 '신도회'(confrérie)라는 명칭이 더 어울린다. 신도회에 대해서는 다음 장에서 더 살펴보기로 하겠다.

2 분화되는 신도회

도시 청년들의 신도회 구성

도시에는 광인의 축제를 주도한 광인협회와는 별도로 카니발을 주도한 '청년 신도회'(Confrérie de la Jeunesse)가[10] 있었다. 전자가 클레르로 구성된 종교단체였다면 후자는 평신도로 구성된 세속단체였다. 13세기 초에 나타난 청년 신도회는 14세기 말에 이르러서는 도시마다 매우 성행하였다. 그들의 존재 형태 역시 도시의 다양성과 복잡성을 반영한 듯 매우 다양하고 복잡하였다. 그 명칭에서부터 구성원·기능·사회적 지위 등에 이르기까지 도시의 청년 신도회는 농촌과 같은 단일성과 평등성을 유지하지 못하였다. 우선 도시는 농촌에 비해 넓고 인구가 매우 많았기 때문에 청년회의 구성이 구역별·직업별·신분별로 분화되었다. 그리고 카니발을 비롯한 축제가 발달하면서 그것을 전문적으로 담당하는 신도회들도 생겨났.

인구가 많은 도시에서 청년 신도회를 하나만 만드는 것은 불가능하다. 그래서 각 구역별로 여러 개의 청년 신도회가 만들어졌다. 예를 들어 릴의 각 구역은 카니발 기간이 되면 자율적으로 해당 구역의 거리나 광장에 모여 청년 신도회를 조직하고 그해의 '광장의 영주'를 뽑았다. 그가 바로 축제의 각종 오락과 행렬을 주도해갈 그해의 '축제의 왕'이었다. 그는 거리를 돌면서 아이들에게 과자를, 소녀들에게 장미관을 나누어주기도 하고 해학과 풍자가 섞인 익살을 부리기도 할 것이다. 이렇게 지역별로 청년 신도회를 만드는 과정에서 내부적으로는 이웃 간의 연대성이 강화되고 외부적으로는 다른 지역에 대해 자기 구역의 우월성을 과시할 수 있었다.

구역별 신도회는 도시가 확대되면서 그 수도 점점 증가하였다. 예를 들어 16세기경 인구 6만을 가진 리옹에는 20여 개의 구역별 신도회가 있었다. 그 명칭도 매우 다양해서 '총대주교(Patriarch)와 수도원장(Abbots)·남작(Barons)·두목(Captains)·대장(Admirals)·군주(Princes)·백작(Counts)·재판관(Judges)' 등으로 불렸다. 그런데 여기서 명칭이 암시하듯 각 구역의 청년 신도회들이 동일한 비중을 갖진 않았던 것 같다.[11] 전체 청년 신도회를 총괄한 인물은 총대주교였다. 이처럼 구역별 청년 신도회 간에 위계가 있었다는 것은 그들 사이에 밀접한 교류가 있었다는 것을 암시한다. 각 구역 신도회는 자신들의 '축제의 왕'을 뽑고 독자적인 조직체계를 유지하면서도 축제 때에는 함께 모여 퍼레이드를 벌이고 경주를 하였다.[12]

청년 신도회가 직업별로 구성되는 경우도 있었다. 파리의 '바조슈(basoches) 협회'가 그렇다. 바조슈란 법조인(hommes de loi) 주위에서 일을 하는 사람들로 공증인·공증인 클레르·비서들(흔히 일반적으로 'les clercs de la basoche'라고 함)을 말한다. 바조슈 협회는 동

뉘른베르크의 정육업자 신도회의 변장 모습. 뉘른베르크의 카니발에서 정육업자들은 특별한 특권을 누리고 있었다. 꽃과 불꽃 무늬가 촘촘히 새겨진 그들의 복장은 도시의 세련됨을 잘 보여주고 있다.

일한 직업을 가진 바조슈들이 자신들의 수호성인 축일에 함께 모여 그 성인에 관한 연극을 상연하면서 출현하였다. 바조슈들은 그 직업의 성격상 교회의 복사나 클레르와 밀접한 관계를 가지고 있었기 때문에 광인의 축제로부터 많은 영향을 받았다. 바조슈 협회는 파리에서만 30여 개의 그룹을 형성하고 있었다. 그 중에서 고등법원 소속 바조슈 협회의 권한이 가장 컸다. 그들은 1302년 이래 필립 미남왕의 특허를 받아 사소한 경범죄 정도는 자신들의 재판소에서 재판하여 벌금을 징수할 정도였다. 샤틀레(Châtelet)와 회계원 소속의 바조슈 협회는 아마 고등법원의 바조슈 협회보다 그 규모나 영향력 면에 있어 아래였을 것이다.

바조슈 협회는 축제 때 '왕국'을 만들고 '바조슈의 왕'도 선출해서 자신들의 직업적 독립성과 특권을 과시하였다. 그들의 '왕국'은 임시

15세기부터 문자 견습생(학생)들은 카니발 때 새의 상징으로 자신들의 정체성을 표현하였다. 가장행렬에서 한 학생이 공작나비와 타조 등의 깃털로 장식하고 맹조류를 허리에 차고 있다.

적이긴 했지만 그들만의 법이 통치하는 특별한 세계였다. 축제 때 그 '왕국'에서는 각종 오락과 연극이 상연되었다. 그들은 이미 1500년대 초반부터 도덕극 형태의 다양한 풍자적인 연극을 선보였다. 그 연극들은 익명의 공격적인 작가들에 의해 만들어진 것으로, 자신들의 적이나 자기 후원자들의 적들, 혹은 주인과 검사, 재판관들을 야유하고 풍자하는 것이었다. 그들의 연극 중에서 「바조슈 왕국의 놀이와 오월수」와 「놀이와 도덕극」은 첫 성 목요일에 관행적으로 상연되었다.

16세기 인쇄업이 발달한 리옹에서는 인쇄업자들의 세력이 강하였다. 그들은, 특히 인쇄소 직공을 중심으로 '오식의 군주'(Seigneur de la Coquille)라는 다소 익살스러운 이름을 가진 신도회를 조직하였다. '오식의 군주'는 축제 때 당나귀에 오식(誤植)으로 점철된 서류집을 태워 행진시켰다.

　대학이 있는 도시에서는 학생들이 단체를 구성해 카니발을 주도했다. 1250년 프랑스 북부 지방에서 학생들은 '학생의 왕'을 뽑아 카니발을 거행했다. 그는 식량 모금과 연회를 조직했고, 육식 화요일에는 닭싸움을 주최했다. 이외에 캉(Caen)의 학생들은 대학에 무거운 세금을 부과한 왕을 탐욕스러운 파라오에 비유한 연극을 축제 때 상연하기도 하였다. 학생들의 카니발은 유독 소란스럽고 정치권력에 대해 비판적이었다. 1520년 그르노블의 한 관리가 작성한 『금지목록』에는 학생 향우회(nations)가 카니발 기간에 얼마나 통제 불능의 소란을 일으켰는지 잘 나타나 있다.[13]

　신분별로 청년 신도회가 구성될 때도 있었다. 예를 들어 리옹과 루앙의 청년 신도회였던 '도시의 아이들'(Enfants de la Ville)은 시 행정관의 아들로만 구성되었고, 마르세이유의 청년 신도회는 귀족이나 대 부르주아 가문의 자식들로 채워졌다. 그리고 샬롱 쉬르 손느(Chalonsur-Saône)의 '도시 아이들의 수도원'(abbayes de Enfants de la ville)은 그 내부에서 상인들의 자제로 구성된 '도시의 아이들'과 바조슈로 구성된 '바조슈의 클레르'로 분리되었다. 이것은 처음 하나였던 단체가 시간이 지나면서 상류층과 그보다 좀 낮은 하층집단으로 분리되었다는 점에서 흥미 있는 사례이다.[14]
　도시 청년 신도회의 변화 중에서 의미 있는 것 중 하나는 그것이 더 이상 미혼 남성들로만 구성되지 않았다는 점이다. 1541년 루앙의 '바보들의 수도원'(Abbaye de Conards)의 '수도원장'(Abbé)은 축제 때 산욕기에 있는 부인을 둔 회원은 하녀나 이웃집 여자를 취할 수 있다는 익살스러운 훈시를 내린 적이 있었는데, 그해 청년 신도회 회원 중에는 기혼자들이 다수 섞여 있었다.15) 그리고 16세기 말 디종에서는 한 유명한 변호사가 죽을 때까지 청년 신도회(Infanterie)의 '왕'(Mère Folle)으로 매년 선출되었고 그가 사망한 후에는 그 지위가 사위한테 계승되었다는 기록이 나오는데, 이것 역시 청년 신도회에 기혼자가 참가했다는 증거 중 하나이다.16) 이런 변화는 도시의 청년 신도회가 나이집단으로서의 기능을 상실했다는 것을 의미한다.

변화하는 도시, 변화하는 신도회

그렇다면 도시에서 이런 변화가 일어난 이유가 무엇일까? 위에서 지적하였듯이 인구 변화도 그 원인 중의 하나이다. 여기에 도시의 복잡한 경제적·사회적 환경이 청년 신도회에서 성인의 비중을 증가시킨 듯하다.

우선 청년회의 평균 연령이 높아진 것을 들 수 있다. 청년회에 참가할 즈음의 나이는(그가 만약 장인이라면) 직공에 해당되는 시기였다. 대개 직공에 들어서는 나이는 12세 정도였는데 점차 그 시기가 다양해지고 늦어지는 경향이 있었다. 따라서 청년회를 구성하는 회원들의 평균 연령도 상승하고 나이도 일정하지 않게 되었다. 도시 청년회를 구성하는 또 다른 기준인 민병대도 마찬가지였다. 민병대에 가입하는 나이도 점점 일정하지 않게 되고 그것이 청년 신도회의 구성에까지 영향을 주었다.17)

도시의 신분 분화도 역시 청년 신도회의 구성 변화를 촉진했다. 16세기 들어서면서 도시 내 상류층과 하층민의 구분이 명백해졌다. 그러면서 상류층은 하층민과의 '차별화 전략'을 통해 자신들의 위엄과 권위를 과시하려 하였다. 도시의 부유한 부르주아나 귀족들은 여러 이질적인 신분으로 구성된 청년 신도회를 멀리하고 자신들만의 집단을 구성하기 시작하였다. 대 부르주아와 귀족들은 자신들의 아들들이 서민들처럼 길거리에서 소란을 피우고 다른 사람의 가정사를 조롱하고 다니는 것을 좋아하지 않았던 것이다. 소극이나 방언으로 만들어진 운문과 당나귀 행진은 점차 도시 상류층들에게 촌스러운 구닥다리로 인식되었다.

앞에서 언급한 리옹의 '도시의 아이들' 중에는 그곳 주재의 이탈리아 은행가의 자제들이 많았다. 그들은 축제 때가 되면 투박하고 원시적인 마스크를 쓰고 길거리에서 소란을 피우기보다는 당시 피렌체에서 유행한 고대 로마의 게임을 즐기고 화려한 마스크를 쓰고 공식 연회에 참석해 상류 가문 처녀들과 춤을 추는 것을 선호하였다. 트리쿠(J. Tricou)는 『도시의 아이들』에서 그들의 화려함을 '금박의 청년들'이라고 표현한 바 있다.[18]

도시 청년 신도회가 구역별·직업별·신분별로 구성되면서, 그것이 가져온 커다란 변화 중의 하나는 '청년 신도회의 하향평준화, 혹은 민중화'였다. 농촌의 청년회는 부농과 빈농의 자제 모두를 포함했다. 그러나 16세기 도시의 청년 신도회들은 모든 계층을 포함하지 않았고, 구역별로 조직된 곳조차 사정은 비슷하였다. 상류층 자체들은 구역별 청년회에 참여하기보다는 자신들만의 모임을 만들어 세련된 오락을 즐겼다. 그 결과 도시 청년 신도회는 점점 장인과 중소 상인들이 장악하게 되었다. 예를 들어 리옹의 청년 신도회는 16세기경 대부분 중소 부르주아들로 구성되었다. 1534년 '바보들의 법정'을 주관한 사람은 화가였는데, 결국 얼마 후 그 지위는 도시 빈민의 수중으로까지 넘어갔다.[19] 루앙의 경우 그 청년 신도회의 높은 문학적 자질에도 불구하고 여전히 그 구성원은 고등법원의 영장 송달리(送達吏) 수준이었고,[20] 디종의 청년 신도회는 고등법원의 변호사를 포함하고 있었지만 점차 재단사나 포도주 양조업자가 대신했다. 이렇게 도시 청년 신도회의 중심축이 중간 부르주아들로 옮겨짐에 따라 그것은 점점 그들의 경제적·정치적 이해관계를 대변하는 집단이 되었다.

3 신앙 신도회와 문학 신도회

도시의 카니발이 점점 성대해지면서 전문적인 재능과 지식을 가진 신도회들이 출현하였다. 이것은 성당과 연계된 신앙 신도회나 문학협회, 카니발 신도회(confrérie carnavalesque) 등으로 대개 부르주아들로 구성되어 있었다. 그들은 다른 단체에 비해 좀더 적극적이고 전문적으로 카니발에 가담하였다. 이런 단체들이 반드시 도시 지역에만 존재한 것은 아니지만 대도시를 중심으로 현저하게 발달한 것은 사실이었다.

13세기 이래 각 도시에서는 성당과 연계된 단체인 신앙 신도회나 순례자 신도회가 발달하였다. 그들은 특히 카니발을 비롯한 축제 때 종교극을 상연하는 역할을 맡았다. 그들은 단순하고 즉흥적인 연극이 아니라 좀더 전문성을 요구하는 종교극이나 신비극·기적극을 상연하였다. 물론 처음에는 그들의 연극도 교훈을 간단히 강조하는 정도였지만, 점차 환상과 흉내, 노래를 경쟁적으로 사용하기 시작하였고, 그러면서 더욱 풍성해졌다.

아라스(Arras)에는 음유시인과 편력약사·부르주아들로 구성된 유명한 신도회가 있었는데, 그 이름은 '양초와 열정의 자선회'(carité de la Candoile et des Ardents)였다. 그들은 직업단체이면서 자선회의 성격도 가지고 있었다. 그 이름에서도 암시되어 있듯이 그들은 특히 '열정'이라는 병에 걸린 환자를 치료하고, 그 병의 치료를 돕기 위해 성모마리아가 주었다는 예배당의 양초를 관리하는 일을 맡았다. 그들은 축제 때 '왕'을 수행할 세 명의 '시장'과 스무 명 이상의 시 관리를 선출할 만큼 많은 회원을 보유하고 있었다. 그들은 일 년 중 몇몇 중요한 축제 때 문학 콩쿠르를 조직하고 양초 행렬을 벌였으며, 일종의 연극 놀이에 해당되는 「나뭇가지 놀이」(le Jeu de la Feuillés)와 「성 니콜라스의 놀이」(le Jeu de Saint-Nicolas)를 상연하였다. 그들의 축제는 주변 도시들 사이에 커다란 명성을 얻고 있었다.[21]

이 외에도 흔히 퓌(Puy)라고 부르는 문학협회가 있었다. 루앙에서 '퓌 데 팔리노드'(Puy des Palinods)라고 불렸고 릴과 아미앵·아라스·발랑시엔에서는 그냥 퓌라고 불렸다. 그들은 처음에는 신앙 신도회로 출발했지만 15세기부터 문학적이고 아카데믹한 조합으로 발전하였다. 그들이 축제에서 담당한 역할은 특별히 '문학적인' 것들이었다. 축제를 기해 각 회원들은 자신들의 작품이나 친구들이 보내준 작품을 읽기 위한 모임을 가지기도 하고, 성모마리아의 미덕을 찬양하는 시 콩쿠르를 열기도 하였다. 그런데 그 콩쿠르에 출품된 시들은 마리아의 종교적 덕목보다는 세속적인 아름다움을 찬양하는 것들이 더 많았다.

또한 퓌는 축제 때 다양한 오락과 놀이를 주재했다. 루앙의 퓌는 신비극을 상연하는 책임을 지고 있었다. 아미앵의 퓌는 성촉절에 그들의 '왕'을 선출하여 그에게 다른 축일, 예를 들면 마리아의 축일과 만성절·성탄절에 마리아의 덕목을 찬양하는 발라드를 짓는 특권을 부여하였다. 또한 그는 케르메스(kermesse)의[22] 일종인 '빵의 모임'이라는 민중적 대모임을 주재하여 참여자들에게 음식을 나누어주고 '수사학자'에게 상여금을 수여하였다. 그리고 성촉절에는 정중하고 예의바른 대연회를 제공하였다. 이때 '기적 놀이'(jeu de mistère)가 벌어졌다. 퓌의 '왕'은 이 놀이에 참석한 사람들에게 초록색 모자를 주고 가장 노래를 잘 부른 사람에게는 왕관을 씌워주었다. 그리고 그 자신 역시 기적을 묘사하는 작품을 만들어 선보였다.

프랑스 북부 지방에는 수사학 협회들(les Chambres de Rhétorique)이 발달하였다. 그들도 처음에는 자선적인 신앙 신도회로 출발했지만 점차 자신들의 수호성인과 문장·좌우명·보물을 가진 문학적 단체로 발전하였다. 그들의 문장에는 꽃들이 많이 사용되었다. 루뱅(Louvain)의 수사학 협회들은 장미와 데이지·파슬리·팬지·백합 등을 알레고리화한 모양을 자신들의 문장으로 채택했다. 그 중 한 협회의 장미 문장에는 정원에 앉은 성녀 도로테(Sainte Dorothée)와 그녀에게 꽃바구니를 주는 아이들이 그려져 있다.

이들 수사학 협회는 축제 때 연극을 상연하거나 시 콩쿠르를 조직하였다. 예를 들어 1444년 브뤼셀의 수사학 협회는 「마리아의 첫 기쁨」이라는 연극을 상연하였고, 1496년 앙베르(Anvers)의 수사학 협회는 '인간의 안녕을 위해 신이 부여한 가장 커다란 신비, 가장 커다란 은혜는 무엇인가?'라는 질문에 운문으로 답하는 시 경연 대회를 열었다. 그해 경연 대회는 다른 도시들에서 20여 개의 단체들이 참여할 만큼 성황이었다. 당시 대상을 받은 단체는 루뱅의 수사학 협회였는데, 그들은 상으로 네 대야의 은과 은으로 만든 성 누가(Saint Luc)의 조각상을 받았다. 수사학 협회는 처음에는 검소한 모임에서 출발했지만 점점 각종 놀이와 시 경연대회·스펙터클·오락 등에 헌신하면서 축제 기간에 중요한 몫을 담당하는 단체로 발전했다. 앞에서 언급하였던 '도시 카니발의 문학화'는 이들에 힘입은 바 크다.[23]

문학 신도회들은 축제 기간에 연극과 시 낭송, 문학 경연대회를 조직하고 '언어게임'(jeu de langage)이라는 독특한 오락을 벌였다. 언어게임은 허풍과 풍자를 경쟁하는 것으로 참가자들의 풍부한 문학적 재치가 성패를 가늠하는 기준이었다. 예를 들어 한 사람이 '나는 강이 불타는 지역에서 왔다'라고 허풍을 치면 다른 사람은 '내가 사는 지역에서는 양이 사람을 쫓는다'고 응수하는 식이었다. 이처럼 카니발 세계는 말과 허풍에 의해 모든 것이 가능한 세계였다. '상상게임'(jeu de l'imaginaire)이라는 것도 있었다. 그것은 환상적이고 기괴한 상상력을 서로 경쟁하는 것으로 '자신이 도살당한 칼을 차고 있는 돼지'나 '접시에 목을 담그고 있는 기러기' 등 상상을 초월한 이야기를 가지고 서로 경쟁하였다.

도시 카니발의 오락과 놀이는 문학적 성격이 강해지면서 해학과 풍자가 더욱 풍부해지고 도덕적이고 정치적인 비판이 더욱 교묘해지고 복잡해졌다. 중세 말 근대 초 도시의 사회적이고 정치적인 대립과 갈등이 카니발에 반영되면서 단순한 오락이었던 '언어게임'과 '상상게임'은 '이념게임'(jeu des idée)으로 발전하였다.

4 유희 신도회

소란스런 집단의 출현

문학 신도회 외에도 특별히 카니발의 연극과 놀이, 각종 행사를 전담하는 신도회도 나타났는데, 그것들은 일반적으로 '유희 신도회나 카니발 신도회 · 즐거운 동료들 · 소란스러운 집단 · 미친 집단' 등으로 불렸다. 각 단체의 유희적 속성이 강하게 반영된 명칭들이다. 이 유희 신도회는 원래 도시의 청년 신도회에서 출발하였다. 도시의 청년 신도회들이 훨씬 더 전문적으로 카니발 행진이나 오락 등을 조직하면서 유희 신도회로 발전한 것이다. 이런 점에서 유희 신도회의 기원은 청년 신도회에서 비롯된 셈이지만, 사실 15~16세기에 이르면 시골의 청년회와 도시의 유희 신도회는 성격과 규모, 기능에 있어 많은 차이가 있었다.

유희 신도회의 가장 중요한 역할은 당연히 축제와 관계된 것이었다. 그들은 카니발이나 입성식, 정치적 퍼레이드와 같은 축제 기간에 벌어지는 수많은 비공식적인 오락들, 예를 들면 마스크와 변장 · 샤리바리 · 소극 · 행렬 · 매질 · 수레 장식 · 돈과 사탕을 모으고 나누어주는 일 ·

춤과 연주 · 장작불 · 시의 암송과 게임 · 체육 경기 등을 주관하였다. 축제 기간의 다양한 오락과 놀이는 브뢰겔의 그림에서는 81개, 라블레의 「가르강튀아」에는 무려 217개나 되는 것으로 묘사되었다. 유희 신도회는 오락과 놀이를 주관할 뿐만 아니라 군중들에게 좀더 기상천외한 볼거리를 제공하기 위해 전문적인 연구와 발명에 몰두하였다. 그 결과 알레고리로 된 문자와 그림을 구상하고 선보이는 등 도시 카니발을 더욱 세련되고 풍부한 것으로 만들었다. 그들의 역할에 따라 축제의 성공 여부가 결정되었을 뿐만 아니라, 그들의 명성에 따라 도시의 명성까지 좌우되었다고 하니 축제에서 그들이 차지하는 비중을 짐작할 정도다.

유희 신도회가 축제를 위한 연구와 발명을 하는 데 많은 영감을 준 것은 광인의 축제였다. 광인의 축제는 이미 13~14세기부터 교회 당국의 억압을 받아 15세기 말경에는 많이 쇠퇴하였다. 그러나 그 관행과 노하우는 평신도 단체, 즉 신도회에 의해 전수되었다. 유희 신도회는 광인의 축제에서와 마찬가지로 자신들의 왕과 주교 · 수도원장을 선출하여 그를 중심으로 소란스러운 퍼레이드를 벌였다. 또한 뒤집기 관행과 전도 의식도 끌어왔으며, 복사들이 사용한 광기의 상징을 자신들의 상징으로 취했다. 이런 점에서 도시 부르주아들의 즐거운 카니발은 교회 복사들로부터 물려받은 놀이라고도 할 수 있다. 유희 신도회가 광인의 축제로부터 많은 영향을 받았다는 것은 그들 단체의 이름을 통해서도 확인할 수 있다. 그 이름에는 '광기' · '어리석음'(sottise) · '아이들'과 같은 테마들이 흔히 발견되는데 이러한 테마는 광인의 축제 때 강조되는 테마들이다.

유희 신도회의 이름에는 광기의 테마 외에도 문학적인 상상력이 발휘된 독특하고 환상적인 것들이 많았다. 그 독특한 이름은 이웃 도시의 신도회와 기상천외함을 경쟁하는 욕망을 반영한 것이기도 하다. 각 도시의 유희 신도회의 이름은 다음과 같다.

표 2. 각 도시 유희 신도회의 이름

번호	도시	신도회 이름
1	아브빌(Abbeville)에서 브장송과 로데츠(Rodez)에 이르는 지역	'악정의 수도원장'(l'Abbé de Maugouvert)
2	마콩	'나쁜 행동지침의 수도원'(abbaye de Malgouvern)[24]
3	아라스	'환희의 군주'(le Prince de Gaîté)와 '선량한 아이들'(Bons Enfants)
4	캉브레(Cambrai)	'레스카슈 프로피의 수도원'(l'Abbé de Lescache-Profit)
5	발랑시엔느	'기쁨의 군주'(le Prince du Plaisir)
6	수아송	'청년들의 군주'(le Prince des Jeunes)
7	릴	'사랑의 군주'(le Prince d'Amour) 혹은 '광인의 군주'(le Prince des Fous)
8	투르네	'사랑의 군주'(le Prince d'Amour)
9	부셍(Bouchain)	'에토리디의 감시인'(le Prévôt des Étourdis)
10	두에	당나귀 축제(la Fête aux Âne)
11	상스	'바보들의 수도원장'(l'Abbê des Cornes)과 '바보들의 군주'(le Prince des Sots), '미친 어머니'(la Mère Folle)
12	보르도	'유치함의 어머니'(la Mère d'Enfance)
13	파리	'근심 없는 아이들'(les Enfants-sans-souci)
14	디종	'미친 어머니의 동료'(la compagnie de la Mère folle)
15	샬롱 쉬르 손느	'녀석들'(les Gaillardous)
16	루앙	'바보들의 수도원'(l'abbaye des Conards)

클레브 공국의 '광인협회'

14세기 말경 클레브(Clèves) 공국에는 36명의 명사로 구성된 '광인협회'(Société du Fou)가 있었다.25) 훨씬 이후인 1700년 프란체스코 제3회(tiers ordre)26) 소속의 한 수도사가 기록한 『종교단체들의 역사』(Histoire des Ordres religieux)에는 광인협회 회원들의 사회적 성분이 '기사'라고 되어 있다. '영주'라고 되어 있는 또 다른 기록도 있다. 이런 기록들에 근거해볼 때 광인협회가 도시의 상류층 인사들로 구성되어 있었음을 알 수 있다. 그런 만큼 광인협회는 공작으로부터 특권적 지위를 보장받았다. 그런 특권적 지위는 공작이 직접 수여한 초록 밀랍과 붉은 밀랍으로 만들어진 36개의 도장이 찍힌 문서에 의해 보증되었다.

광인협회의 회원들은 성 미셸 축일 이후 두 번째 일요일에 모여 다가올 겨울축제를 준비하고 그 비용을 분담하였다. 그런 후 노트르담 성당으로 가서 죽은 회원을 위해 기도하고 그 자녀들과 회동했다. 회동이 끝나면 한 해의 축제를 주재할 '왕'과 여섯 명의 위원을 뽑고 기금을 모았다. 그 위원들은 협회의 일, 특히 그해 경주의 규칙을 정하고 예산을 집행하는 일들을 맡았다. 기금을 내는 액수는 신분에 따라 달라서 영주들은 평기사나 종자보다 더 내고 백작은 일반 영주보다 더 많은 금액을 냈다. 광인협회의 모든 문서는 위에서 언급한 초록 밀랍으로 만든 도장으로 봉인되었다.

축제 때 36명의 회원들은 그들 협회의 이름에 어울리게 '광인'으로 분장하고 나타났다. 즉 꽉 끼는 상의와 금방울이 달린 노란색과 붉은색 줄무늬의 후드를 걸치고 노란색 양말과 검은색 구두를 신었으며,

손에는 과일이 가득 든 잔을 들었다.[27]

디종의 '미친 동료들'과 '아이들'

디종에는 '미친 동료들'(Compagnie folle)과 '아이들'(Infanteries) 이라는 신도회가 있었다. '미친 동료들'은 처음에 클레브 공국의 광인 협회로부터 영감을 받아 설립된 것 같다. 정확한 설립 연대는 알 수 없지만 1454년 필립 르 봉이 보낸 교서에 '그들이 공작으로부터 매년 대축제일에 '즐거운 광인들'(des Fous joyeuse)을 뽑을 수 있는 특권을 부여받았다'는 기록을 보면, '미친 동료들'은 최소한 15세기 이전에 설립되었을 것으로 보인다. 공작은 도시 방문자들에게 '미친 동료들'의 즐거운 오락이 기쁨을 준다는 것을 알고 그들을 고무한 것 같다. '미친 동료들'의 사회적 구성은 매우 다양하였다. 그 회원은 위로는 콩데의 군주인 앙리 드 부르봉(Henri de Bourbon)과 같은 귀족이나 명사로부터 아래로는 법조인·공증인·상인·장인 등 평민 부르주아까지 포함하였다. 이처럼 '미친 동료들'의 회원이 되는 데에는 특별한 신분상의 제한이 없었고 또 그들의 관행에도 기사도적인 위계나 그것을 환기시키는 것들은 없었다.

'아이들'이라는 유희 신도회는 부르주아 민병대를 패러디한 것이다. 다가오는 축제를 준비하기 위해 프와소느리 거리(la Poissonnerie)의 정구장 홀에서 모임을 가졌던 그들의 조직은 즐거운 우애 공동체로서 기사도적인 위계가 아니라 환상적인 왕국을 모방해서 구성되었다. 조직의 '왕'은 '미친 어머니'(Mère Folle)라는 독특한 직함을 가지고 있었다. '미친 어머니'를 뽑는 방식에는 일정한 기준이 없었고 매년 용모

디종의 '미친 동료들'의 깃발.

가 탁월하거나 축제 비용을 많이 지불하는 사람을 박수로 뽑았다. '미친 어머니' 밑에 각자 고유의 역할을 가진 신하와 의원·고관·사법 관리 들이 차례로 선출되었고 회식이나 자금을 관리하는 재무관도 선출되었다. '미친 어머니'를 비롯한 그 밑의 관리들의 선출과 취임 의식은 일종의 패러디처럼 진행되어 가끔 실제 관리에 대한 풍자와 조롱이 곁들여지기도 하였다. 이 외에도 '아이들'은 회원들 사이의 싸움을 조정하는 자체의 재판소와 보병과 기병으로 구성된 수비대도 가지고 있었다. 이들 수비대들은 '미친 어머니의 스위스 병'이라고 불렸는데 도시의 가장 부유한 상인층에서 충원되었다. 그들은 회의장의 문을 지키거나 축제 당일 폭음과 무질서를 단속하였다.

'아이들'은 광기를 자신들의 수호신과 상징으로 택하였다. 광기에 대한 존경의 표시로 광기를 상징하는 색인 빨강과 초록·노랑을 자신들의 옷과 깃발·리본·도장 모두에 사용한 '아이들'의 회원들은 행진할 때 방울이 달린 후드를 걸치고 손에 광인의 지팡이를 들었다. 그들의 대장인 '미친 어머니'가 든 깃발에는 수많은 아이들에 둘러싸인 채 여성 생식기가 그려진 치마를 입고 광인의 지팡이를 들고 있는 여자의 그림이 그려져 있었다.

'아이들'은 축제 때 광기를 상징하는 변장을 하고 광기를 고양하기 위한 '예배'를 가졌다. 그들의 예배는 예배라기보다는 다른 신도회의 그것과 마찬가지로 먹고 마시는 축연이었다. 예배가 끝나면 그들은 거리를 누비는 행진을 하면서 자신들의 특권을 과시하였다. 그것은 '미친 어머니'의 마차를 선두로 약 200여 명의 회원들이 뒤따라가는 화려하고 환상적인 행렬이었다. '미친 어머니'의 마차는 태고의 전투용 마차나 이탈리아의 '카로치오'(carrocio)를 패러디한 육중한 마차였는데, 그것을 끄는 마부 역시 광인의 복장을 하고 있었다. 마차 위에는 광인의 지팡이가 꽂혀 있었고 그 주위는 나무로 만든 네 개의 알레고리적인 인물들 즉, 그리스 신화에 나오는 여인들인 바쿠스의 여사제와 공기의 정령·물의 요정들로 장식되어 있었다. 행진은 대개 순서에 맞추어 질서정연하게 진행되었다. 군사(軍使)·수비대·'미친 어머니'의 마차·기수·여섯 명의 관리·종자들·왕의 매 사냥 관리자·왕의 수렵관·기수를 동반한 기사·징세관(fical)·두 명의 위원을 거느린

재판관·수비대 등의 순이었다.

'아이들'은 행진하면서 여러 가지 볼거리를 제공하였고 '미친 어머니'는 마차 위에서 노래하고 춤추며 시를 낭송했다. 시의 내용은 정직하거나 사악한 포도 재배인에 관한 것이거나 '미친 어머니'와 광인들 사이의 대화에 관한 것으로 대개의 경우 지나치게 불경한 것은 아니었지만 가끔 시 당국과 교회, 개인적인 적대자를 신랄하게 풍자하는 즉흥적인 운문인 경우도 있었다.[28]

파리의 '근심 없는 아이들'

파리의 신도회인 '근심 없는 아이들'(Enfants-sans-souci) 역시 광인의 축제로부터 많은 영향을 받았다. 표현 방식이나 관행, 시기에 있어서 그 둘은 매우 유사하였다. 그러나 광인의 축제가 복사들이 성당 내의 제한된 범위에서 벌인 축제라면, '근심 없는 아이들'의 축제는 도시 전체를 무대로 해서 도시 내에 확고한 기반을 가진 성인들이 벌인 축제였다.

'근심 없는 아이들'은 매년 1월 1일 도시를 누비는 화려한 행진을 전개하였다. 그들 행렬의 주인공은 광인이었다. 당나귀에 거꾸로 탄 여섯 명의 '기사'들이 선두로 행진했고 그 뒤를 이어 노랑과 초록의 광인 복장을 입고 방울 달린 모자를 쓴 채 손에 광인의 지팡이를 든 '광인들'이 따랐다. 이 외에도 어릿광대들이 노란색 십자가로 장식된 깃발이나 의사와 약 제조소, 부패한 시장을 풍자하는 깃발을 들고 행진하였다. 그들의 행렬은 스펙터클과 익살, 패러디와 풍자를 잘 보여주는 전형적인 카니발 행렬이었다.

'근심 없는 아이들'의 축제와 행렬은 소란스럽고 우스꽝스럽고 장난스러웠지만 조잡하거나 외설적이진 않았다. 그들의 놀이는 일종의 '말놀이'(jeu de mots)로서 즐겁기도 했지만 언어와 암시에 호소하였기 때문에 텍스트에 관한 일정한 재능과 훈련을 쌓아야만 그 내용을 이해할 수 있었다. 그들의 변장 역시 무원칙하게 이루어진 것이 아니라 어떤 규칙에 따라 고안되고 계획되었다.[29]

노르망디의 '바보들의 수도원'

노르망디 지방의 루앙에도 '바보들의 수도원'이라고 불리는 유희 신도회가 있었다. 그들은 축제 때가 되면 '바보들의 수도원장'(Abbé des Conards)이라고 불리는 축제의 왕을 뽑았다. 그는 육식 일요일을 비롯한 도시의 주요 축제 때 주교관을 쓰고 진주 목걸이로 장식된 상의를 입고 대 행렬을 벌였다.

기록으로 남아 있는 가장 유명한 행렬은 1540년의 카니발 행렬이다. 그해 '바보들의 수도원'은 똥보 위원회를 만들고 그해의 '추기경'을 뽑았다. 똥보 위원회 회원들은 축제 당일까지 '추기경'을 가능하면 더 뚱뚱한 똥보로 만들기 위해 매주 세 번 엄청난 양의 잠두콩과 순무를 먹였다고 한다. 왜냐하면 추기경의 상징인 살찐 얼굴과 뚱뚱한 배를 연출해야 했기 때문이다. 축제 당일 '추기경'은 밀가루를 뒤집어쓴 채 당나귀 행진을 하였다. 그를 인도하는 것은 광인의 모자를 쓰고 마녀의 호각을 부는 '광인'이었으며 이 외에도 횃불을 들고 따르라기를 부는 32명의 아이들이 그를 호위하였다. 이러한 행진은 아마 실제 추기경을 조롱하기 위한 의도였을 것이다.

1587년 루앙에서 벌어진 '바보들'의 행진.

 '바보들의 수도원'의 축제는 조롱과 익살이 뒤섞인 매우 무질서하고 소란스럽고 불경스러운 것이었다. 그들은 한 해 동안 도시에서 일어났던 일 중에 풍자의 대상이 될 만한 테마들을 모아 축제 때 그것에 관한 샹송을 만들어 불렀다. 그 노래는 허풍과 익살이 첨가된 불경스럽고 외설적인 노래였다. 뿐만 아니라 그들은 재판관할구(baillage)의 사무실에서 익살스러운 모의재판을 벌여 특정 인물을 조롱하고 모욕하였다. 이처럼 축제 때 벌어진 그들의 행진과 소극·재판 패러디는 즐겁고 유쾌한 오락이기도 했지만 동시에 도시와 개인에 대한 비판과 풍자가 뒤섞인 시위이기도 하였다.[30]

5 16세기 신도회의 위계화

신도회의 서열과 역할

'축제의 왕'을 뽑는 방식은 도시와 신도회에 따라 다양하였다. 루앙의 '바보들'은 재주 경연을 벌여 그해 가장 뛰어난 재주를 부린 사람을 '왕'으로 뽑았다. 가장 바보 같은 짓을 한 최고의 바보를 뽑는 것이다. 두에의 수사학 협회는 연설 대회를 열어 우승자를 '군주'로 뽑았는데 그 자리에는 두에 시의 시 관리도 참석하였다. 이렇게 '군주'가 결정이 되면 시 당국은 그에게 술과 연회를 베풀었다. 생 캉텡(Saint-Quentin)에서는 '샤펠 경주'(courses aux chapels)라고 불리는 마상시합을 열어 역시 그 우승자를 '왕'으로 임명하였다.

이처럼 '왕'을 뽑는 방식은 다양했지만 공통점이 없진 않았다. 즉 '왕'이 되기 위해 어떤 신적인 권위도 필요하지 않았다는 점이다. '왕'을 뽑기 위한 경기가 제스처든 스포츠든 연설이든 그것을 위한 기회는 모든 청년에게 동일하게 주어져 있었고, 그 경쟁에서 이기면 누구든 '왕'이 될 수 있었다. 그 결과 동일한 사람이 여러 해에 걸쳐 왕으로 선출되는 경우도 있었지만 그는 그때마다 동료들 앞에서 변하지 않은 자신의 재능을 보여주어 자신의 지위를 정당화해야 했다.

'왕'이 뽑히고 나면 그 아래의 '참모부'가 조직되었다. 그들은 '축제의 왕국'에 필요한 여러 가지 임무, 예를 들면 재정이나 질서 유지와 같은 임무를 맡을 사람들이었다. '참모부'는 대개 현실의 국가 행정제도를 모방하여 조직했지만, 디종의 '아이들'처럼 군사 조직을 모방하거나 루앙의 '바보들의 수도원'처럼 수도원 조직을 모방하여 구성하는 경우도 있었다.[31]

두에의 경우에서 확인하였듯이 신도회가 '왕'과 '참모부'를 뽑는 행사는 어느 정도 준 공식적인 성격을 가지고 있었다. 릴에서도 역시 '가문비나무 협회'의 '기쁨의 전하'(Sire Joie)로 뽑힌 사람은 시청까지 행진을 벌인 후 거기서 시 법관으로부터 나뭇가지를 받아야 했다. 그 나뭇가지를 받아야 '왕'으로 공식 임명된 것이라고 할 수 있었다. 이것 역시 신도회의 행사와 관행의 준 공식성을 보여주는 사례이다.

그런데 앞에서도 말했듯이 도시에는 하나의 신도회만 있는 것이 아니었다. 여러 개의 신도회들이 있었고 따라서 여러 명의 '왕'과 '참모부'들이 있었다. 그런데 그들 사이에는 서열과 위계가 존재한 듯하다. 페리귀(Périgueux) 시의 '축제의 왕' 이름으로는 각 교구의 이름을 붙여 '황제'·'왕'·'후작'·'수도원장' 등이 사용되었다. 여기에서 사용되는 이러한 명칭은 그들의 위상이나 서열을 암시한다. 아마 그 서열의 기준은 도시 내에서 그 구역이 차지하는 역할이나 중요성과 연관되어 있을 것이다. 그러한 서열은 축제 때의 역할과 행진의 순서 등에 반영되었다. 이런 상황은 루앙과 디종에서도 마찬가지였다.

도시 내 신도회가 위계화 되어 있었다는 것은 각 신도회들이 축제 때 담당한 역할도 달랐다는 것을 의미한다. 카니발 축제에서 주도적인 역할을 하는 핵심 신도회도 있었고, 그들을 보조해주는 소규모 신도회들도 있었다. 예를 들면 루앙과 에브루의 '바보들의 수도원'·릴의 '가문비나무 협회'·디종의 '미친 어머니'·아미앵의 '바보들'·마콩의 '악정'은 그 도시들의 핵심 신도회들이다. 그러나 그들을 보조하는 소규모 신도회도 있었는데, 두에의 수사학 신도회가 그러하다. 그들은 핵심 신도회가 주도하는 카니발 프로그램에 일정한 공간을 얻어 시(詩) 콩쿠르나 여러 언어놀이(jeux verbaux)만을 개최하였다.

쇼뉘(Chauny)에서는 각 신도회에게 특정 시기와 기능을 할당해주기도 하였다. 그 도시에는 '모험가들'(les Adventuriers)과 '방귀쟁이들'(les Francs-Péteurs)이라는 유명한 두 개의 신도회가 있었다. 그 중 전자만이 1533년 카니발 축제에서 연극놀이를 하였고, 후자는 10월 첫째 월요일에 축제를 열었다. 카니발을 조직하는 일이 핵심 신도회에 주어진 점을 감안하면 전자가 더 영향력 있었던 신도회였던 듯하다.

아라스의 경우도 상황은 비슷하였다. 카니발을 준비하는 일은 그 도시 최고의 신도회가 담당하였다. 그 신도회만이 청년 수도원의 기능을 해서 카니발을 조직한 반면 다른 신도회들은 단지 아마추어 행동대원이나 악기 연주자의 역할을 하면서, 작은 공간을 얻어 콩쿠르를 개최하는 정도였다.

신도회, 광기의 특권을 갖다

각 도시의 핵심 신도회들은 축제 때 특권을 행사할 수 있었다. 그들

16세기 됭케르크(Dunkerque) 시의 병기제조업자들의 축제.

은 자신들의 독특한 도장과 규정을 만들어 합법성과 정통성을 주장하였다. 그러한 특권과 합법성은 그들이 축제 때 도시의 일상생활 혹은 결혼이나 부부생활 등에 대해 준 사법적 권리를 행사할 수 있는 근거이기도 하였다. 뿐만 아니라 그들은 그 과정에서 발생하는 수입원도 확보할 수 있었다. 그 외에도 루앙의 '바보들의 수도원'처럼 축제 때 마스크를 착용할 특권도 누렸다. 당시는 마스크의 착용이 점점 특권으로 인식되어 가던 시기였다.

축제 때 '광기를 부리는 것'도 신도회의 특권 중 하나였다. 예를 들어 암(Ham)에서 '바보들의 군주'는 특별한 옷(Momus)을 입고 당나귀에 거꾸로 탄 채 모자에 방울을 달고 손에는 광인의 지팡이를 들고, 마스크를 쓴 신하들을 거느리고 도시를 행진했다. 육식일 중에는 자신의 동료들을 반으로 편성하여 도시의 문을 지키도록 하였다. '바보들'

이 문을 통과하는 여성들에게 '성 수프랑'(Saint-Souffrant)이라고 불리는 광인의 지팡이를 내밀면 여자들은 포옹해주어야 했다. 그렇지 않으면 벌금을 내야 했기 때문이다. 이 모든 것들은 신도회들이 축제 때 누릴 수 있는 특권이었다.[32]

신도회의 위계화는 그 조직의 사회적 성분이나 충원 방식과 연관되어 있다. 클레브 공국의 '광인협회'는 초기 기사 혹은 영주들로 구성되었으며, 릴의 '가문비나무 협회' 역시 도시의 상류층을 중심으로 구성되었다. 이처럼 13~14세기 도시 신도회의 회원은 대부분 상류층을 중심으로 운영되었고, 여기에 도시의 중간 부르주아들도 가입해 있었다. 그런데 15~16세기를 거치면서 도시 신분 구조가 복잡해지면서 신도회의 구성에도 변화가 생겼다. 그것은 더 이상 지위고하를 막론하고 도시 내 모든 독신 청년들을 포함하는 그런 청년회가 아니었다.[33]

도시 신도회는 직업별로 따로 구성되었다. 직업이 곧 신분을 결정지었던 당시 상황에서 직업별로 구성되었다는 것은 신도회가 도시의 신분 구조를 반영하였다는 의미이다. 루앙이나 디종의 신도회에는 도시 부르주아와 유복한 자제들, 예를 들면 의사와 시 법관, 상인들의 자제들만으로 구성된 신도회가 있었다. 여기에 디종의 경우 부유한 포도재배업자의 아들이 포함되어 있었다. 또 리옹의 '수도원'은 이와 달리 장인과 중간 부르주아들만으로 구성된 신도회였다. 이 몇 개의 사례를 통해 알 수 있는 것은 도시의 상류층과 중간 부르주아들이 이제 더 이상 하나의 신도회에서 서로 섞이지 않았다는 점이다. 그러면서 신도회 사이에 서열이 생기게 되고, 신도회는 직업적이고 신분적인 속성을 띠게 되었다.[34]

15~16세기에 진척된 신도회의 위계화는 그 시대 도시 카니발의 성격 변화를 이해하는 데 중요한 단서가 된다. 점차 한편에서는 특권과 권력을 표상하는 카니발이 등장하고, 다른 한편에서는 지배층을 비판하고 풍자하는 카니발이 등장했다. 그러면서 도시 카니발은 지배층과 피지배층의 것으로 서로 나뉘었다. 전자는 6부에서, 후자는 7부에서 자세히 살펴보자.

카니발은 점차 귀족들의 취향과 문화에 물들어가기 시작했다. 이러한 과정에서 카니발의 민중적인 자율성, 해학과 풍자는 잊혀져갔다.

제6부 권력형 카니발

1 프랑스 북부 도시 카니발의 권력화

릴의 가문비나무의 축제

15~16세기 유럽 경제는 14세기의 침체기를 지나 서서히 회복되고 있었다. 특히 프랑스 북부 지역의 도시들, 예를 들면 릴이나 디종·메츠·루앙과 같은 도시는 대규모 모직물 무역 덕분에 전에 없던 번영을 구가하였다. 이러한 경제적 번영을 반영한 듯 이 시기의 카니발은 화려하고 성대한 의식의 형태를 띠었다.[1] 15~16세기 특히 화려한 카니발로 명성을 얻은 도시는 루앙이나 릴·디종·메츠·리옹·플랑드르처럼 강력한 상인조합이나 국제적 명성의 산업을 소유한 대도시들이었다. 지역적으로는 프랑스 북부와 북동부 지역이 여기에 해당된다. 이를 통해 카니발의 발달이 그 도시의 상업적 번영이나 부와 밀접한 연관성을 가지고 있었음을 알 수 있다.[2]

그 중에서도 릴의 카니발이 특히 유명하였다. 릴의 카니발을 더욱 유명하게 해준 것은 '가문비나무 협회'와 그들이 주관하는 마상시합이었다. '가문비나무 협회'는 1222년 플랑드르와 에노(Hainaut)의 공작

부인인 쟌느(Jeanne de Constantinople)에 의해 설립된 것으로 그 구성원들은 대개 릴 시의 상류층 부르주아나 귀족들로 구성되었다. '가문비나무 협회'는 그해 축제의 진행을 담당할 '가문비나무의 왕'을 뽑았다. 그렇게 뽑힌 '왕'은 시청까지 행진을 벌인 뒤 거기서 시 법관으로부터 가문비나무의 나뭇가지를 받았다. 이로써 그는 그해 축제의 왕으로 공인될 수 있었던 셈인데, 이런 점을 보면 가문비나무의 축제는 어느 정도 공식적인 성격을 가지고 있었음을 알 수 있다.

가문비나무 축제의 핵심은 마상시합이었다. 마상시합이 열리기 이틀 전, 금요일에 '가문비나무의 왕'은 신전으로 가서 성 조지(Saint-Georges)에게 마상시합에서 승리할 수 있도록 행운을 빌었다. '왕'은 마상시합을 주관하였을 뿐만 아니라 직접 참가하기도 하였다. 릴의 '가문비나무 축제'가 얼마나 국제적 명성을 얻고 있었는가는 이 마상시합에 참가한 인사들의 면면만 보아도 알 수 있다. 예를 들어 1423년에는 생 폴(Saint-Pol) 공작이 참가해 장 콜리에(Jean Caulier)라고 하는 릴의 한 부르주아와 시합을 벌였으며, 1464년에는 루이 11세가 참가해 그해 '가문비나무의 왕'인 보두앵 솜머(Beaudoin Sommer)와 승부를 겨루었다.[3]

마상시합이 끝나면 그 우승자는 시청까지 화려한 개선행진을 하고 그곳에서 시장이 베푸는 성대한 연회에 참석하였다. 이 개선행진에는 우승자 외에도 그해 '가문비나무의 왕'이 나란히 동행하였다. 그때 그는 도시의 문장과 상징이 새겨진 화려한 깃발을 들어 시의 위신과 번영을 과시하였다. 15~16세기 릴의 마상시합은 초기 '의례적 전투'라는 본래의 의미를 상실하고 단지 기분전환을 위한 오락으로 변질되어 있었지만 나름대로 정치적 의미들을 가지고 있었다.

그 정치적 의미란, 가문비나무의 축제에 주변 지역의 많은 고관들이 참가했다는 사실에서도 알 수 있듯이 일종의 릴에 대한 '축성식'의 의미를 갖고 있었다. 즉 프랑스 왕을 비롯한 고관대작들의 참석 자체가 릴의 번영을 축하하고 그 통치자들을 인정한다는 의미였던 것이다. 뿐만 아니라 역으로 그 고관들에게는 릴의 부르주아들의 위신과 산업적 역동성을 마음껏 과시할 수 있는 기회이기도 하였다. 르클레르 사제(l'abbé Leclerc de Montlinot)의 표현에 의하면 축제 때 마상시합에 참가한 '가문비나무의 왕'은 흰색 새틴 옷을 입었고 그의 말은 머리에서 발끝까지 황금색 장신구로 치장했으며, 그의 시종들은 초록색 옷을 입고 뒤따랐다고 한다. 이런 묘사에서 알 수 있듯이 릴의 축제는 직물 상인과 장인들이 화려한 의복을 선보임으로써 자신들의 제품의 우수성을 홍보하는 '마케팅 기회'이기도 하였다.

그런데 르클레르 사제의 기록에서 주목할 만한 것이 한 가지 더 있다. 그는 행진에서 릴의 부르주아들의 변장을 언급하면서 그것이 매우 화려할 뿐만 아니라 세련된 것으로 그 당시 도시 부르주아와 귀족들의 우아한 취향을 반영하고 있다고 언급하였다. 더 나아가 그런 '혁신적인 모습'과 나란히 '전통적인 모습'을 대조시키고 있다. 그가 말하는 전통적인 모습이란 이상한 짐승가죽이나 새털로 장식된 말을 타고 야만인 분장을 한 발랑시엔느의 24명의 마상시합 참가자들과 각자의 손에 갈대로 뒤덮인 곤봉과 방패를 들고 곰 가죽을 걸친 군사(軍使)들을 두고 한 말이었다. 그것은 그 시기까지도 시골에서 흔하게 볼 수 있는 전통적인 카니발 변장이었다. 여기서 이런 전통적인 변장에 대한 작가의 견해는 우리에게 많은 것을 시사해준다. 그는 그것을 '이러한 화려한 종류의 축제에 어울리지 않는 취향과 기술의 부족'으로 보고 거기에 대해 놀라움과 혐오감을 금치 못했다.[4] 이것은 이미 이때부터 도시 상류층들이 곰 가죽과 같은 전통적인 변장을 촌스럽고 투박한 것으로 멀리하고 그들끼리의 새로운 취향을 향유하기 시작하였음을 보여주는 사례이다.

힘겨운 가문비나무 왕

도시 상류층의 세련된 취향이 반영된 릴의 축제는 시민들과 이웃 고관대작들에게 그들의 위신과 부, 더 나아가 도시의 번영과 우월성을 과시할 수 있는 절호의 기회였다. 바로 이것이 15세기와 16세기 릴에서 카니발을 비롯한 수많은 축제들이 성대하게 벌어진 이유이다. 그러나 그 성대한 축제에는 돈이 여간 많이 드는 것이 아니었다. 사실 번영과 부를 과시한다는 것이 돈이 고갈될 때까지 아낌없이 써버리는 것과 무엇이 다른가. 상황이 이러하자 정작 그 축제를 주관하는 부르주아들이 그것을 부담스러워하기 시작하였다.

그해 축제에 소용되는 경비의 대부분은 '가문비나무의 왕'의 몫이었다. 그런데 처음에는 그것이 자신의 부와 위신을 과시하는 기회라고 여겨 기꺼이 '왕'의 역할을 자임하던 상류층 부르주아들이 점점 '왕' 직을 사양하기 시작하면서 축제에 소극적으로 임하게 되었다. 그들이 축제에 소극적이 된 이유는 여러 가지다. 우선 축제 비용 때문에 빚을 지고 파산한 사람이 생겼다는 기록에서 알 수 있듯이 경제적인 부담이 그들을 소극적으로 만들었다. 아울러 그들은 더 이상 축제의 필요성에 대해서도 공감하지도 않았다. 더구나 16세기 이후 플랑드르 지방을 중심으로 근검과 절약을 강조하는 종교개혁주의가 확산되면서 이런 경향은 돌이킬 수 없는 것이 되었다. 16세기 저지대 지방을 중심으로 종교개혁주의의 물결이 확산되기 시작했는데, 그런 개혁주의자들의 주장에 부르주아들이 귀를 기울이기 시작한 것이다. 종교개혁주의자들은 축제가 모든 무질서와 폭력, 신성모독과 악을 일으키는 원인이라고 비난하였다. 더 나아가 축제의 세속적인 향락을 이교적이고 이단적인 것으로 몰아붙이고 그 관행을 마법이나 악마와 연결시켰다. 이런 시대적 배경 속에서 부르주아들 사이에 축제에 대한 경제적·종교적·도덕적 무의미함이 확산되어갔다. 일부 부르주아들은 점점 축제의 사치와 낭비를 부질없는 것으로 생각하고 축제의 민중적 관행을 시대에 뒤진 것으로 생각하면서 새로운 취향과 교양에 몰두하게 되었다.

그러나 시 당국과 부르고뉴 공의 입장은 달랐다. 그들은 시의 통합을 유지하기 위해 축제가 반드시 필요하다는 입장이었다. 따라서 시 당국은 축제에 소극적인 부르주아들의 태도를 우려하며 축제 비용을 지원하기 위한 다각적인 방법을 모색하였다. 우선 '왕'을 회유하는 수단을 썼다. 즉 그에게 축제를 책임지는 대가로 면세의 혜택을 주거나 귀족 작위를 수여하였다. '왕'의 경제적 손실을 명예로 보상해준 셈인데, 그 결과 1382년 에메리 부인(Mme C. Hemery)을 시작으로 해서 이후 98명의 '왕'이 부르고뉴 공으로부터 작위를 받았다고 한다. 다음은 재정적 부담 자체를 분산시키는 방법이다. 시 당국은 한 개인이 축제 비용을 부담하는 것을 막기 위해 도시 내 유력가의 재정적 지원을 요구하기도 하고, 또 각 협회나 단체에 비용을 얼마씩 할당해 거두어들이기도 하였다. 추렴이나 벌금으로 조달할 때도 있었고 심지어 강제적으로 징수하는 경우도 있었다. 이러한 대응 방식은 공적인 오락과 스펙터클을 유지하기 위해 로마가 취했던 방식과 비슷한 것이다.

이러한 노력에도 불구하고 부르주아들이 '왕'이 되는 것을 꺼리고 시 당국 자체도 축제 비용을 감당할 수 없게 되자 부르고뉴 공에게 직접 지원을 요청하는 사례가 생겨났다. 1429년 릴 시의 시 법관들은 필립 르 봉에게 재정적 지원을 요구하는 청원서를 제출하였다. 거기에는 축제를 중지할 수 없는 시 당국의 고충이 표현되어 있다. 그 덕분에 '왕'은 필립 르 봉으로부터 300리브르를, 마상시합 참가자들은 120리브르를 각각 지원받았으며 일부 포도주세도 면제되었다. 몇 년 뒤 시 법관들이 다시 청원서를 제출하였는데, 상황은 더욱 심각하였다. 거기에는 부르주아들이 '가문비나무의 왕'으로 선출되는 것을 피하기 위해 도시를 떠난다는 것, '왕'으로 선출된 한 사람이 그것을 거절해 투옥되었다는 것, 축제 비용을 마련하기 위해 시 법관들이 자신들의 재산을 팔기 위한 회의를 열었다는 것, 결국 이번에는 '왕'이 축제 비용을 일부 부담하기로 하였지만 그래도 여전히 부족하다는 것 등이 자세하게 적혀 있었다. 이런 다급한 상황들을 일일이 열거한 뒤 시 법관들은 필립 르 봉에게 재고조사표에 의한 동산의 판매와 생선과 뿔 달린 짐승의 판매, 시장에서 나사와 빨간 물감에 대한 권리를 넘겨줄 것을 요구하고 있었다. 1459년 2월 이러한 요구 중 일부가 받아들여졌고, 그로 인해 생긴 이익금은 축제 비용으로 사용되었다.

이처럼 '가문비나무의 축제'는 부르주아들이 소극적이 되면서 시 당국이 적극적으로 주도하는 형세가 되었다. 축제의 재정 중 많은 부분을 시가 책임지게 된 것이다. 이로 인해 축제에서 시 당국의 영향력이 증가하고 축제는 '관제화'되었다. 축제의 관제화는 시(시 법관과 시 관리)에 대한 재정적 의존에서 파생되었고 동시에 그것에 의해 더욱 강화되었다. 시 당국은 부득이한 경우, 예를 들면 시의 재정이 극도로 어렵거나 전쟁이 일어났을 때를 제외하고는 축제 행사를 취소하는 법이 없었다.

축제가 관제화되면서 거기에서 시 법관과 시 관리의 역할이 점점 중요해졌다. 시 관리는 축제의 대행렬을 공식적으로 공고하고 그 전날에는 직접 말을 타고 도시를 돌아다니면서 종을 울려 축제를 예고했다. 그리고 축제 당일 사수(射手)협회와 각 구역 신도회·동업조합 등의 행렬이 시 법관 앞에서 전개되었다. 이후 사흘 동안 지속된 오락과 경기에도 시 관리가 공식적으로 참관하였다. 이처럼 시 당국이 깊숙이 개입한 축제이니만큼 그것은 도시와 시장, 시 법관의 영광을 고무하는 내용이 많았다.

축제에서 시 당국의 재정 지원이 증가하게 된 것은 릴에만 해당되지 않았다. 루앙이나 아미앵, 생 토메르와 같은 인근의 도시들도 사정은 비슷하였다. 1454년 루앙에서 시 관리는 유희 신도회를 지원하였으며, 1413년 아미앵 시 당국 역시 성심 신도회(la confrérie du Saint-Sacrement)가 축제 때 「주님의 수난」(la Passion Notre Seigneur)을 상연하고 축연을 베푸는 것을 돕기 위해 재정적 지원을 하였다. 생 토메르의 코뮌도 이발사와 외과 의사들의 단체를 정기적으로 지원하였다.[5)]

생 캉탱의 샤펠 경주

생 캉탱 시에서는 육식 화요일에 '샤펠 경주'라는 오락을 벌였다. 이 오락의 주역은 청년들이었다. 오락에 참가할 청년들은 미리 시청에 입회금을 지불한 뒤 몇 주 전부터 '청년의 왕'을 뽑고 가장행렬을 준비하였다. 육식 화요일 아침 교회의 종소리가 울리고 트럼펫이 요란하게 울리면 청년들은 그동안 준비했던 화려한 옷과 가면으로 치장하고 도시 주민과 함께 생 캉텡 교회까지 행렬을 벌였다. 보라색 옷을 입은 네 명의 나팔수와 시의 군사(軍使)가 행렬의 선두를 장식하였다. 생 캉텡 교회에 도착하면 미사가 거행된다. 그 미사에서 작년 '샤펠의 왕'(roi du chapel)이 사제로부터 축복을 받았다. 이 미사가 끝나면 청년들은 교회를 나와 생 캉텡 거리와 생 탕드레 거리를 지나 시장 광장까지 이어지는 행렬을 벌인 뒤 각자 집으로 돌아갔다.

  오후에 청년들은 '샤펠 경주'를 위해 시장 광장에 다시 모였다. 광장에 집결한 청년들은 시의 문장이 새겨진 깃발을 들고 말을 타고 오락이 벌어지는 생 장 다리까지 행진했다. 거기서 세 번에 걸쳐 경주가 벌어지고 그 승리자가 '샤펠의 왕'이 되었다. 청년들은 그 '왕'을 선두로 시내까지 개선행진을 벌였다. 주민들은 종루에 깃발을 꽂고 종을 요란하게 울려 그해 '왕'을 환영하였다. 날이 저물면 집집마다 조명을 밝히고 광장에 화톳불을 피우고 하늘을 향해 화승총을 쏘아 올렸다. 청년들은 광장에 모여 술을 마시고 춤을 추며 즐겼다. 이 자리에는 시장과 시 관리들도 참석해 '왕'의 우승을 축하하였다. 광장에서의 축제가 끝나면 시 위원회 회장(會場)에서 '왕'과 청년들을 위한 연회가 베풀어졌다. 이 연회는 시가 주관하는 공식적인 행사였다.

  축제는 그 다음날에도 이어졌다. '샤펠의 왕'은 아침 일찍 시청에 나와 청년들을 이끌고 교회까지 행진해 그곳에서 미사를 올렸다. 미사 중에 그가 생 캉텡의 유물에 경의를 표하는 행사가 포함되었다. 미사가 끝나면 다시 '왕'은 사람들을 이끌고 시청까지 행진을 벌였다. 이처럼 생 캉텡의 카니발은 청년들이 주인공이긴 했지만 거기에는 시 관리를 비롯한 시 당국의 역할이 두드러졌다. 청년들의 오락과 시의 공식적인 행사가 뒤섞인 준 공식적인 성격을 가진 카니발이었다.

생 캉텡의 카니발에서도 확인하였듯이 도시 카니발 행렬의 필수 코스에는 교회나 시청·시장 등이 포함되어 있다. 이것은 그곳이 도시생활의 중심이기 때문이기도 하며 또한 도시의 세 개의 권력, 즉 교회와 시 당국, 부르주아들을 상징하고 있기 때문이기도 하다. 디종의 카니발 행렬도 마찬가지로 행정관이나 시장의 집 앞을 반드시 거쳐야 했다. 이러한 행렬 경로는 카니발에 각인된 시의 권력을 드러낸다.[6]

메츠의 브랑동 축제

메츠에서 사순절 첫 번째 일요일은 브랑동 축제[7]이다. 도시의 중앙 광장에는 사람들이 모여들고 화톳불이 피워졌다. 이 브랑동 축제는 매우 오래된 전통을 가지고 있었지만 15세기 말경 새로운 현상이 나타났다. 언제부터인가 그 광장에서 귀족과 민중들의 세계가 분리되었다. 젊은 귀족들은 광장 가운데서 숙녀들과 춤을 추고 민중들은 멀리서 그것을 바라보고 감탄할 뿐이었다. 브랑동 축제의 화톳불 행사가 유력가 사이의 폐쇄적 오락으로 변하고 민중들은 단지 관객으로 전락한 것이다. 필립 드 비뇰느(Philippe de Vigneulles)의 『육식일 동안의 도시 영주들의 오락』에는 이런 상황이 언급되어 있다. 그는 도시 내의 집단을 영주와 부르주아·종교인, 그 밖의 사람들로 범주화시키고 그들이 축제 때 결코 함께 섞이지 않았다고 표현하였다.

이 외에도 필립 드 비뇰느의 기록은 시골과 다른 도시 카니발의 특징을 잘 보여준다. 그에 의하면 도시 카니발에서 '불'의 다산적인 의미는 더 이상 중요하지 않다. 따라서 도시에서 젊은 신혼부부가 다산을 기원하며 손을 잡고 화톳불을 넘는 관행은 더 이상 찾아볼 수 없다. 그 대신 위에서도 지적했듯이 귀족 청년들과 숙녀들의 화려한 유희적 춤이 그 자리를 대신했다. 물론 메츠의 축제에서도 '전통적인' 요소들은 여전히 남아 있다. 예를 들면 조잡하고 거친 변장과 음악·춤·행렬·익살스런 청년회의 '수도원장'·바보로 변장해 부부관계에 대해 우스꽝스러운 설교를 늘어놓은 성직자·광장에서 벌어지는 연극적 놀이 등이 그러하다. 그러나 시골에서 볼 수 있는 다산과 풍요를 위한 마술과 음식에 관련된 의식들은 더 이상 그의 기록에 나타나지 않는다.[8]

메츠 카니발이 보여주는 또 다른 새로운 현상은 여성의 출현이다. 1511년의 카니발의 테마는 모든 직업의 영광을 강조하는 것으로, 각 직업 신도회 회원들이 손에 도구를 들고 말을 타고 행진하였다. 마차 위에서는 여러 명의 광인들이 춤을 추며 관중들을 웃기고 있었다. 그런데 거기에는 왕관을 쓴 '여신'도 등장하였다. 그녀는 일종의 여성들의 대표로서 '청년 수도원장'의 유산이긴 하지만, 당시 여성의 출현 자체는 '신성모독적일 만큼' 혁신적인 것이었다.[9]

브랑동 축제 때 메츠의 영주들과 부르주아, 성당 참사회원들과 기타 시민들은 얼굴을 검게 칠하고 유명한 인물(여호수아·다윗·유다 마카베오·헥토르·카이사르·알렉산더 대왕·샤를마뉴·아르투스 [Artus]·고드프루아[Godefroi de Bouillon] 등)로 변장하였다. 그들이 타고 있는 말들도 기린이나 낙타와 같은 이색적인 동물로 변장하였다. 그뿐이 아니다. 시 관리는 메츠 시와 기독교와 고전고대의 역사적이고 문화적인 연속성을 강조하기 위해 '솔로몬·삼손·헤라클레스·베르길리우스·아리스토텔레스'를 대동하고 나타났다. 그런데 이 인물들을 조정하는 것은 여성들이었다.

도시 권력을 위해 카니발이 차용되다

이 당시 메츠 시는 카니발 축제 때 관행적으로 남자 거인과 여자 거인의 결혼식을 거행하고 있었다. 거인의 결혼식은 시민들 사이에 매우 인기가 있었다. 시골에서도 짚으로 만든 '카니발의 왕'이 등장하긴 했지만, 오늘날 프랑스 북부 도시 카니발에 등장하는 거대한 거인은 지극히 도시적인 현상이었다.[10] 거인의 기원에 대해서는 거의 알려진 것이 없다. 그것이 매우 오래된 관행인지 비교적 최근의 관행인지에 대해서도 분명하지 않지만 시골 카니발의 마네킹과는 매우 다른 '혁신적인' 의미들을 담고 있는 것으로 보아 후자일 가능성이 많다.[11] 16~17세기가 되면 거인의 관행은 널리 확산되어 여러 주요 축제와 군주의 입성식 등에 놀라운 거인의 모습이 등장하였다.

메츠 시에서 거행된 남자 거인과 여자 거인의 결혼식은 그것이 '결혼'을 테마로 하는 만큼 상상 속의 마술적인 생식을 목적으로 하였을 테지만, 그 본질적인 의미는 여전히 연구 과제이다. 단지 거인의 행렬 경로를 추적해보면 그것의 사회적 기능이 무엇이었는지는 짐작할 수 있다. 축제 기간 남자 거인은 시 관리의 집에, 여자 거인은 영주의 집에 각각 머물렀다. 그러다가 육식 화요일이 되면 남자 거인은 여자 거인이 머물고 있는 영주의 집에 가서 결혼식을 거행하였다. 그 결혼식에는 '광인'의 동료들이 참석했다. 식이 끝나면 두 거인은 시 관리의 집으로 돌아가는 행렬을 벌였다. 위의 진행 과정에서 알 수 있듯이 이 날 결혼식의 중심은 시 관리의 집이다. 따라서 이 축제는 거인이라는 다소 신화적 이미지와 시 관리를 결합함으로써 시 관리의 직위와 권력이 매우 신화적이고 오래된 것임을 은근히 선전하고 있다. 시 당국은 카니발이나 거인과 같은 전통적 관행을 '차용하여'(confisquer) 시 혹은 시 관리의 권위와 특권을 홍보하는 데 사용하였던 것이다.

1510년 카니발 축제 때 등장한 마차를 보자. 거기에는 모든 직종의 장인들이 타고 있었고 그들 앞에는 '주인 장'(Maistre Jean)이 커다란 붉은 두건을 착용하고 메츠 시를 상징하는 깃발을 들고 함께 행진하였다. 이 인물은 오랫동안 축제의 영웅이었다. 왜냐하면 그는 각종 민중적 소극과 속담·콩트에 바보나 오쟁이 진 남편(cocu)의 모습으로 끊임없이 등장하였기 때문이다. 시는 이 '민중의 영웅'에게 시를 상징하는 깃발을 들게 함으로써 그를 차용하였다. 그럼으로써 시의 역사가 그 영웅만큼이나 오래되었고 시가 그 만큼이나 민중적 인기를 얻고 있음을 선전하였다.

그렇다면 이렇게 시와 시 관리, 귀족과 부르주아들이 카니발 전통을 차용한 이유는 무엇일까? 도시가 이처럼 전통적 의례들을 차용한 이유는 오래된 관행이 주는 정통적인 권위 때문이었다. 이 시기 고문서를 살펴보면 시 당국들이 오래된 관행을 매우 강조했음을 알 수 있다. 그들은 의례의 '오래됨'을 차용함으로써 그들의 도시와 제도를 정당화시킬 수 있다고 생각했다. 즉 시 당국과 시 관리의 존재를 오래된 관행에 결부시킴으로써 도시와 시 관리는 예전부터 지금까지 항상 존재했다는 이미지를 심어주려 했던 것이다. 명확한 날짜를 추적할 수 없는 태고의 역사로 거슬러 올라가서 그것을 집단적 기억 속에 확립하는 것은 도시의 영원성을 보장할 수 있는 방법이었다. 이것이 도시가 재정적인 부담을 무릅쓰고 비싼 축제를 유지한 이유이다.

메츠 시는 카니발 전통을 차용하여 도시에 매우 오래된 전통적 과거를 부여해 역사적 연속성을 강조하고 그럼으로써 통치의 정당성을 확보하려 하였다. 더 나아가 그것을 기반으로 도시 주민들의 충성심을 끌어내고 그들 사이의 통합을 성취하려 하였다. 카니발은 도시 내의 유일한 대축제는 아니었지만 그럼에도 불구하고 교회의 통제를 거의 혹은 전혀 받지 않았다는 점에서 특별한 축제였다. 시 당국이 카니발을 차용해 거기에 그들이 필요한 정치적 동기를 결부시킨 이유는 거기에 있다. 카니발은 다른 축제들에 비해 상대적으로 수정이 가능한 '비종교적인' 혹은 세속적인 축제였던 것이다. 위에서 지적한 메츠의 카니발 차용 사례는 흥미 있긴 하지만 유일한 사례는 아니다. 릴과 루앙·디종·아미앵·랑(Laon) 등의 다른 도시도 비슷하다. 15~16세기 시 당국이 민중적 전통을 차용하여 거기에 도시의 새로운 혁신적인 의미를 접목시켜 전통적 의미를 변화시키는 사례는 아주 일반적이었다.[12]

축제가 당국에 의해 주도되면서 민중의 역할은 바뀌었다. 이전에 그들은 카니발 의례에서 명확한 역할을 가진 중요한 배우들이었다. 하지만 15~16세기 카니발이 관제화되는 과정에서 민중들은 축제의 주체가 아니라 단순한 관객으로 전락하였다. 관제 카니발에서 중요한 것은 민중에게 볼거리를 제공하고 '민중을 즐겁게 하는 것'이었다. 민중은 제스처와 의례에서 권력을 행사하지 못하고 단지 그것을 보고 즐기는 존재가 되었다. 권력의 주체는 시 당국과 대 부르주아들이었다. 도시 유력가들은 오락과 스펙터클을 이용해 민중을 현혹시키고 유혹하여 자신들의 권력을 유지하는 데 필요한 대중적 지지를 확보하려 하였다.[13] 사실 이 시기 카니발이 그토록 성대하고 역동적인 모습을 띠게 된 이유는 카니발을 전유하면서 그것을 정치적으로 이용하려던 시 당국에 기인한 바가 크다.[14]

카니발을 통해 도시를 선전하고 권력을 표상하려는 열의는 도시 간에 '카니발 경쟁'을 촉진하기도 하였다. 이제 북부 프랑스 도시들의 '카니발 외교'를 통해 당시 도시 축제의 또 다른 특징들을 살펴보도록 하자.

카니발의 외교적 기능

북 프랑스의 플랑드르와 아르투아 지역의 도시 카니발을 살펴보면 카니발이 각 도시 사이의 상업적·외교적 관계에서 차지한 비중을 짐작할 수 있다. 이 지역에서 사흘 동안 벌어지는 육식일 축제는 상인과 장인들이 자신들의 상품을 전시하는 마케팅의 기회였다. 이웃 도시의 주민들이 스펙터클을 보기 위해 모여들고 자연스럽게 여러 도시들의 상인들이 서로 접촉할 수 있게 되면서 '국제적 시장'이 형성된 것이다. 뿐만 아니라 인근 도시들의 '동료들'·'배우들'·'우스꽝스러운 협회들'도 소극과 도덕극 경연을 벌이기 위해 모여들어 친목을 강화하였다. 랑과 브장송·캉브레 사이에 '동료'들의 활발한 이동과 교류가 있었다. 그들은 서로 축제에 초대해 풍성하게 대접하고 각종 경주와 경쟁을 벌여 상금을 수여하였다. '익살스런 협회'와 '배우 동료들' 역시 그 지역 축제를 순회하며 공연을 벌였다. 2월경에는 릴의 '바보들'(Sots)이 캉브레와 아라스·두에·투르네에 초대되었고, 반대로 7월경에는 이 도시의 대표들이 릴에 모여들었다. 캉브레의 고문서들에는 1494~95년의 축제에 아라스와 생 폴(Saint-Pol)·릴·두에·생캉텡의 '동료들'이 참석했다고 기록되어 있다. 그리고 랑에서도 성탄 이후 20일째 축제에 생 캉텡의 '청년의 군주'와 수아송의 '수도원장과 부르주아'가 참석했다.[15]

그런데 여기에 좀 이상한 점이 있다. 랑의 카니발 축제는 성탄 이후 20일째 거행되었는데 그것은 정확히 말해 통상 카니발의 절정이라고 하는 2월 2일경과 맞지 않는다. 물론 그날도 넓은 의미에서 카니발 주간에 속하고 그날의 오락은 카니발 관행에 따라 진행된다. 예를 들면 '브레즈 왕'(roi des Braies)의 선출과 그 축제·희극 단체의 콩쿠르·샤리바리 같은 것들이다. 하지만 랑 시는 왜 카니발의 절정인 육식 화요일에 축제를 열지 않았을까? 그건 북부의 각 도시들이 카니발 축제를 다른 날에 거행함으로써 서로의 참여를 높이려 했기 때문이다. 즉 이웃 도시의 카니발 축제에 참석할 수 있도록 서로 시기를 조정한 것이다. 이처럼 축제 시기를 인위적으로 조정했다는 것은 축제가 도시 사이에 중요한 외교적 수단이었다는 것을 보여줄 뿐만 아니라, 도시의 축제가 더 이상 계절이나 농업의 영향을 받지 않았다는 것, 즉 카니발의 전통 체계를 벗어났다는 것을 보여준다.

2 이탈리아 피렌체의 개선식

화려한 이탈리아 축제

프랑스 북부 도시에서 카니발은 도시 부르주아와 시 당국의 권위와 위신을 과시하는 기회였다. 이탈리아의 카니발 역시 마찬가지였다. 르네상스가 발달하기 시작한 14~15세기의 이탈리아 사람들은 현실주의자이자 쾌락주의자들이었다. 그들은 주어진 순간에 최선을 다했고 그만큼 축제에 열광했다. 로마와 베니스·밀라노·피렌체에서 즐거운 오락과 행진·변장을 동반한 축제들이 끊임없이 벌어진 것도 그 때문이다. 이 수많은 축제를 주관한 계층은 도시의 지배층인 대상인들이었다. 그들은 경제적 부를 이용해 도시의 정치적 권력을 장악한 후 그 권력을 유지하기 위해 마치 로마의 선조들이 그랬던 것처럼 시민들에게 지속적인 축제와 오락을 제공하였다. 시민들은 도시의 부호들이 마련한 화려하고 성대한 축제에 참석해 그들에게 환호와 갈채를 보냈다. 시민들이 알든 모르든 그것에 의해 부호들의 명예와 위신, 그리고 권력이 유지되었다. 이런 종류의 축제들은 대개 도시의 역사적 영광을 고양하고 시민에게 도시에 대한 자긍심과 애향심을 심어주기 위한 것인데, 그 애향심이란 결국 도시 지배자들에 대한 충성심으로 연결되었다.

이탈리아의 여러 축제 중에서 프랑스에 가장 많은 영향을 준 것은 르네상스의 진원지인 피렌체의 축제였다. 당시 피렌체를 지배하던 메디치 가문의 군주들은 자신들의 권력을 유지하기 위해 축제, 그 중에서도 카니발을 적극적으로 이용하였다. 그들은 축제를 통해 메디치 가문의 영광과 자신들이 가져온 정치적 평화를 선전하였다. 이런 측면에서 이 시기 피렌체의 카니발은 경제적, 정치적 권력을 가진 지배층이 자신들의 이익을 위해 조직한 '과시와 선전의 축제'였다.[16] 특히 이 시기 피렌체의 카니발 행렬은 화려하고 웅장한 개선식의 형태를 띠었는데 그것은 이 시대 새롭게 나타난 형태이지만, 모든 르네상스 문화가 그러하듯 그 모델은 로마였다.

로마의 개선식

로마에서 개선식은 외국과의 전쟁에서 승리한 장군이 로마에 입성할 때 벌이는 승리의 행진이자 축제였다. 가장 대표적인 것이 카이사르의 개선식인데, 그는 54세 되던 해에 열흘에 걸쳐 네 번의 대규모 개선식을 거행하였다. 개선식이 열리는 날에는 로마 시의 모든 건물들이 담쟁이잎으로 장식되었고 개선식에 사용되는 마차들 역시 담쟁이잎으로 꼼꼼하게 장식되었다. 행진에 참가할 사람들은 아침 일찍 성 밖 마르스 광장에 집결하여 대오를 정비하였다. 이렇게 대오를 정비하는 행렬인들과 그것을 구경하려는 시민들로 마르스 광장은 장사진을 이루었다. 24명의 호위병(릭토르)을 거느린 개선장군, 카이사르가 등장하면 군단병들은 일제히 '로마식 경례'로 그를 맞이했다. 그것이 끝나면 개선 행진이 시작되는데, 그 순서는 다음과 같다.

1. 원로원 의원과 정부 고관들(이것은 군사세력보다는 문민세력을 강조하려는 로마의 전통이다).
2. 마차 위의 악대.
3. 전리품을 실은 마차.
4. 승리한 전쟁을 설명하는 플래카드들.[17)]
5. 포로를 태운 마차.[18)]
6. 제사에 사용하기 위한 흰소와 제사장(로마에는 제사장이 따로 없고 선거로 선출하였다. 카이사르 개선식에는 그 자신이 제사장이었기 때문에 제사장은 행진하지 않았다고 한다).
7. 네 필의 백마가 이끄는 마차를 탄 개선장군(개선장군은 하얀색 튜닉 위에 황금 흉갑을 걸치고 장식이 달린 의전용 장화를 신었다. 거기에 자주색 망토를 걸치고 상아에 금장식을 상감한 지휘봉을 들었다. 그리고 머리에는 월계관을 쓰고 얼굴은 붉은 색으로 칠을 했다).
8. 말을 탄 참모들과 기병대.
9. 로마 군단병들.

군단병들은 각자 독수리 깃발을 앞세우고 대오를 짜서 행렬하였다. 모두 창과 칼로 무장을 하였지만 그들의 행진은 위풍당당하기보다는 장난스러운 분위기였다. 그들은 그날 외칠 구호를 미리 마련하는데 대개는 익살스러운 내용이었다.[19)] 이러한 익살스런 구호는 자칫 개선장군의 위엄을 해칠 수도 있었지만 개선장군이 지나치게 우쭐해하는 것을 막고 또 신이 개선장군을 질투하지 못하도록 하려는 주술적인 의미도 있었다고 한다.

군단병들의 장난스러운 행진은 제사를 위해 카피톨리노 언덕을 오르면서는 엄숙한 분위기로 바뀌었다. 카피톨리노 언덕은 로마 시에서 인간이 살지 않는, 신들만을 위한 언덕으로 로마 여러 신들의 신전이 세워져 있었다. 거기에서 개선장군은 황소를 봉헌하고 신들에게 승리를 감사하는 제사를 지냈다. 개선식이 끝나면 향연을 베풀어 병사들에게 포상금을 지급하였다. 그 자리에는 시민들도 초대되어 선물을 받았다. 그러나 향연만 베푼 것은 아니었다. 그 외에도 연극과 모의 해전·검투사의 검술 시합·사냥 대회 등 다양한 스펙터클이 제공되었다.

피렌체의 카니발

피렌체의 카니발 행렬은 이러한 로마의 개선식을 도입하면서 색다른 면모를 띠기 시작하였다. 르네상스 이전 알프스 이북의 카니발이 각 집단의 소박한 기마행렬·무대와 그 위의 활인화·거인 인형 등이 등장하는 다소 소란스럽고 익살스러운 행렬이라면, 피렌체의 카니발은 고대 로마풍의 거대하고 화려한 개선 마차가 등장하는 위풍당당한 개선식이었다. 그것은 관객들의 상상력에 충격을 가하고 그들을 유혹하고 마비시킬 만큼 놀라운 스펙터클이자 의례였다.

13세기 이래 피렌체를 화려하게 장식한 개선식은 로마 개선식에서 영감을 얻어 바사리(G. Vasari)가 처음 고안한 이후 화가 피에로 디 코시모(Piero di Cosimo)가 기획해 성공시켰다. 어릴 적부터 발명에 관심과 재능을 가지고 있었던 코시모는 성인이 되어서도 축제를 위한 기

피렌체의 개선마차.

계장치의 발명에 남다른 재능을 보였다. 그가 고안한 기계장치를 사용한 놀라운 가장행렬은 귀족들, 특히 메디치 가문의 인정을 받게 되었다. 그 이후 그는 메디치 가문이 주최하는 축제의 대부분을 기획하였다. 그가 발명한 개선마차는 알프스 이북에서처럼 말이나 당나귀가 간신히 끌고가는 빈약한 수레가 아니라 여러 층의 복잡한 기계장치로 이루어진 거대하고 위풍당당한 것이었다.[20]

이후 몇몇 재능 있는 예술가들에 의해 더욱 보완되고 발달한 개선식은 점점 일정한 양식을 가진 하나의 새로운 장르가 되었다. 개선식의 중심은 당연히 거대한 개선마차였다. 여러 필의 말이나 물소, 혹은 코끼리가 끌고가는 거대함 그 자체가 개선마차의 특징이었다. 거기에 상징적인 의미를 가진 화려하고 복잡한 장식, 놀라운 기계장치는 군중들을 현혹시키기에 충분하였다. 개선마차 위에는 고대의 영웅을 상징하는 인물이 타고 있었다. 마차 주위에는 말을 탄 사람들이 에스코트하

개선마차가 지나가는 피렌체의 개선문.

며 영웅의 업적과 미덕을 찬양하였다. 여기에 횃불을 든 수많은 사람들이 뒤따랐는데, 그들의 의복과 장식 역시 개선식의 전체 테마와 조화를 고려한 것이었다. 이러한 개선식은 장인과 작가·시인·인문주의자·역사가들이 고안하고 여러 예술가와 모형제작자·조금사(彫金師)·의상책임자·화가들이 참여한 일종의 거대한 종합 예술작품이었다.[21]

대표적인 작품 하나를 감상해보자. 16세기 초 메디치 가문의 축제를 담당했던 대표적인 예술가는 자코포 디 폰토르모(Jacopo di Pontormo)였는데, 그가 기획한 대표적인 축제가 1513년 지오바니 드 메디치(Giovanni de Medici)의 주교 선출을 기념하기 위한 개선식이었다. 그날 등장한 개선마차들은 도시의 두 세력을 표현하고 있었다. 그 중 하나는 '디아만테'(Diamante)라는 이름이 붙은 개선마차로 길리아노

드 메디치(Guiliano de Medici)를 표현하는 것이고, 또 다른 하나는 '브론코네'(Broncone)로 로렌초 드 메디치를 표현하는 것이었다. '어린이'와 '처녀', '노인'을 상징하는 세 개의 거대한 마차로 이루어진 디아만테는 라틴 문화의 대가인 안드레아 다치(Andreá Dazzi)가 구상하고 라파엘을 비롯한 유명한 화가들이 장식을 맡았다.

모두 여섯 개의 마차로 구성된 브론코네는 더욱 화려하였다. 이 여섯 개의 마차는 로마의 역사를 순서대로 표현하고 있었다. 첫 번째 마차는 야누스와 사투르누스, 반라(半裸)의 목동을 태운 '황금시대의 마차'로 사자와 호랑이 가죽을 쓴 말들이 끌었다. 두 번째 마차는 로마의 두 번째 왕인 '누마 폼필리우스(Numa Pompilius)의 마차'로 거기에는 왕 자신과 법률책을 든 행정관들이 타고 있었다. 세 번째 마차는 카르타고 전쟁 이후 로마에 평화를 가져온 콘술인 '티투스 만리우스 토르카투스(Titus Manlius Torquatus)의 마차'였다. 네 번째 마차는 가장 화려한 것으로, 폰토르모가 직접 장식한 '율리우스 카이사르의 마차'였다. 그 마차는 횃불을 든 수많은 군인들의 호위를 받으며 물소가 끌고 있었다. 다섯 번째 마차는 계관시인을 거느린 '아우구스투스의 마차', 마지막으로 여섯 번째 마차는 '트라야누스의 마차'였다.

여섯 개의 마차는 황금시대부터 로마 제국의 절정기에 이르기까지 역사를 표현하는 알레고리와 활인화들로 채워져 있었다. 마지막 마차 위에는 커다란 지구전도가 깔려 있었는데 그 위에는 상처 난 죽은 전사가 누워 있고 그의 등의 상처로부터 황금색을 칠한 소년이 나오는 장면이 연출되었다. 이것은 철과 무력의 시대가 끝나고 황금시대가 다시 도래하였다는 것을 보여주는 알레고리이다. 여기서 이 모든 알레고리의 정치적 의도는 분명하다. 쓰러진 전사는 로마를, 거기서 나오는 소년은 메디치 가문을 암시한다. 즉 메디치 가문이 로마의 역사를 계승하고 있으며, 더 나아가 이전처럼 철과 무력에 의해서가 아니라 평화와 번영에 의해 새로운 황금시대를 가져왔다는 의미를 선전하고 있는 것이다. 피렌체의 개선식이 메디치 가문을 선전하기 위한 정치적 수단이라는 것을 잘 보여주는 대표적인 사례이다.

전문화 · 귀족화되는 카니발

피렌체의 개선식은 매번 특별한 테마를 가지고 있었다. 그 테마들은 대개 군중들에게 정치적 의도나 교훈을 선전하는 것들이 많았다. 그때의 개선식은 사라졌지만 그때 사용된 노래(canti)를 통해 그 점을 확인할 수 있다. 그 노래에 의하면 가장 일반적인 테마 중에 하나는 평화와 번영이었다. 이 점은 사실 로마의 고전적 개선식과 다른 점이기도 하다. 로마의 개선식은 전쟁에서 승리한 장군을 축하하는 행사로서 그의 호전성과 팽창주의를 찬양하였다. 그러나 피렌체의 개선식은 14~15세기 인문주의 문학의 영향을 받아 전쟁과 호전성보다는 평화와 번영을 상징하는 알레고리를 많이 사용하였다. 같은 맥락으로 로마의 개선식이 전쟁의 전리품과 포로들을 전시해 장군의 군사적 공로를 선전하려 했던 것에 비해 피렌체의 개선식은 화려한 예술품을 등장시켜 부르주아의 미덕과 시민들의 통합을 강조하였다.[22]

그런데 개선식에 사용된 정교하고 화려한 개선마차와 그것을 장식하기 위한 고도의 상징적이고 난해한 알레고리는 매우 전문적인 재능과 지식이 필요한 것들이었다. 따라서 피렌체의 개선식에서는 전문적인 직업인이나 학자, 예술가의 역할이 점점 더 중요해졌다. 뿐만 아니라 카니발 노래에 점점 복잡한 '다음성'(polyphonie)이 도입되면서, 그것들을 해내기 위해서는 아마추어적인 광인들보다는 좀더 정교한 능력을 갖춘 전문적인 가수들이 필요해지게 되었다. 전문적인 배우와 예술가의 출현은 메디치 가문을 위한 '관례추종주의'(conformisme)를 가져왔다. 그 결과 중세 축제에 활기를 불어넣었던 민중들의 즉흥적인 능변과 재치는 사라지고 메디치 가문을 홍보하는 세심하고 계획적인 행사가 주류를 이루었다.

  그럴 수밖에 없는 것이, 고용된 전문 배우와 예술가들은 당연히 고객인 메디치 가문의 기호와 요구에 맞는 장면을 보여주어야 했을 것이다. 따라서 카니발의 테마는 점차 귀족들의 취향과 문화를 반영하였다. 예를 들면 귀족들의 매 사냥이나 개와 말의 훈련 장면 등이 카니발에 흔히 등장하였다. 이런 기회를 통해 도시 소시민들은 귀족 문화를 간접적으로 경험할 수 있었지만 전통적인 카니발 주제들은 점차 잊혀져 갔다. 이제 카니발은 더 이상 광인의 축제가 아니라 절제된 매너와 우아함을 가진 궁정 축제, 귀족적인 축제가 되었다.

  이러한 과정에서 카니발의 민중적 자율성은 점점 사라졌다. 거리에서 스펙터클이 펼쳐지긴 했지만 그것은 귀족이 인정하고 선택한 것에 한정되었다. 그 테마는 전통적인 신랄함과 우스꽝스러움을 상실한 채 세련되고 우아한 귀족 문화를 반영하였다. 그리고 괴기적인 가면과 활인화 대신에 고상한 노래와 음악이 등장하였다. 피렌체의 카니발은 개선식이라는 전에 없던 거대한 스펙터클을 제공했다는 점에서 새로운 장르였지만, 민중의 자율적 해학과 풍자·익살 대신에 귀족들의 우아한 삶과 그들의 권력을 반영한 전문적인 직업인의 작품들이 압도했다는 점에 있어서도 새로운 장르였다.[23] 피렌체의 카니발은 메디치 가문

박식한 코미디를 민중의 취향에 맞게 고쳐 만든 코메디아 델라르트.

에 의해 '전유된' 축제였다고 할 수 있다. 메디치 가문은 카니발이라는 전통적 축제를 차용하여 자신들의 권력을 유지하기 위한 기반으로 사용하였다. 풍자와 익살을 통해 군중을 해방시키는 중세 유럽의 축제와는 달리 그들의 축제는 미학적이고 알레고리적인 틀 속에서 군중을 매료시키고 진정시켜 거기에 자신들의 권력을 각인시켰다. 그리고 그 속에서 군중들이 자신들의 통치를 찬양하도록 만들었다.

로마의 개선식에서 영향을 받은 피렌체의 카니발 행렬은 다시 프랑스의 카니발이나 입성식에 많은 영향을 주었다. 그것은 프랑스로 시집온 메디치 가문의 여성들, 예를 들면 카트린 드 메디치와 마리 드 메디치에 의해, 그리고 이탈리아에 대한 남다른 취향을 가졌던 프랑수아 1세와 앙리 3세 등에 의해 프랑스 왕실로 유입되었다. 프랑스 왕실은 이탈리아의 유명한 축제 기획자나 예술가·연극단체를 초빙하여 축제 연출을 위임하였고, 그들에 의해 투박하고 조잡한 전통적인 변장이 아니라 이탈리아의 환상적이고 놀라운 변장과 마스크·알레고리적 표현들을 프랑스 축제에 도입되었다. 이러한 과정에서 '코메디아 델라르트'(commedia dell'arte)라는[24] 연극이 유행하고 새로운 광대, 아를르캥이나 피에로·폴리치넬라 등이 등장하였다.

이렇듯 피렌체의 영향을 받은 프랑스의 축제도 점점 직업적인 전문가에 의존하기 시작했다. 전문적인 연극배우와 가수, 그들과 연계된 화가와 장식 건축가들이 축제의 장식을 맡았다. 그러면서 귀족들의 축제에서는 길거리와 광장에서의 공연이 사라지고 그 대신 극장 공연이 나타났다. 민중들과 함께하는 축제가 아니라 귀족들만의 폐쇄적인 축제가 된 것이다. 이러한 축제는 국왕에 대한 충성과 호의를 보여주고 서로의 서열을 확인하는 기회가 되었다. 베르사유 궁전에서 벌어지는 축제는 국왕이 '보상과 처벌'을 위해 사용하는 수단처럼 되었다. 이런 과정에서 카니발은 그 자유와 환상·웃음을 상실하고 아첨과 음담이 난무하는 귀족들의 폐쇄적인 문화가 되었다.

앞에서 살펴보았듯이 장엄하고 화려하게 권력과 권위를 표상했던 피렌체의 개선식은 무엇보다 군주의 입성식에 가장 많은 영향을 주었다. 16세기를 전후로 절대군주제가 확립되는 과정에서 군주는 왕권신수설을 비롯한 다양한 이데올로기적 기제를 사용해 자신의 권력을 절대화할 필요가 있었는데, 입성식 역시 이런 문화 정책의 일환으로 더욱 발달하였다.

3 군주의 입성식

입성식의 발달과정

카니발 기간에 흔히 볼 수 있는 것 중에 하나가 군주의 입성식이었다. 특별한 경우가 아니면 군주의 입성식은 그때에 가까운 전통축제에 맞추어 거행되는 것이 보통이었다.

입성식이란 군주나 고위 성직자, 고위 관리들이 특정 도시나 성에 방문할 때 벌이는 각종 행사들을 말한다. 그 중에서도 특히 중요한 것은 왕의 도시 입성식이었다. 왜냐하면 그것은 중세 말과 근대 초 왕권 강화와 밀접한 관련을 가지고 있기 때문이다. 필립 6세부터 루이 12세에 이르는 시기에 프랑스 왕권과 국민의 통합은 놀라울 정도로 증진되었다. 그런데 그 발달의 비밀은 관료제와 상비군과 같은 제도적 확립만이 아니라 '정신'에 있었다. 그 정신이란 '막연하게나마 프랑스 국민이라는 정체성을 느끼는 국민감정'과 '프랑스 왕에 대한 애정과 충성심'이었다. 이 두 감정을 발달시킴으로써 왕권과 국민의 통합이 강화될 수 있었던 것이다. 그 중에서 특히 왕에 대한 애정을 키움으로써 국민의 통합을 증진시키려 한 것이 이 시대의 특징이었다.

　국민에게 왕에 대한 애정을 일깨우는 방식에는 여러 가지가 있지만 그 중에서 의례나 스펙터클이 가장 효과적이다. 왕의 의례에는 가장 오래되고 정치적으로 중요한 의미를 지닌 대관식을 비롯해 결혼식이나 태자의 탄생, 장례식 등이 있었다. 그러나 그것들은 대개 제한된 장소에서 제한된 사람들(왕의 가족이나 측근들)에게만 보여진다는 한계를 가지고 있었다. 입성식은 더 많은 국민, 특히 이 시기 왕권 강화를 뒷받침하는 계층인 부르주아들에게 왕의 모습을 보여주고 그들과 대화할 수 있는 좋은 기회였다. 입성식에서 극적으로 표현된 왕의 영광스러운 모습과 신민들의 충성심을 보면서 국민들의 마음속에 왕에 대한 애정이 자연스럽게 생겨난 것이다.[25]

　입성식에 대한 아이디어가 유대의 왕, 예수의 예루살렘 입성식에서 힌트를 얻은 것이라는 주장도 있지만 정확하지는 않다. 하지만 분명한 점은 이미 13세기에 왕이 그의 도시를 순례하고 다녔다는 것이다. 13세기의 입성식은 15~16세기의 것에 비하면 단순하기 이를 데 없는 의례였다. 게다가 왕 자신도 그것을 통해 왕권을 강화시키겠다는 의도보다는 '기력을 회복하겠다'는 의도가 더 강하였다. 왜냐하면 당시 입성식에서 중요한 것 중의 하나가 왕에게 주는 기증품이었는데, 그것들의 내용을 보면 소고기나 생선·포도주·귀리와 같은 식료품과 의류·식기 등이 주종을 이루고 있기 때문이다. 왕은 왕족과 측근들을 거느리고 도시를 돌면서 풍성한 대접을 받았고 그럼으로써 기력도 보충하고 필요한 생필품도 확보하였다.

　14세기 말부터는 입성식이 점점 화려해졌다. 입성식을 화려하게 만

H자 형태의 개선문.

든 요소는 무엇보다 닫집과 신비극의 등장이었다. 그것은 입성식을 더욱 스펙터클하게 만들 뿐만 아니라 종교적 신성을 부여하기도 하였다. 그리고 게네(B. Guenée)가 입성식의 '가장 영광된 시기'라고 표현했던 15세기 중반(백년전쟁 직후)부터 1540년대까지는 그 빈도 수도 현저하게 증가하였다.[26] 이러한 수치는 그 자체로 왕의 도시에 대한 지배력이 증가하였음을 보여준다. 15세기 말에 이르러 입성식은 더 이상 왕의 기력 회복을 위한 나들이가 아니었다. 그것은 군주를 향한 애정을 고양하고 왕의 정책을 정당화하는 중요한 정치적 무대였던 것이다.

종교적 신성을 빌어 왕권을 고양했던 '중세식 입성식'은 15세기 말부터 16세기 중반 사이에 커다란 변화를 겪었다. 이른바 이탈리아로부터 세속적인 르네상스 문화가 유입된 것이다. 그 중에서도 특히 1530년대는 르네상스적인 취향이 중세의 취향을 압도하기 시작한 해이다. 주지하다시피 르네상스적인 취향이란 로마적·이교적 취향에 다름 아니다. 이때부터 프랑스 왕의 입성식에 로마의 개선식에서 볼 수 있는 개선마차와 개선문·오벨리스크 같은 웅장하고 사치스러운 요소들이 등장하였다. 의례의 테마도 기독교적인 것보다는 신화적인 것들이 많아졌다.

그러나 여기서 중요한 것은 그러한 변화가 표현양식의 변화에 불과했다는 것이다. 입성식의 고유한 기능, 즉 왕의 권위를 표현한다는 점은 변하지 않았다. 단지 중세 때에는 종교를 빌어 왕권을 표현했다면 이제 이교적 양식을 빌어 왕권을 표현한 점만 다를 뿐이다. 그 외 대부분의 전통적인 형식이나 의례의 프로그램, 행렬의 행진 순서에는 변화가 없었다. 사실 입성식만큼 전통적 권위 그 자체에 의지하는 의례도 없을 것이다.

입성식의 구성

입성식은 두 부분으로 구성된다. 하나는 연설과 시·활인화 등으로 구성된 각종 공식적 의례와 행렬이고 다른 하나는 오락과 경주·연회 등 비공식적인 유희들이다. 이 중 전자의 경우에 더 많은 정치적 의미들이 각인되었다.

입성식의 거행은 대개 왕이 직접 명령하거나 아니면 도시가 제안했다. 일단 입성식이 결정되면 시 전체가 그 준비에 들어갔다. 시 당국과 의회(assemblée générale)가 모여 '이번 입성식의 테마는 무엇으로

할지, 왕을 어떤 식으로 맞아야 할지' 등 세세한 부분까지 토론하고 점검했다. 그 과정에서 간혹 왕의 취향과 기대를 반영하기 위해 왕실로 대사를 보내기도 하고, 이전에 거행되었던 입성식 관례들을 참조하기도 했다. 사실 입성식 준비 관련자들은 혁신이나 선례를 만드는 것을 좋아하지 않았다. 그들은 전해져오는 전통적 관례들을 충실히 따랐다.

준비 과정에는 시 관리만이 아니라 수많은 전문가들이 관여했다. 테마의 결정에는 성서와 역사에 관한 광범위한 조사와 연구가 필요했기 때문에 학식이 풍부한 종교인이나 대학교수·수사학자·역사학자들이 동원되었다. 테마가 결정되면 그것에 맞추어 실제 행사와 장식에 대한 기획이 이루어지는데, 목수와 소목장이·화가·철물공·예술가·배우들이 개입하는 것은 이때이다. 입성식 관련 프로그램들은 대개 양피지에 기록되거나 책자로 출판되어 오늘날 입성식 연구를 위한 귀중한 사료로 남아 있다.

이것으로 모든 것이 끝난 것은 아니다. 도시 전체를 꾸미고 단장하는 일이 남아 있다. 왕이 지나가는 길의 건물들은 천(draps)이나 태피스트리로 가려 말끔하게 단장하였다. 이 태피스트리에는 대개 왕을 찬양하는 역사물들이 그려져 있었다. 그리고 가려지지 않은 부분들은 나뭇가지와 꽃으로 예쁘게 장식했다. 입성식에 가장 많이 사용되는 꽃은 프랑스 왕실의 상징인 백합꽃이었다. 백합꽃은 태피스트리 위에도, 활인화 위에도, 닫집 위에도 등장했는데, 그야말로 입성식 기간에는 도시 전체가 백합꽃에 푹 파묻혔다.

드디어 왕이 도시에 도착하는 날이 되면 시의 관리들과 부르주아 대표들이 십자가를 든 성직자를 앞세우고 성 밖까지 왕을 맞으러 갔다.[27] 대표단의 환영 인사를 받은 왕은 도시의 권리와 자유를 존중한다는 짧막한 선서를 하였다. 그 선서가 끝나면 도시 대표단 역시 왕에 대한 감사와 복종을 표현하는 연설을 하는데, 그때 왕에게 기념품과 함께 '도시의 열쇠'가 선물로 주어졌다. 이 '열쇠 증여' 행사는 어떤 도시가 정복되었을 때 그 정복자에게 행하던 관례로서 매우 중요한 정치적 의미를 담고 있었다. 그것은 도시가 왕에 복종하고 충성을 바친다는 서약과도 같은 것이었다.

성 밖 환영식이 끝나면 공식 의례를 위해 시내 교회로 향하는 대행렬이 이어졌다. 행렬의 중심은 단연 왕이었다. 언제부터인가 왕 위에 닫집을 씌우는 관행이 나타났는데, 그것은 왕을 더욱 신성하게 보이게 했다. 닫집을 드는 '명예로운 사명'은 선발된 네 명의 시 관리가 담당하였다. 이 행렬에 동참하는 모든 사람들은 자신의 신분과 직업을 표시하는 화려한 제복을 입고 있었다. 오늘날 국빈 환영 행사에서 볼 수 있는 것처럼 그때도 역시 수많은 환영 인파들이 나와 있었다. 그들은 '국왕 만세, 국왕 만세'를 외치며 열렬히 왕을 환호하였다.

시내 교회에서 공식 의례가 거행되는데, 그때 왕은 「테 데움」(Te Deum)이 울리는 가운데 성서에 손을 올리고 교회와 도시의 자유를 존중한다는 서약을 하고, 도시는 왕의 공적을 찬양하는 연설을 하였다. 이 의례가 끝나면 교회 밖에서 왕이 연주창 환자를 치료하는 의식을 행하였다. 이 의식은 매우 오래된 것으로 왕의 신적인 능력을 과시하려는 것이지만, 사실 그런 기적이 일어났는지는 의문이다.

이상 공식적인 행사가 끝나면 왕을 위해 마련된 숙소에서 풍성한 연회와 오락이 열렸다. 왕에게 숙소를 제공하는 일은 경제적으로 부담이 되었지만 그에 대한 보답도 없진 않았다. 왕에게 개인적 청탁을 하거나 면담을 가질 기회이기도 했던 것이다. 이 비공식적인 행사에는 도시 부르주아들만이 아니라 일반 시민들도 참여해 같이 즐겼다.

왕, 신격화되다

왕의 입성식에서 가장 중요한 것은 왕의 권력을 현시하는 것이다. 그런 만큼 중세 말부터 발달하기 시작한 입성식은 왕의 상징들을 만들고 정착시키는 것에 무엇보다 중요한 역할을 하였다. 전통적으로 내려온 백합꽃 문장이 확실히 정착되는 계기가 되었음은 말할 나위도 없다. 그 밖에도 왕 그 자체를 표현하기 위해 흔히 '왕의 옷'(l'habit royal)이라고 불린 붉고 하얀 색의 옷과 '왕의 상태'(l'état royal)라고 불린 진홍빛 마의(馬衣), 그리고 모피를 두른 두건이 나타났다. 또 왕의 정통성을 표현하기 위해 왕가의 계보를 그린 나무 활인화, 왕이 정의의 화신임을 표현하기 위한 옥좌 회의(lit du justice) 장면, 왕이 실현한 평화와 유토피아를 표현하기 위한 정원과 분수 등이 흔히 등장한 테마들이었다.

하지만 게네가 지적하였듯이 14세기 말부터 발달하기 시작한 입성식에 더욱 화려하고 종교적인 색채를 부여한 것은 닫집과 신비극이었다. 14세기 처음 등장한 것으로 보이는 닫집은 사실 이전부터 성체첨례축일(la Fête-Dieu)에 사용되던 것이었다. 그날 행렬에서 성체(聖體)를 현시할 때 그것을 보호하고 또 더욱 신성하게 보이게 하기 위해 그 위에 닫집을 씌운 것이다. 그것을 왕의 입성식에 도입한 정치적 의도도 이와 크게 다르지 않았다. 왕의 존재 위에 닫집을 씌움으로써 왕에게 신적인 권위를 부여하고 왕을 신의 이미지로 격상시키려 한 것이다. 이런 점에서 닫집은 입성식을 '왕체첨례축일'(la Fête-Roi)로 만

1515년 프랑수아 1세의 리옹 입성식 때 등장한 왕의 계보를 나타내는 나무.

드는 데 기여하였다. 성체첨례축일의 닫집과 왕체첨례축일의 닫집에서 다른 점은 후자의 것 위에는 백합꽃이 촘촘히 박혀 있었다는 것뿐이다. 이 닫집은 도시가 왕에게 할 수 있는 최고의 예우 중의 하나였다.[28]

 신비극 역시 중세 말 입성식에 도입된 새로운 요소로, 15세기의 입성식을 볼거리가 풍성한 행사로 만드는 데 기여하였다. 대개는 도시의 장인협회나 신도회가 신비극을 상연하였다. 그 무대는 왕의 행렬이 지나가는 경로를 중심으로 배치되었고, 그 위의 활인화들은 왕에게 어떤 메시지를 전달하는 데 사용되었다. 이런 메시지들은 왕의 권위를 고양하고 도시의 복종심을 표현하는 것들이 많았다. 그리고 그것을 위해

1461년 루이 11세의 파리 입성식. 그림에서 루이 11세의 머리 뒤에 놓여진 것이 닫집인데, 입성식에 종교적 성격을 부여하고 왕을 신성화시키는 데 기여하였다.

종교적이고 역사적인 다양한 테마들이 사용되었다. 종교적인 테마란 예수나 성모마리아와 왕을 연관시키는 테마이다. 그리고 역사적인 테마에는 다시 성서적인 것과 세속적인 것이 있는데, 전자는 왕의 정통성이나 현명함을 강조하기 위한 다윗 왕과 솔로몬의 테마들이 있고 후자에는 로마 신화와 프랑스의 역대 왕들에 관한 테마들이 있다. 뿐만 아니라 왕의 덕성과 업적을 찬양하기 위한 수많은 알레고리들, 예를 들면 정의와 평화·미덕·영광 등과 같은 알레고리들이 등장하였다. 도시는 이 다양한 테마들의 활인화와 알레고리들을 통해 왕에게 '말을 걸었다.'[29]

앞에서 지적한 대로 종교적인 성격이 강한 중세의 입성식은 15세기 말부터 변화를 겪게 된다. 그것은 15세기 입성식을 화려하게 했던 신비극의 '때 이른' 쇠퇴와 동시에 일어났다. 피렌체로부터 르네상스 문화와 함께 고전고대적인 취향이 밀려들어오고 그것이 급속히 확대되기 시작한 것이다. 로마의 개선식을 모방한 웅장한 행렬이 등장하고 이교적 테마들이 유행하였다. 그러나 이러한 확대와 발전이 가능했던 것은 이미 중세 때부터 프랑스 내에 '이교적 토양들'이 있었기 때문이었다. 샤르투르(J. Chartrou)는 그 증거를 '아홉 명의 영웅'(la neuf Preux)과 '트로이의 계보'라는 테마에서 찾았다.

그 두 개의 이교적 테마는 고대 문화가 침투하기 이전부터 이미 중세의 상징주의에 깊숙이 침투해 있었다. 그 중에서 '아홉 명의 용사'는 민중들 사이에 넓게 퍼져있던 전설에 근거한 민중적 테마이기도 하였다. 아홉 명의 용사란 헥토르와 알렉산드르 · 카이사르(고대 세계)와 · 다윗 왕과 여호수아 · 유다 마카베오(유대 세계) · 아더 왕과 샤를 마뉴 · 고드프루아(Godefroy de Bouillon, 중세 세계)를 말한다. 그들의 예절과 용기를 왕과 연관시킴으로써 왕의 권위를 높이는 데 사용하였다. 그리고 '트로이의 계보'는 트로이 헥토르의 아들인 프랑쿠스(Francus)가 프랑스 최초의 왕이라는 주장으로 이 역시 트로이와 로마, 프랑스의 계보학적 연관성을 강조하고 그럼으로써 왕의 정통성을 높이려 한 것이다. 이런 이교적 토양을 기반으로 피렌체의 르네상스 문화가 급속히 확대되었다는 것이 샤르투르의 주장이다.[30]

피렌체의 문화가 프랑스에 유입된 계기는 샤를 8세와 루이 12세, 프랑수아 1세의 이탈리아 침입과 무관하지 않다. 그때 이탈리아에서 '로마식 입성식'으로 환영을 받았던 그들은 그것에 감명받아 프랑스 입성

1550년 앙리 2세의 루앙 입성식 때 등장한 프랑스의 개선마차로 피렌체의 개선마차를 모방한 것이다.

식에도 적극 끌어들였다. 그러면서 그 동안 입성식을 지배했던 기독교적인 요소들이 쇠퇴하고 신화적 요소들이 발달하였다. 이제 고전고대 신들이 입성식의 주인공이 되었다. 그러나 가장 커다란 변화 중의 하나는 무엇보다 개선식의 등장이다. 활인화를 비집고 나아가던 이전의 입성 행진은 이제 개선마차와 개선문, 오벨리스크가 등장한 장엄한 개선 행진이 되었다. 고전고대의 영향은 오락에도 반영되어 검투사 경기나 모의해전도 등장하였다.

고전고대적인 취향뿐만 아니라 이국적 취향도 가세하여 이 시기 입성식의 변화에 영향을 주었다. 그 당시 해양진출로 인한 동양과 신대륙의 접촉이 그 원인이다. 새로운 세계, 새로운 문화에 접한 유럽 귀족들은 이국풍에 심취했는데 그것이 입성식에도 반영되어 나타난 것이다. 그 결과 브라질의 인디언 모습과 코끼리·사자 등의 모습이 등장하였다.

1559년 샤를 캥(Charles-Quint)의 입성식에 등장한 모의해전.

부르주아들의 현존투쟁

이 모든 변화에도 불구하고 변하지 않은 것은 입성식을 통해 왕의 권력이 현시되고 강조되었다는 점이다. 우리가 입성식의 발달과 왕권 강화를 직접 연관시키는 이유가 이 때문이다. 르네상스 시기를 거치면서 왕의 권력은 고대의 장엄한 문화의 영향을 받아 더욱 현란하게 과시되었다. 16세기 절대주의가 발달하는 과정에서 왕권도 크게 강화된 게 사실이지만 그때의 왕권이란 단지 물리적 권력만을 의미하진 않는다. 왜냐하면 권력이란 단순한 통치가 아니라 '신민들을 납득시키는 힘'이기 때문이다. 입성식은 왕의 권력을 고양하고 선전하는 가장 대표적인 의례이다. 입성식이 정치사에서 중요한 위치를 차지하는 이유는 이 때문이다. 아무튼 절대주의 확립과정에서 입성식은 신민들에게 왕에 대한 애정과 충성심을 일깨우고 그를 통해 왕권 강화와 동시에 국민통합을 달성하는 중요한 정치적 제도였다. 하지만 그것이 다였을까?

입성식을 처음부터 끝까지 준비하고 실행한 주체는 부르주아들이었다. 현실주의와 실용주의에 철저한 그들이 아무런 이득 없이 공짜로 그 비싼 입성식을 베풀어주었을 리는 없다. 입성식은 그들에게도 역시 중요한 정치적 기회였다. 그들은 입성식이라는 기회를 통해 왕에게 도시의 경제적 활력과 풍요로움을 마음껏 과시하였다. 그것은 다른 말로 하면 그러한 경제적 번영을 가져온 그들의 저력을 과시했다는 것과 같은 의미이다.

하지만 그들의 저력을 과시하는 것보다 더 중요했던 것은 입성식을 통해 '그들의 존재 자체'를 표현하는 것이었다. 사실 부르주아들은 중세의 전통적인 삼신분 제도(성직자·기사·농민)에는 없는 이질적인 존재였다. 이 말은 그들의 경제적 부와는 상관없이 사회 내에 그들의 자리가 없었다는 뜻이다. 그들은 '표현되지 않은, 표현될 수 없는 존재들'이었다.[31] 따라서 부르주아들은 위계적 서열이 명확한 축제의 대행렬에서도 설 자리가 없었다. 그것은 사회적 명예를 중시하는 전통사회의 '현존투쟁'(querelles de préséance)에 아무런 무기 없이 임하는 것이나 마찬가지이다.

현존투쟁이란 도시 내의 크고 작은 역할이나 특권에서 자신의 중요성과 위계를 강조하기 위한 대립과 갈등을 말한다. 오늘날 개인주의 시대에 살고 있는 우리로서는 이해할 수 없지만 이 시대 사람들에게 있어 자신이 속한 단체와 공동체에서 그의 유용성과 특권을 인정받는 것은 매우 중요한 일이었다. 그런데 그것을 확인하고 과시할 수 있는 가장 확실한 수단은 축제 행렬에서 위치를 얻는 것이었다. 16~17세기 의례에서의 위치는 곧 그가 속한 집단의 명예와 권력의 직접적 표지였다. 그만큼 축제와 행렬에서 어느 위치에 서느냐는 매우 중요한 것이었고, 그 까닭에 각 집단 사이 혹은 시 관리와 교회 사이에 축제 때 앉을 좌석이나 지참할 초, 행진의 순서를 두고 격렬한 갈등이 벌어지기도 했던 것이다. 이러한 갈등은 그것에 관한 명확한 관례가 존재하지 않을 경우 더욱 심해서 때론 법정 다툼으로 비화할 때도 있었다.[32]

그런데 입성식은 이 현존투쟁에서 부르주아들이 유리한 고지를 점할 수 있는 기회를 주었다. 부르주아들은 자신들이 주관한 입성식 행렬에서 단연 왕 가까이, 위계상 중요한 자리를 차지하였다. 그럼으로써 도시 주민들에게만이 아니라 왕 자신에게도 부르주아의 중요성을 분명히 보여주었다. 그런 의미에서 입성식은 '존재하지 않았던' 부르주아들이 자신들의 존재를 사회적으로 공식화시키는 의례이기도 하였다.

부르주아들은 직접적인 참여만이 아니라 다양한 상징을 통해서도 그들의 존재를 표현했다. 대개 그들의 존재는 도시 자체를 나타내는 것, 예를 들면 도시를 상징하는 배지나 문장·색깔들로 표현되었다. 혹은 도시가 숭배하는 유물이나 성인들이 전시되거나 도시의 유명한 기념물이 등장하기도 했고, 도시의 부의 원천인 다양한 경제 활동이 재현되기도 하였다. 요컨대 왕의 입성식에 왕의 상징들만 있었던 것은 아니었다.[33] 뿐만 아니라 부르주아들은 왕에게 복종을 선서했지만 그냥 하지는 않았다. 거기에는 도시의 자유도 역시 존중한다는 왕의 서약이 전제되어야 했다. 그리고 왕과의 직접 면담 자리에서 무수한 '밀약'도 오고갔을 것이다.

결론은 이러하다. 입성식은 왕이나 부르주아 모두에게 윈-윈 게임이었다는 것. 왕은 정치적인 면에서, 부르주아는 경제적인 면에서 근대의 주역들이다. 그들은 중세 기사계급을 제압하고 새로운 시대로 나아가는 데 협력자가 필요하였다. 중세 말과 근대 초 입성식은 왕과 부르주아에게 있어 대화와 협력을 위한 정치적 수단이었다. 이때 왕은 자신의 모습을 신하들에게 보임으로써 권력을 현시하고 신하들의 찬양과 충성을 받는다. 신하 역시 왕으로부터 자신들의 자유를 보장받는다. 이런 의미에서 입성식은 왕과 부르주아들의 중요한 '대화의 순간'이었다.

하지만 근본적으로 입성식은 중세적 제도이다. 중세에는 중앙집권을 위한 제도적 장치가 충분히 확립되지 못하였기 때문에 왕권을 강화하기 위해서는 왕을 직접 보여주는 것이 가장 효과적이었던 것이다. 근대 이후 중앙집권적인 제도적 장치들이 완비되면서 입성식은 그 정치적 효력을 상실하였다. 그러면서 입성식은 서서히 쇠퇴하였다. 17세기 이후 입성식은 급속히 줄어들었고, 18세기가 되면 왕은 더 이상 궁정을 떠나려 하지 않았다.

광인의 뒤집힌 세계는 현실과 반대되는 법으로
채워진 꿈의 세계다. 하지만 그것은 현실의 정확한 역상으로
오히려 현실을 적나라하게 반영하는 세계다.

제7부 저항의 카니발

1 중간 부르주아의 카니발 혁신

소외된 자들의 자유롭고 위험한 축제

이미 중세 말부터 도시 주민들은 차별화되기 시작했다. 16세기경에 와서는 도시의 공동체적 서약이[1] 무의미해졌으며, 그로 인해 더 이상 도시의 공기는 사람을 자유롭게 하지 못하였다. 대상인과 대금융업자를 중심으로 하는 상층 부르주아들은 도시의 상권만이 아니라 정치권까지 독점해 과두정을 확립하였다. 이에 반해 중간 부르주아들은 정치적 피지배층으로 전락하였다. 따라서 그들의 정치적 불만도 점점 증가하였는데, 이 시기 도시 내에서 발생한 격렬한 신분투쟁이나 반란은 이를 암시한다. 16세기 현저했던 이러한 신분 분화과정과 대립은 카니발에도 여지없이 반영되었다.

도시의 신분 분화과정이 카니발에 반영된 이유는 신도회의 구성 변화와 관계가 있다. 이미 앞에서 언급한 바와 같이 도시에서 신도회의 구성은 크게 변하고 있었다. 인구증가와 계층분화, 도시생활의 다양성 등이 원인이 되어 도시 신도회는 지역별·신분별·직업별로 분화되었다. 한 단체의 구성 변화는 당연히 그 기능의 변화로 이어진다. 시골의 신도회, 즉 마을 청년회가 공동체 전체를 대표하는 기능을 하였다면 도시의 신도회는 그가 속한 구역과 신분·직업을 대표하는 기능을 하게 되었다.

상층 부르주아의 자제들은 '청년 신도회'에서 나와 자신들만의 세련된 오락을 즐겼다. 그들은 청년 신도회가 전통적으로 지켜오던 관행들, 예를 들면 조잡한 변장을 하고 행진을 벌이는 일, 외설적인 노래와 시끄러운 소란으로 이웃을 조롱하는 일 따위를 시대에 뒤진 구식이라고 생각하였다. 그보다는 그들만의 화려하고 장엄한 의식이나 우아한 놀이, 세련된 연회를 더 선호하였다. 반면 상층 부르주아들이 빠져나간 청년 신도회는 점차 중간 부르주아들(소상인이나 소장인)로 충원되었다. 16세기 과두정 하에서 중간 부르주아들은 정치적 소외계층, 민중의 신분에 가까웠다. 그만큼 그들은 시 당국이나 교회에 대해 불만을 가질 수밖에 없었는데, 그러한 불만은 일탈과 저항의 기회인 카니발을 통해 분출되었다.

15~16세기 전통적 카니발이 지배집단에 의해 '차용'되어 그들의 권력과 위신을 선전했던 것은 사실이다. 하지만 그들의 축제 공간에는 커다란 균열이 있었고 그 균열의 틈새를 메우고 있던 것이 거리와 광장에서 펼쳐진 중간 부르주아들의 축제였다. 그들의 축제는 시 당국의 공식적인 축제에 비해 전통적인 자율성과 즉흥성이 훨씬 생생하게 살아 있는 공간이었다. 이런 자유로운 공간에서 카니발은 더욱 본질적인 모습을 드러냈다.

카니발의 본질은 변장과 마스크를 통해 자신의 한계를 초월하고 폭력과 무질서를 통해 억압된 본능을 발산하는 것에 있다. 변장과 마스크는 사람들에게 익명성을 보장해주어 더욱 과감하게 금기를 위반할 수 있게 한다. 마스크를 쓰고 변장을 한 사람들이 과도한 분위기 속에서 지나친 방종과 과장으로 흐르는 이유는 이 때문일 것이다. 요란한 춤, 거칠고 시끄러운 음악, 외설스러운 외침과 노래, 사방으로 달리는 군중들은 축제에 활력을 주는 요소이자 정치적 무질서의 요인이기도 하다. 거리를 가로지르는 '달리기'는 삽시간에 도시를 아수라장으로 만들었고, 곳곳에서 벌어진 연극놀이에서는 풍자적이거나 난해한 암시로 가득 찬 신비한 노래들이 흘러나왔다. 바로 이런 자유롭고 위험한 축제 공간 속에서 중간 부르주아들의 억압된 정치적 불만이 마음껏 발산되었다.

중간 부르주아의 연극놀이

중간 부르주아들의 정치적 이념이 잘 반영된 것은 무엇보다 연극놀이였다. 연극놀이는 16세기 도시 카니발에서 특히 유행하였다. 카니발에서 연극의 비중이 유달리 증가하고, 인쇄술의 발달과 맞물려 '카니발의 문학화'가 진행된 것도 이 시기이다. 연극놀이의 테마는 대부분 신화나 혹은 그것에서 파생된 전통적 관행들에서 차용하였다. 그러나 그것은 단순한 차용이 아니라 시대적 변화와 중간 부르주아의 정치적 이념이 반영된 '혁신'이자 '변용'이었다.

「오디지에 놀이」(le jeu d'Audigier)라는 연극을 살펴보자. 그것은 15세기 말 아미앵에서 카니발 기간에 상연되던 연극으로, 카니발적인 전통과 그것의 정치적 이용을 살펴볼 수 있는 비교적 초기 사례이다.

「오디지에 놀이」의 내용은 청년 오디지에가 기사가 되어 늙고 비열한 그랭베르(Grinberg)와 함께 겪는 힘든 모험담을 엮은 것이다. 결말은 오디지에가 힘든 시련을 겪은 후 그의 배우자인 트롱스 크레바스(Tronce-Crevace)에게 돌아가는 해피엔드다. 여기서 이 연극의 테마와 성격은 다분히 전통적인 요소들이다. 예를 들면 잠두콩이나 베이컨, 살찐 수탉, 배설물 등을 강조하는 분변문학적인(scatologique) 성격이나, 기사적인 삶의 입문과 결혼준비, 시련을 통해 독신 남자에서 기혼 남자로 성장하는 단계 등이 보여주는 통과의례적인 성격은 전통적 카니발 문학의 단골메뉴이다. 그러나 「오디지에 놀이」는 이런 전통적인 요소에 그치지 않고 시대 상황을 반영하고 있다. 기사 오디지에의 모험은 민중적이고 해학적인 대사 속에서 시종일관 조롱의 대상이 되고 있다. 이런 해학 속에서 도시 귀족에 대한 중간 부르주아들의 풍자와 조롱을 읽어내는 것은 어렵지 않다.[2]

도시 청년 신도회들의 연극은 점점 도덕적 성격을 띠었다. 마콩의 '악정의 수도원'이 매년 카니발 기간에 상연한 「카니발과 사순절의 전투」를 보자. 앞에서도 확인하였듯이 그것은 원래 전통적으로 카니발 기간에 벌어지는 연극적 놀이로서 뚱뚱한 '카니발의 왕'과 마른 '사순절의 여왕'의 전투 장면을 통해 계절의 변화와 카니발에서 사순절로의 대체를 암시하는 놀이였다. 마콩에서 '카니발의 왕'은 '악정의 수도원장'이 맡는 것이 관례였다. 실제 카니발 축제를 주관했던 그가 연극놀이에서도 카니발의 모든 덕과 악을 구현했던 것이다. 전투가 끝나면 그는 육식 화요일에 재판을 받고 자신의 죄를 고백하고 형을 선고받았다. 그런데 1609년 벌어진 「카니발과 사순절의 전투」는 좀 색달랐다.[3] 그것은 전통적인 테마를 토대로 했지만 매우 도덕적인 색채를 띠고 있었다. 13세기만 해도 카니발과 사순절의 전투에서 힘의 관계는 카니발에 유리하게 작용했었다.[4] 그는 패배하고 단죄되는 것이 아니라 단지 사순절에게 6주 3일간의 기간을 내어줄 뿐이었다. 하지만 17세기 초 '카니발의 왕'은 피고인이 되어 '사순절 영주'에 의해 재판을 받고 추방형을 선고받았다. 힘의 관계가 사순절에 유리하게 역전된 것이다. 이제 카니발은 그 권력과 신성을 상실하고 오락과 방탕, 무질서의 화신으로 비난받았다. 사순절은 덕을 상징하는 반면 카니발은 악을 상징하게 되었다. 이처럼 16세기를 지나면서 카니발과 사순절은 도덕적 관점에서 판단되었다. 연극에 사용되는 용어도 변화해서 더 이상 신화적이고 상징적 의미를 드러내기보다는 현실비판적인 색채를 띠었다.[5]

전통 관행들이 도덕적 색채를 띠었을 뿐만 아니라 이 시대에는 도덕극 자체도 매우 발달하였다. 여기에는 종교극의 영향을 받아 알레고리가 많이 사용되었다. 종교극에서 종교적 구원의 메시지를 전달하기 위해 '지옥'이나 '연옥'을 비유하는 수레들이 등장한 점은 앞에서 지적하였다. 카니발의 연극 역시 우화적이고 비유적인 형태로 부와 명예의 허망함이나 신 앞에서의 인간의 무력함 등을 교훈적으로 상기시켰다.[6] 예를 들면 '부'(Fortune)와 '운명'(Destin)·'모험'(Hassard)을 상징하는 수레 위에 태워진 기사와 상인 등의 활인화가 그들의 부와 명예가 절정에 있을 때 그 덧없음을 표현하기 위해 수레에서 내동댕이쳐지는 식이다.

도덕적 교훈들이 좀더 구체적이고 일상적인 형태를 띨 때도 있었다. 예를 들어 도시 생활을 문란하게 하는 매춘이나 부도덕한 상행위, 종교적 남용이 연극의 테마로 사용되었다. 이런 부도덕과 남용은 신랄하고 진지하게 비난받기보다는 우스꽝스럽고 익살스러운 해학과 풍자에

보쉬가 그린 유명한 그림 중 하나이다. 앞에서는 마스크를 쓴 악마들이 짚으로 만든 '음탕의 마차'를 끌고 있다. 그 마차의 뒤에는 온갖 신분의 사람들이 뒤따르고 있다. 그리고 마차는 지나면서 길에 살인과 같은 온갖 죄악을 뿌리고 다닌다. 방탕 이후에는 수치스러운 처벌이 뒤따르는데 '인간의 마차'는 이 사이를 왕복한다. 마치 카니발과 사순절을 주기적으로 왕복하는 인간의 삶과 같다.

의해 조롱받았다. 예컨대 도시의 매춘을 풍자하는 연극을 보자. 그 연극의 주인공은 늙은 마녀와 뚜쟁이다. 늙은 마녀는 뒤에서 악마의 조종을 받고 있는 우스꽝스러운 꼭두각시로 표현되었고, 뚜쟁이는 커다란 모자와 옷, 검은색 앞치마로 변장하고 등에는 통을 짊어지고 있는데, 거기에는 노출이 심한 옷을 입은 여자 인형이 담겨져 있다. 이 외에도 온천에서의 목욕과 은밀한 만남, 매춘을 상징하는 여인의 제스처 등이 매우 해학적으로 표현되었다. 해학을 통한 세태의 풍자는 민중문화의 고유한 특징이다.

돈 버는 데에만 혈안이 된 욕심쟁이 상인의 모습도 다르지 않다. 욕심쟁이 상인은 뉘른베르크 축제의 연극에 자주 등장한다. 상인이 앉아 있는 상점은 골동품과 싸구려 상품, 넝마 따위가 쌓여 있는 일종의 벼룩시장처럼 표현되었다. 도저히 팔릴 것 같지 않은 오래된 옷가지나 짝이 맞지 않는 그릇들, 허리띠와 지갑 등은 물건의 내용은 신경 쓰지 않고 그것을 팔아 이윤만 얻으려는 약삭빠른 상혼(商魂)을 풍자하고 있다. 이밖에도 15세기 말 뉘른베르크 카니발에는 교회의 남용과 부패, 특히 면죄부 판매를 풍자하는 연극이 많았다. 「면죄부 판매자」(Vendeur d'indulgence)라는 한 연극에는 마스크를 쓴 사람이 나타나 성 피에르 성당의 열쇠와 주교의 도장이 찍힌 면죄부를 파는 장면이 나온다. 이런 사회적 분위기는 루터의 종교개혁이 국민들 사이에 그토록 빠르게 전파, 흡수된 배경을 암시한다.[7]

결국 카니발 연극을 통해 드러난 중간 부르주아의 정치적 이념이란 도시의 정의와 질서에 반하는 것들을 풍자하고 조롱하는 '도덕주의'로 요약될 수 있을 것이다. 그것은 질서를 유지하려 했다는 점에서 체제 순응적이지만 그들이 생각하는 정의와 질서가 무엇인가에 따라 그것은 체제 저항적일 수도 있었다. 그 경계는 모호했고 유동적이었다.

광인들의 언어놀이

16세기 중간 부르주아들의 정치적 이념은 광인(fous)과 바보(sots)의 입을 통해 거침없이 흘러나왔다. 여기서 광인이란 통제 불능의 정신이상자가 아니라 이 시기 축제에서 중요한 역할을 담당한 광대들이나 카니발 신도회의 회원들을 말한다. 이 광인들은 무대와 거리에서 군중을 향해 세상의 불의와 비도덕적인 풍습, 상층 부르주아와 교회의 권력 남용을 넉살좋게 떠들어댔다. 카니발 연극이 도덕적이고 더 나아가 정치적이 될수록 광인의 담론은 더욱 신랄해졌다. 남녀관계를 표현함에 있어서는 더욱 외설적이고 대담해졌으며, 사악한 행동과 부패한 권력을 비판함에 있어서는 더욱 신랄하고 풍자적이었다. 광인은 행렬에 동원된 마차 위에서, 광장에서 세워진 무대 위에서 풍자시를 읊고 조롱의 제스처를 연출하였다. 이를 두고 그랭베르(Grinberg)는 '16세기 특정 순간에 광인과 그의 광기 주위로 카니발적인 담론이 유기적으로 배치되었고 그럼으로써 지적인 문화(culture savante)와 민중적 전통(tradition populaire)이 조우하였다'고 지적하였다.[8] 이는 어느 정도 지식 계급에 속하는 중간 부르주아들이 민중적 전통을 그들의 비판 매체로 활용했다는 의미이다. 바흐친은 이것을 '엘리트 문화와 민중문화의 결합' 혹은 '문자문화와 구두(口頭)문화의 결합'이라고 표현하였다.

언어의 구사에 능란한 광인들은 카니발 축제 때 '언어놀이'에 몰두하였다. 언어놀이란 풍자시나 속임수, '불가능하고' 모호한 문체를 사

16세기 연극과 축제, 문학은 광인들의 입을 통해 정치와 종교에 대한 풍자와 비판을 거침없이 토해냈다. 그 대표적인 작품은 뭐니뭐니해도 종교개혁을 이끌어낸 에라스무스의 『광우예찬』이다. 그림은 『광우예찬』에 나오는 홀바인(Holbein)의 삽화.

용해 거짓말을 하거나 사실 같지 않은 것들을 표현하는 일종의 말재주를 겨루는 놀이이다. 그런데 그때 광인들이 독특한 양식을 사용해 전달하는 이야기는 대부분 민중적이고 민속적인 전통에서 차용한 것들이었다. 그렇기 때문에 광인들의 담론이 갖는 다소 지적이고 암시적인 성격에도 불구하고 모든 청중과 관객을 놀이와 웃음으로 유도하며 '공모자'로 만들 수 있었다. 따라서 이 시대 광인들의 상징적이고 모호한 담론을 이해하기 위해서는 민속적인 카니발 전통에 대한 이해가 전제되어야 한다.

그렇다면 전통을 참조하여 여기에 상상과 암시를 엮어 만들어낸 세계는 어떤 세계일까? 그것은 모든 불가능한 것을 가능하게 하는 거짓말의 세계, 코카뉴(Cocagne)의 세계였다. 그것은 '뒤집힌 세계'이며

세 명의 광인.

'뒤집힌 유토피아'이다. 이 뒤집힌 유토피아는 카니발의 뒤집기 관행이 만들어낸 세계에 다름 아니다. 하지만 그것은 정확히 현실의 역상으로, 현실을 오히려 적나라하게 반영한 세계이다. 마치 루앙의 '바보들'이 '소크라테스의 거울'이라고 표현한 그런 세계이다. 이 세계 속에서 광인들은 거짓말을 가지고 놀며 그것을 가지고 군중을 웃겼다.

코카뉴의 세계는 더도 덜도 아닌 현실에 반대되는 법으로 채워진 세계이다. 따라서 그곳에서는 현실의 권력 관계가 바뀌고 절대적인 법이라고 여겨지던 것들이 무의미한 것으로 전락한다. 이 세계는 비록 꿈의 세계이지만 거기서는 현실을 가지고 노는 것이 가능하고, 그림으로써 현실의 공식적인 이데올로기를 통쾌하게 비판하는 것이 가능해진다. 광인의 신화적 담론 속에 '역사와 현실'이 끼어드는 것은 이 대목에서이다. 신화적 용어가 현실의 권력을 비판하는 정치적 용어가 된 것이다. 현실과 역사가 끼어들면서 상이한 계층 사이의 갈등이 나타나고 이로써 신화는 해체된다.[9] 결국 중간 부르주아들이 카니발 전통을 '정치화'시키면서 카니발의 상징적이고 신화적인 성격은 사라졌다. 카니발은 농촌에서 공동체 성원들을 통합시켜주었던 신화적인 기능을 상실하고 사회적 갈등과 대립을 매개하는 수단이 되었다. 그러면서 전통은 역사의 영역으로 넘어갔다.

카니발의 이런 '역사성'은 데이비스에 의해 충분히 강조된 바 있다. 그녀는 이러한 현상을 거론하며 '16세기 도시 환경에서 중간 부르주아들은 민중의 카니발 전통을 사용해 뒤집힌 세계를 만들었고, 그것을 통해 정치적 불만을 표출하였다. 중간 부르주아로 채워진 유희 신도회는 가족 내 혹은 이웃 사이의 질서만이 아니라 정치적 비판이라는 새로운 기능을 추가하였다'라고 언급하였다.[10]

지금까지 16세기 초 중간 부르주아들의 문화적 저항성·비판성을 논했지만 그것이 당시의 일반적 현상이었다고 결론내릴 수는 없다. 그것은 일부 대도시의 새로운 경향성을 표현한 것이다. 그리고 바흐친에 의하면 중간 부르주아가 저항적 문화를 통해 민중문화의 대변자 역할을 한 시기는 기껏해야 16세기 초 20~30년간에 국한될 뿐이다. 그럼에도 불구하고 이 시기 민중문화의 성격을 이해하는 데 있어 중간 부르주아들의 역할을 파악하는 것은 매우 중요하며 시사적이다.

그렇다면 16세기적 상황에서 민중문화란 무엇일까? 다양하고 복잡

바흐친은 민중문화의 대변자 역할을 한 가장 대표적인 중간 부르주아로서 라블레를 언급하였다. 그림은 라블레의 대표작 『가르강튀아』의 표지이다. 1532년에 지어진 이 작품은 '카니발의 문학화'의 대표적인 저작이기도 하다.

한 계급과 신분이 혼재되어 있던 시대에 한 계급의 순수한 문화란 불가능하다. 민중계급의 민중문화란 없었다는 뜻이다. 민중문화의 본질은 그것이 민중에 의해 향유되었다는 데에 있는 것이 아니라 저항적이라는 데에 있다. 16세기 문화를 통한 저항의 주체는 민중, 즉 도시의 하층민이나 노동자가 아니라 중간 부르주아들이었다. 하지만 그들의 문화적 기반은 전통적·민중적 문화였다. 이런 의미에서 16세기 중간 부르주아들은 민중문화의 담지자였던 셈이다. 하지만 이 말은 뒤집어 말하면 그들 역시 전통적 민중문화를 '정치화'시켰다는 말도 된다. 카니발을 차용한 지배집단과 다를 바 없다. 단지 지배집단은 카니발을 차용해 그것을 권력을 표상하는 데 사용하였고, 피지배집단으로서의 중간 부르주아들은 그것을 정치화시켜 저항의 수단으로 사용한 점이 다를 뿐이다.

베르세(Y. -M. Bercé) 역시 이 점을 지적하였다. 그는 16세기와 17세기 민속적 의례와 태고의 달력들이 그 순박함에서 분리되었다고 주장하면서, '의식적이든 무의식적이든 그 시대 사람들은 수백 년 동안 공유되던 관습적 언어를 사용해 감정을 교환하고 정치적 메시지를 전달하였다. 관습적 언어의 정치적 효용성이 증명되자 종교적·정치적·사회적 분파들이 앞다투어 그 언어를 사용하였다'라고 하였다.[11]

바흐친의 지적처럼 중간 부르주아들이 민중문화의 대변자 역할을 한 기간은 그렇게 길지 않다. 그것은 16세기 초 20~30년의 짧은 기간에 불과했다.[12] 왜냐하면 얼마 후 도시의 중간 부르주아들조차 전통 카니발을 유치하고 조잡한 구식으로 치부하고 귀족과 상층 부르주아들의 고상하고 우아한 관행을 모방하기 시작했기 때문이다. 이제 민중문화는 민중들의 온전한 전유물이 되었고 때로는 그들의 민중적 반란과 소요의 진원지 역할을 하였다. 민중적 관행에 대한 본격적인 억압이 시작된 것은 이 시점이다. 17세기 이후 요란하고 소란스러운 관행에 대한 군주와 귀족, 교회의 혐오감이 증가했다. 그리고 18세기에 이르면서 이러한 관행의 척결에 누구보다 앞장섰던 것은 중간 부르주아 출신의 계몽 사상가들이었다.

2 로망스 지방의 카니발 사건

프랑스에서 특히 종교전쟁과 루이 14세의 절대국가 확립 시기에 크고 작은 반란과 봉기들이 많았다. 그러한 반란에는 축제의 선전이 가진 힘을 보여주는 많은 사례들이 포함되어 있다. 사실 16세기 카니발이 '정치화'되고, 바흐친이 주장한 대로 엘리트문화와 민중문화가 결합하여 비판적인 담론들이 쏟아졌지만, 그것이 정치적 행동과 현실적 폭력으로 이어진 경우는 많지 않았다.

그런데 16세기 말과 17세기에 들어서면서 그런 사례들이 증가하였다. 그것은 카니발의 분리와 그로 인한 '민중적' 카니발의 등장, 여기에 정치적 혹은 사회적 맥락들이 복합적으로 작용한 결과이다. 카니발과 일상의 경계가 허물어지고 축제적 반란이 일상의 폭력으로 비화된 대표적인 사례는 아마도 르 루아 라뒤리(E. Le Roy Ladurie)가 심혈을 기울여 연구한 로망스의 카니발일 것이다.

봉기의 시작

16세기 후반 로망스의 인구는 1566년의 종교전쟁으로 인해 감소한 결과 약 7,000명 정도였다. 로망스의 주민은 네 개의 등급으로 구성되어 있었다. 귀족과 지주, 부유한 부르주아들은 제1등급에 속했고 상인들은 주로 제2등급에 해당하였다. 그리고 이 상인들의 경제적 지배를 받고 있었던 장인들은 제3등급에 속했고, 마지막으로 농민과 농업노동자들이 제4등급을 형성하고 있었다. 1580년의 카니발 사건에서 적대적 전선은 제1, 2등급과 제3, 4등급 사이에 형성되었고 전자는 '질서파'를 후자는 '반란파'를 구성하였다.

네 개로 분화된 등급에서 알 수 있듯이 1580년대 로망스 사회는 불평등하긴 했지만 그것이 다른 지역에 비해 카니발의 판을 엎을 만큼 심각한 정도는 아니었다. 오히려 문제는 상층 신분이 하층 신분과 자신들을 구별하려 했고 하층 신분들은 이런 것들이 불평등하다고 느꼈다는 점이다. 로망스 농민들은 귀족들의 면세에 대해 불만을 품었고, 인플레로 인해 주민들의 조세부담이 상대적으로 커진 것도 중요한 이유였다. 게다가 그 시기 도피네 지역을 강타한 기근과 흑사병, 격렬한 종교분쟁으로 인해 주민들의 심성은 극도로 예민해져 있었다.

불만을 품은 시골 농민들이 귀족을 암살하고 성(城)과 토지대장을 불사르는 일이 빈번하다가 급기야 1578년 농민봉기가 일어났다. 그것은 반(反) 위그노적인 성향을 가진 콜라스(Jacques Colas)가 주도한 봉기였다. 당시 그는 30세로서 그해 축제의 왕으로 선출된 '청년의 군주'(Prince de la Jeuness)였다. 이런 사실로 보아 도피네 지방에 확산되기 시작한 봉기의 조짐과 청년회 사이에 어떤 관련이 있었음을 알 수 있다. 카니발 관행을 계기로 민중적인 저항이 모의되었다는 증거인 것이다.

다음해인 1579년의 카니발 기간에는 긴장감이 더욱 고조되었다. 이미 1577년부터 나타나기 시작한 몇 가지 자연적인 재해가 상서롭지 못한 조짐으로 받아들여졌고, 여기에 흉작과 가뭄, 곡물 가격의 인상으로 인해 카니발 민심이 매우 흉흉했다. 그런 와중에도 1579년 1월 농민들은 그해 '축제의 왕'을 뽑고 '왕국'을 세웠다. 그때 마르사스에서 종교와 신분의 대립으로 인한 최초의 충돌이 있었고, 그 소식은 곧 로망스에 전해졌다.

이 소식을 접한 로망스 장인들은 성 블레즈 축일인 2월 3일 봉기를 일으켰다. 그날은 전통적으로 나사제조공들의 축일이었다. 뿐만 아니라 성 블레즈는 농민과 노동자·의사·성령 신도회의 수호성인이기도 하였다. 이처럼 다양한 민중적 계층의 수호성인이자 친구인 성 블레즈의 축일은 민중들의 잔칫날이었고 그날을 기해 반란을 도모하는 것은 어쩌면 당연한 일이었다.

2월 3일 나사 제조공들은 얼큰하게 취해 그들의 '축제의 왕'을 뽑았다. 그 자리에는 제조업자(petits fabricants)와 조합원(compagnons), 소모공들도 동참하였다. 그런데 1599년의 '축제의 왕'은 오락을 주도하는 '우스꽝스러운 왕'이 아니라 정치적 지도자의 의미를 가지고 있었다. '왕'으로 뽑힌 인물은 평소 수다쟁이라는 평이 있긴 했지만 원만하고 온건한 비폭력적인 기질의 장 세브르, 일명 '포미에'(Paumier)로 불리는 청년이었다.[13] 나사 제조공들은 '왕'을 뽑은 뒤 그를 중심으로 행렬을 벌였다. 그 행렬은 단순히 직업인의 행진이라기보다는 일종의 군사적 시위였다. 대부분의 장인들이 칼이나 화승총으로 무장하고 있었던 것이다.[14] 그들은 시위로 끝나지 않고 포미에를 대표로 하여 관공서로 가서 시 행정관들과 면담을 가졌다. 그 자리에서 '포미에 파(민중파)'들은 조세 문제에 대한 그들의 불만과 항의를 거칠고 소란스럽게 표현했다. 그러나 질서를 위협할 만큼의 반란이나 난동을 일으키진 않았다.

이 '불미스러운 사건'은 이웃 도시, 발랑스(Valence) 민중에게도 전해졌다. 그들은 로망스 '민중파'와 연대하기 위해 로망스 성내로 들어오려 했지만 입성이 금지되었다. 사태가 확산되는 것을 막으려는 시 당국의 의도 때문이었을 것이다. 입성이 금지되자 발랑스 민중들은 성 앞에서 미늘창을 흔들며 욕설을 퍼붓는 등 군사적 시위를 벌였다. 그들의 군사적 시위에는 카니발적인 뒤집기 변장과 조롱과 야유가 섞여 있었다.

폭력의 징후

발랑스 민중들의 동조 움직임에도 불구하고 로망스의 소란이 큰 유혈 충돌 없이 그친 것에 비해 그해 봄 농촌을 휩쓴 농민 봉기는 심각하였다. 성을 불태우고 영주를 살해하는 수준에 이르렀던 것이다. 이런 상황에서 폭력적인 농민들과 포미에를 대표로 하는 도시 장인들이 연대하고 시골 영주들과 도시 부르주아들이 연대하기에 이르렀다. 당시 도시 부르주아들을 대표하는 인물은 게랭(A. Guerin)이었는데, 그는 로망스 시의 판사였을 뿐만 아니라 이 모든 사건의 공식적 기록자였다. 여기에 장인들 사이에 내분이 일어나면서 로망스 시와 그 주위 농촌 지역의 갈등 관계가 더욱 복잡해졌다. 포미에와 그의 절친한 친구

라로슈(Laroche)가 결렬하면서 라로슈와 게랭이 가까워졌다. 이에 장인층 일부를 상실한 포미에는 위그노 파에 해당되는 부르주아와 장인, 교황파 노동자들을 전략적으로 포섭하였다. 노동자들이 가세함으로써 포미에 파는 더욱 민중적 성향을 띠게 되었다.

이러한 이합집산 속에서 도시의 질서 유지를 최고의 목적으로 삼았던 게랭은 5월 1일(오월제) 포미에 파가 소란을 일으킬 것을 우려해 그들의 근거지인 선술집 단속을 강화하였다. 더구나 5월에 프랑스의 왕비 카트린 드 메디치의 로망스 입성식이 예정되어 있었기 때문에 게랭은 더욱 강경해지지 않을 수 없었다. 하지만 그의 우려와는 달리 사실 포미에는 '폭력주의자'라기보다는 '온건주의자'에 가까웠다. 입성식 날 포미에의 타협적인 태도는 그 점을 보여준다. 그 입성식을 계기로 포미에는 소란을 모의할 수도 있었지만 게랭을 도시의 합법적인 대표로 인정하고 일시적으로 무장을 해제하였다.

1579년 가을 수확기에 접어들자 도시가 다시 동요했다. 그 원인은 그해 가을과 겨울 동안 시 의회가 도시의 빚을 갚기 위해 세금을 인상했기 때문이다. 이에 제빵업자와 정육업자들이 증세에 반발하여 파업을 결의하고, 여기에 나사공과 마(麻)제조공들이 동참하면서 도시 전체가 술렁거리기 시작했다. 포미에 파는 도시 엘리트와 사법 관료들을 비판하면서 조세 거부와 파업을 선동하였다. 포미에는 '우리가 왜 귀족의 빚을 대신 갚아주어야 하는가'라고 외치고 다녔다. 빵과 육류가 생필품이었던 만큼 그 분야의 파업은 매우 효과적이었고 그 만큼 도시 귀족들의 불안도 커졌다. 이런 상황에서 1580년 1월 카니발 기간이 다시 돌아왔다. 그러나 그해 축제 분위기는 여느 때보다 험악하였다. 중앙의 '게랭 파'와 주변의 '포미에 파'의 긴장이 곳곳에서 감지되었다. 그러한 긴장은 얼마 후 벌어질 유혈사태와 대량학살의 전조였다.

2월 2일 성촉절과 2월 3일 성 블레즈 축일은 다가오는 육식일과 더불어 카니발 축제의 절정을 이룬다. 그러나 이미 1월 말부터 카니발이 시작된다. 그해도 질서파인 게랭의 동료들과 반란파(민중파)인 포미에의 동료들은 각자 '축제의 왕'을 뽑고 다양한 행사를 펼쳤다. 포미에는 곰 가죽을 뒤집어쓰고 동료들과 함께 북을 두드리며 무장행진을 벌였다. 게랭은 이런 제스처 속에서 '권력에 대한 도전과 위그노의 음모'(당시 포미에는 위그노와 절친한 사이였음)를 읽었다. 2월 2일 장인들은 '양(羊)의 왕국'을 세우고 2월 3일부터 거기서 의미심장한 춤과 행렬을 펼쳤다. 그들은 북을 요란하게 두드리면서 발에 방울을 달고 춤을 추고 다녔다. '발에 달린 방울'이 의미하는 바는 '뒤집힌 질서'였다. 또 그 행렬에는 성령 신도회의 회원들도 참가했는데, 그들은 칼춤을 추며 사람을 죽이는 듯한 제스처를 선보였다. 다른 사람들도 각자 도리깨와 써레, 비 등 농기구들을 들고 춤을 추었다. 이런 위협적이고 야만적인 행렬을 보면서 게랭은 무엇을 생각했을까? 그는 거기서 교양인에 대한 도전, 폭력과 반란의 징후들을 보았다.

그러나 게랭이 해석한 것처럼 그것들이 정말 반란을 의미하는 것이었을까? 발에 건 방울은 뒤집기 의식으로 카니발의 전통적 관행이다. 도리깨는 겨울 보리타작 때 사용하는 농기구로서 그것을 가지고 추는 춤은 씨앗을 지켜주는 성인인 성 블레즈에게 풍요를 기원하는 의식이었다. 성령 신도회 회원들이 죽음을 암시하는 춤을 춘 것은 사실이지만, 카니발 전통에서 죽음이 상징하는 것은 어떤 위협이나 폭력이 아니라 만물의 순환과 재생, 그리고 부활이었다. 물론 그들이 춤을 추면서 외친 '가톨릭교도의 살 1파운드에 6드니에……'라는 외침은 가톨릭 성향의 귀족들에게 섬뜩하게 들렸을 것이다. 그러나 전체적으로 그 해의 카니발 행렬이 게랭이 생각한 만큼 그렇게 반란적인 것은 아니었다. 게랭의 해석은 바흐친이 강조한 카니발 상징의 다의적이고 복합적인 성격 때문에 빚어진 '불행한 오해'였다. 사실 카니발 담론은 고정되고 영원불멸한 것이 아니라 시대와 장소, 주체에 따라 다양한 의미로 사용되고 읽힐 수 있다.

긴장이 고조되다

장인(빈자)들의 춤에서 반란을 읽어낸 부자들은 2월 6일 토요일, 자신들의 '왕국'을 만들었다. 그들은 도시 부르주아 구역에서 '코크(coq, 수탉) 왕국'을 세우고 코크 경주를 벌여 왕을 뽑았다. 그런 후 그들 역시 마스크를 쓰고 춤을 추고 사냥과 연회를 벌였다. 저녁에는 무도회가 이어졌다. 포미에는 어떠한 질투와 혐오도 품지 않고 무장한 동료도 거느리지 않은 채 그들의 저녁식사 초대에 응했다. '위선의 포옹'이 오고갔다.

2월 9일 귀족들이 대광장에 모여 이번에는 '자고새(perdrix) 왕국'을 세우고 자고새 경주를 벌여 '왕'을 뽑았다. 이후 자고새 왕국은 코크 왕국과 결탁하였는데 이쯤에서 포미에는 부르주아와 귀족들의 '반격의 징후'를 감지했을 것이다. 그러나 귀족들의 '음모'는 훨씬 이전부터 진행되고 있었다. 2월 9일 이전 '자고새 왕국'을 선포하고 '왕'을 뽑는 축제의 초대장이 도시 귀족들과 부르주아들에게 배부되었다. 당일 그들은 그 초대장을 들고 대광장에 모여들었다. 거기서 벌어진 귀족들의 축제 역시 지극히 민속적인 모형을 따랐다. 그 구역의 빈자들도 참가한 가운데 경주가 진행되고 향연이 벌어졌다. 그런데 이런 화해의 제스처는 자신들의 공격적 의도를 교묘히 감추기 위한 게랭 파의 술수였다. 부자와 빈자 모두에 감지된 긴장감이 그 점을 반증한다. 향연 중에 '자고새 왕국'의 사람들이 '양의 왕국' 사람들을 위협하는 행위를 하였고, 성 위에서 펄럭이는 초대장에 적힌 것과 똑같은 난해한 숫자가 적힌 깃발은 마치 어떤 음모 혹은 민중에 대한 멸시를 표현하는 듯했다. 위협과 멸시를 당했다고 생각한 포미에 파 동료들은 칼집에 손을 대며 욕설을 퍼부으며 싸우자고 주장했지만, '평화주의자'인 포미에는 오히려 동료들을 진정시켰다. 2월 9일은 그렇게 지나갔다.

 2월 11일 코르들리에 광장에서 부르주아 귀부인들과 숙녀들이 참석한 가운데 자고새 경주가 있었다. 그 당시 귀부인들은 로망스에서 벌어지는 행진과 입성식의 '장식품'이었다. 그녀들은 빈자들의 카니발이 다소 남성적이었던 것에 반해 부르주아들의 카니발을 여성적이고 화려한 것으로 만들어주는 요인이기도 하였다. 그뿐인가! 귀부인들은 늘 남성들의 관심거리이고 분란의 요인이다. 이날의 경주에서는 장인 출신의 라로슈가 우승하여 '자고새의 왕'이 되었다.

 '자고새의 왕'은 며칠간 로망스를 지배한다고 선포하였고 그때부터 '뒤집힌 유토피아'(le Pays de Cocagne)로 들어섰다. 게랭은 이미 2월 9일 '법령'을 통해 '뒤집힌 유토피아'를 선포한 바 있다. 식품 가격을 거짓말처럼 낮춘 것이다. 이런 희화적인 가격 뒤집기가 의미한 것은 귀족과 같아지려는 빈민에 대한 조롱이었다. 이런 점에서 게랭의 '뒤집기'는 질서의 전복을 의미한 것이 아니라 그러한 전복을 추구하는 세력을 비웃고 질서를 확립하려는 의도의 표현이었다.

  2월 13일과 14일, '자고새의 왕' 라로슈는 시 행정관(prévot)과 함께 행렬을 벌였다. 시 행정관의 동행은 행렬을 공적이면서도 과시적인 것으로 만들었다. 그들의 행렬은 화려한 왕의 입성식을 모방한 것이었다. 라로슈는 행렬이 끝난 뒤 상연된 사법적 연극, 「대평의회」(le Grand Conseil de comédie)에서 민중들의 불만이 근거 없는 것이라고 역설하였다. 같은 날 빈자들도 행렬을 벌인 관계로 작은 충돌이 발생하였다.

육식 월요일에 생긴 일

  육식 월요일인 2월 15일에 더욱 성대하고 화려한 행렬이 펼쳐졌다. 부유층 청년 40여 명은 마분지가 아닌 견고한 금속으로 만들어진 무기와 창을 들었다. 그것들은 파벌 간 충돌이 있을 때 언제든지 실제 무기로 사용될 수 있는 것들이었다. 그들 외에도 무장한 20여 명의 스위스 상인들이 아름다운 유니폼을 입고 등장했다. 그들의 무장과 유니폼은 민중들의 거칠고 조잡한 변장과는 전혀 다른 미학적 수준을 과시하였다.

  이러한 군사적 퍼레이드 뒤에 게랭이 직접 조직한 시민적 행렬이 이어졌다. 그 순서는 '왕'과 '왕국의 관료들', '대법관'이 앞서고 광인의 축제 때 선출된 성직자들, 즉 '익살맞은 부속사제들(aumôniers)과 광인의 주교'가 뒤따르는 식이었다. 다시 그 뒤에는 80여 명의 도시 부르주아들과 시민들이 화려한 마스크와 의복으로 변장한 채 행진하였다. 이러한 마스크와 변장을 위한 비용은 모두 자비로 부담하였다. 그들은 행렬을 마친 후 도시에서 가장 큰 생 바르나르(Saint-Barnard)교회로 가 익살적인 미사 놀이를 즐겼다. 이 미사 놀이에는 화려한 터키 복장을 한 '자고새 왕의 사신들'이 등장하였다.

단체와 신분의 행렬은 르네상스 시기 도시 민속에서 중요한 의미를 가지고 있었다. 도시의 전 신분과 단체를 포괄하는 총 행렬은 그 자체로도 성대하여 그것을 보기 위해 수많은 군중들이 장사진을 이루었다. 거기에는 도시의 다양한 직업단체와 특권단체, 신도회 등이 총동원되었다. 사람들은 개인으로서보다는 한 단체의 일원으로 행렬에 참여했다. 장 보댕(Jean Bodin)은 『공화국』(*République*, 1586)이라는 책을 통해 16세기 파리의 대행렬이 가지는 사회학적 함의를 지적한 바 있다. 그는 이 행렬을 '수많은 발로 구성된 도시의 사회학'이라고 표현하였다. 그 선두에는 국왕이 등장하고 성직자와 상원이 뒤를 이었다. 여기서 상원이 의미하는 것은 시 관리들이나 시 최고위원회를 구성하는 위원들(corps consulaire)이다. 그 다음에는 군대 장군들이 행진하고 그 뒤를 이어 도시에 유용한 일을 하는 법률가·의사와 같은 전문가·상인·장인 등이 행진했다. 그 다음에는 도시에 유용하지만 사람들이 기피하는 직업인·이발사·한증탕주인·선원·마부·장의사·수비병·사형집행인 등으로 그 행렬 순서는 각 직업이 도시에 기여하는 정도에 의해 결정되었다. 계속해서 도시 향락업 종사자·마차꾼·기둥서방·중매쟁이 등이 오고 행렬의 맨 뒤에는 연극종사자·익살광대·무언극배우·씨름꾼·검투사 등이 왔다. 보댕이 그들을 맨 끝에 배치한 이유는 그들이 도시에 도움을 주기보다는 도시의 풍속을 해친다고 생각했기 때문이다. 물론 보댕이 제시한 모델은 로망스의 것과는 다르다. 보댕의 행진에 등장한 배우들은 진짜 왕과 성직자·군인들이지만 로망스의 것은 진짜의 패러디이다. 가짜 왕과 가짜 관료들이 등장하고 그 역을 맡은 것은 상인과 부르주아들이다.[15] 하지만 로망스 부르주아들이 제시한 행렬은 도시의 경제와 부를 서열화시켜 보여준 것으로 보댕의 모델과 유사하고, 이 시대 대부분의 위계적인 행렬과 유사하다. 이런 점은 일상의 일탈과 해방을 추구하는 자유로운 몸짓을 표현한 빈자들의 행렬과 그들을 구별시켜주는 요인이기도 하다.

이제 다시 사건 현장으로 돌아가보자. 1580년 육식 월요일 화려한 행진과 연회로 이루어진 부자들의 카니발 '왕국' 옆에는 빈자들의 카니발 '왕국'이 있었다. 이 부자와 빈자의 두 '왕국'을 중심으로 종교적·문화적·경계선이 복잡하게 얽혀 있었다. 교황주의자들은 가톨릭 귀족에 동조하여 '자고새 왕국'과 결합했고, 도시의 장인으로 구성된 위그노들은 '산토끼 왕국'을 조직했으며, 장인과 농업노동자·포도재배노동자로 구성된 '동맹파'(ligueurs)는[16] 포미에를 중심으로 '샤퐁(chapon, 거세된 수탉) 왕국'을 만들었다. 이처럼 도시 내 통합과 대립을 구분하는 다양한 경계선을 감안하면, 데이비스가 16세기 반란을 분석하면서 '그들의 대립은 계급적인 것이 아니라 문화적인 것이다'라고 한 주장은 설득력이 있다.

표 3. 계급과 동물상징의 관계

부자	코크→수리새→자고새
빈자	샤퐁→양→산토끼→당나귀

여기서 잠시 각 계급과 그들이 상징하는 동물 사이에 어떤 상관관계가 있는지 살펴보도록 하자. 대체로 부자들이 그들의 상징으로 선

부자들의 계급을 상징하는 자고새.

택한 동물은 하늘을 나는 것들이 많다. 반면 빈자로 내려올수록 그들의 상징 동물은 땅으로 내려오는 성향이 있다. 앞에서 여러 번 언급한 당나귀의 경우 민중문화의 가장 대표적인 상징이다.

'자고새 왕국'과 '샤퐁 왕국'은 서로 적대적 관계로서 각각 자율적이고 독립적인 구역을 가지고 있었다. 그들 사이의 대립과 경계(警戒)로 인해 그해 카니발 분위기는 팽팽한 긴장감이 감돌았다.

육식 월요일 '자고새 왕국' 사람들이 화려한 행렬을 펼치고 연회를 즐기는 동안에 200여 명의 '동맹파' 사람들은 도시 변두리에 모여 '샤퐁 맞추기'와 달리기를 한 후 그 우승자를 '왕'으로 뽑았다. 그런 후 그 '왕'을 선두로 무장 행진을 벌였다. 그 행렬에서도 사람들은 얼마 전성 블레즈 축일의 행렬에서처럼 도리깨와 써레·비를 들고 방울을 울리며 위협적인 춤을 추었다.

　빈자들의 행렬이 생 바르나르 교회에 예배를 보러가는 부자들의 화려한 행렬과 조우한 것은 그때였다. 그때 게랭은 빈자들의 위협적인 칼춤에서 어떤 불손한 의도를 감지하였다. 더 나아가 만약 저녁 연회 때 포미에 일당이 공격할 경우 반드시 방어해야 한다는 '과잉방어의 결심'을 굳힌 것도 그때였다. 이 첫 번째 조우에서 라로슈는 포미에를 저녁 연회에 초대했는데, 포미에는 삼단논법을 사용해 초대를 정중히 거절하였다. 여기서 포미에의 온건하고 차분한 성격을 다시 확인할 수 있다.

　예배가 끝난 후 두 행렬은 다시 조우했다. 터키풍의 복장을 입은 사람들이 가세한 부자들의 화려한 행렬과 조잡하고 거친 분장을 한 빈자들의 행렬은 그 자체로 카니발의 분열을 표현하기에 충분하였다. 좁은 로망스 거리에서의 두 번째 조우는 첫 번째 만남보다 더 험악했다. 부자들의 행렬의 선두에는 네 명의 '터키 인'이, 빈자들의 행렬의 선두에는 성령 신도회의 옷을 걸치고 당나귀를 탄 사람이 있었다. 당나귀야말로 민중문화의 상징적 동물이자 샤리바리의 핵심적 모티프이다. 이때 빈자들이 당나귀를 끌고다닌 데에는 이유가 있었다. 당시 민중적 전통에서 당나귀는 '매 맞는 남편', '오쟁이 진 남편'에 대한 조롱의 상징이었다. 빈자들은 당나귀를 등장시킴으로써 부자들의 남성다움을 공격하고 축제의 뒤집힌 세계에서 귀부인들이 남편을 배신하고 가난한 청년들에게 갈 것이라는 점을 은근히 암시하였다.

　부자들은 죽음을 상징하는 춤과 '가톨릭교도의 살 1파운드에 4드니에……'라는 외침을 뚫고 좁은 길을 거의 스칠 듯이 지나 빈자의 행렬을 비껴갔다. 게랭은 이후의 보고서에서 매장과 죽음을 암시하는 빈자들의 제스처 속에서 반란만이 아니라 섬뜩한 살의를 감지했다고 기록하였다. 그러나 민중의 전통적 관행에 비추어 보았을 때 살의를 감지했다는 것은 사실 자체라기보다는 그의 '의지'에서 비롯된 것이었다. 빈자들의 제스처, 예를 들면 도리깨와 써레로 추는 춤, 성령 신도회의 죽음의 춤과 칼춤은 지극히 전통적인 것으로, 정치적인 의미가 전혀 없다고는 할 수 없지만 그것을 반란과 식인의 몸짓으로 해석한 것은 분명 '앞서 나간 해석'이었다.

그날 저녁 부자들은 고리 경주를 즐긴 후 가장무도회를 벌였다. 거기에는 '자고새 왕국'의 동료들만이 아니라 그들의 초대를 받은 다른 왕국의 대표들과 동료들도 있었다. 부르주아 귀부인들이 참석한 무도회는 열정과 흥분의 도가니였고 그만큼 소동이 임박했음을 암시했다.

사건의 전말

그날 밤, 호식으로 시작한 무도회가 어떻게 그뒤 이틀간의 대학살로 이어졌는지에 대해서는 분명하지 않으며 그것을 기록한 사람들의 주장도 각각 다르다. 당시 투르농(Just-Louis de Tournon) 백작은 카트린 드 메디치와 앙리 3세에게 보내는 서한에서 '로망스의 야상곡'(nocturne romanais)에 대해 짤막하게 언급하였다. 그는 '그날 로망스의 부유층과 동맹파 중 몇 명 사이에 충돌이 있었고 그 충돌은 그들 사이에 더 이상 유머가 통하지 않았기 때문이었다'고 언급했다. 부유층들은 동맹파들의 거친 제스처를 더 이상 관행으로 용인하지 않고 자신들의 권위에 대한 무례한 도전이라고 생각한 것이다. 투르농 백작의 이런 설명은 그때까지 함께 나눠가졌던 관행의 상징적 의미를 더 이상 공유할 수 없을 만큼 로망스 시의 신분 대립과 갈등이 심각했음을 보여준다.[17]

사건의 목격자인 피에몽(Piémont)과 게랭은 이 사건에 대해 좀더 자세히 기록하고 있지만 그들의 주장은 일치하지 않는다. 피에몽은 '자고새 왕국'의 동료였지만 신분상 농민에 속했다. 그에 의하면 유혈 사태의 책임은 부자들에게 있었다. 2월 14일 부자들은 놀이와 춤보다는 포미에 파를 제거할 음모에 골몰해 있었다. 이러한 심리적 몰두는 그들의 행동을 '과잉방어'로 몰아갔다. 그들은 포미에 파가 화려한 가장무도회와 아름다운 귀부인들을 보기 위해 기웃거리자 그것을 공격적 의도로 해석하였다. 이에 그들은 포미에 파를 공격하였고, 현장에 있는 포미에 파를 학살하는 것에 만족하지 않고 곧 이어 포미에의 집으로 달려가 그를 끌어내어 교수형 시켰다.[18]

그러나 판사의 자격으로 이 사건을 카트린 드 메디치에게 보고한 게랭의 주장은 이와 다르다. 게랭의 주장을 따라가보자. 그날 저녁 '자고새 왕국' 사람들은 고리 경주를 마치고 '수리새 왕국'의 동료들과 함께 무도회가 열리는 코르들리에(Cordeliers) 수도원까지 행진을 하였다. 그런데 그들의 행렬이 아름다운 귀부인들이 모인 무도회장에 들어가는 도중 행렬의 뒷부분이 포미에 파로부터 공격을 받았다. 게랭과 피에몽의 주장이 일치하는 않는 부분은 여기이다. 피에몽은 포미에 파의 무해한 제스쳐를 부자들이 오해한 것이라고 주장한 반면 게랭은 포미에 파가 부자들을 먼저 공격하였다고 주장한 것이다. 게랭은 자신의 보고서에서 '샤퐁의 음모'를 분명히 강조하였다. 그에 의하면 포미에 파들은 사실 사건 다음날, 즉 육식 화요일 새벽 여섯 시에 공격할 계획

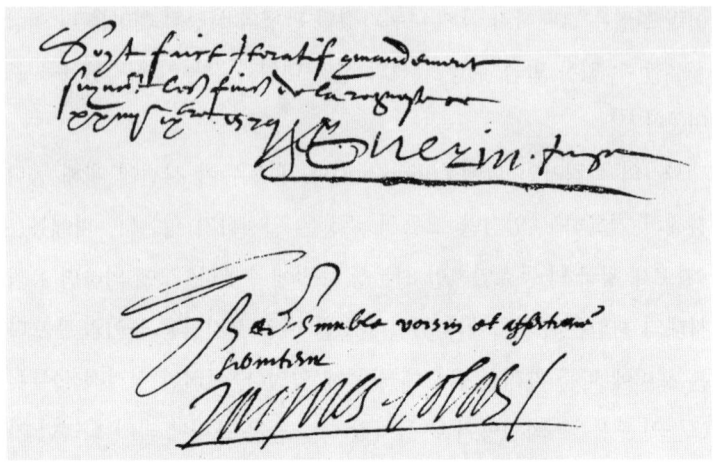

1580년 로망스 카니발 때 벌어진 대학살에 대해 공식적 기록을 남긴 게랭의 서명.

을 미리 세우고 있었지만 월요일 저녁 무도회에서 아름다운 귀부인들을 보고 본능을 억제하지 못해 충동적으로 공격을 앞당겼다는 것이다. 따라서 부자들의 공격은 정당방위라고 주장하였다. 포미에의 살해 부분에 있어서도 피에몽과 게랭의 주장은 다르다. 포미에는 부자들이 포미에의 집에 찾아가 그를 끌어내 살해하였다고 주장한 반면 게랭은 거리에서 우연히 마주친 포미에와 실랑이를 하는 과정에서 살해하였다고 주장하였다.

 1580년 카니발에 벌어진 이 대학살은 15일과 16일 로망스에서 26명의 포미에 파가 살해된 것으로 끝나지 않았다. 이후 몇 개월에 걸쳐 주위 농촌에서 수많은 사람들이 희생되었다. 이때 희생된 포미에 파, 나사제조공들은 그들이 뜻하지 않았던 봉기의 혐의 때문에 희생된 '비자발적인 희생양들'이었다.[19]

게랭이 '봉기의 의도'를 읽어낸 뒤집기 의례는 계절축제, 카니발에서 흔하게 볼 수 있는 관행이다. 그 관행은 다소 저항적이고 일탈적 성격에도 불구하고, 아니 오히려 그 때문에 사실 수백 년 동안 유럽 농촌 사회를 통합시키는 역할을 해왔다. 이 때문에 이글턴(Terry Eagleton)은 그런 뒤집기 관행을 '인가된 사건이며 봉쇄된 민중들의 폭발'이라고 언급했고,[20] 터너(Victor Turner) 역시 '문턱의 시간'이라고 지적했다.[21] 이 주장들에 의거하면 포미에 파의 제스처는 그 자체로 위협적으로 보일 수 있지만 결국 사회와 공동체의 원만한 유지를 가능하게 하는, '무해한' 그래서 '봉기의 음모'를 읽어낼 수 없는 그저 민중적 관행일 뿐이다. 그러나 1580년 그런 무해한 관행, 즉 단지 의례적이며 연극적인 저항이 유해한 것으로 독해되었다는 것은, 극심한 대립을 배경으로 해서 명시적인 계급의식이 그 속에 스며들 수 있음을 보여준다. 그럴 경우 피터 버크가 언급한 것처럼 '축제의 저항의례는 사회적 소요로 나아간다.' 그에 의하면 의례에서 반란으로의 변화를 가능하게 하는 것은 '약호의 전환'이다.[22] 요는 관행 그 자체의 성격이나 내용이 문제가 아니라 그것을 읽어내는 방식이 문제라는 것이다.

　'약호의 전환'은 로망스의 카니발을 이해할 수 있는 단서이기도 하다. 1580년 유혈 학살의 본질은 종교적·신분적 차이에 있는 것이 아니라 더 이상 전통적 상징을 공유할 수 없게 되었다는 데에 있다. 전통에 계급의식이 각인되면서 그것은 더 이상 신화적이고 상징적인 기능을 할 수 없게 되었다. 칼춤의 경우를 살펴보자. 그것은 원래 새 봄의 도래, 계절의 변화를 표현하는 시공적(時空的) 의식이자 농사의 풍요를 비는 전통적 춤이었다. 그 전통적 춤을 봉기의 음모로 해석하게 한 것은 게랭이 가지고 있던 적대적 계급의식이라고 할 수 있다. 이런 계급의식은 도시라는 분열적 공간의 산물이다. 전통적 상징은 시골에서 도시로 그 무대를 옮기면서 그 신화적 상징성과 집단성을 상실하고 음모와 위협의 상징, 계급 갈등을 확대 재생산하는 상징으로 변하였다.[23]

이처럼 약호의 전환은 계급의식이라는 외부적 요인에 기인한 바 크다. 하지만 그것이 다일까? 이미 전통적 상징 속에 약호의 전환을 가능하게 하는 본질적 요소들이 내재되어 있는 것은 아닐까? 사실 카니발 상징은 모호한 양면성을 가지고 있다. 바로 이 모호한 상징성이 '이중적 독해'와 '약호의 전환'을 가능하게 하는 본질적 요소일지도 모른다. 장인들은 고래의 방식대로 서열과 특권의 일시적 정지를 축하한 것 뿐인데, 부자들이 그것을 봉기를 향한 기표로 '오독'하게 만든 것은 바로 이 '모호성'이다. 이런 점에서 로망스의 불행한 사례는 르네상스 말기 유럽에서 점차적으로 확대되고 있던 좀더 일반적인 현상의 한 사례, 즉 엘리트문화와 민중문화, 고급문화와 저급문화의 분열을 보여주는 사례이기도 하다.[24]

3 전통축제와 종교적 폭력

종교개혁 속의 카니발

　루터와 캘빈의 종교개혁으로 촉발된 종교분쟁은 카니발을 대립과 갈등의 장으로 만든 또 하나의 역사적 계기였다. 데이비스의 연구에 의해 잘 드러났듯이 이 시대 종교의례와 축제는 크고 작은 종교분쟁의 계기가 되었다.[25] 그도 그럴 것이 전통축제들은 대부분 종교적 성격을 많이 가지고 있었기 때문에 신교와 가톨릭이 충돌할 수 있는 더할 나위 없는 호기(好機)였던 것이다. 이 시대 카니발은 신교와 가톨릭 모두의 입장에서 상대방을 헐뜯고 자신들의 종교를 선전하는 수단이었다. 그러나 새로운 종교를 개창하고 그것을 전파해야 할 사명을 가졌던 신교가 이 점에 있어서는 가톨릭보다 한 수 위였다. 특히 스위스에서 카니발과 청년회는 종교적 선전과 분쟁의 수단이었다. 신교도들은 전통관행에 종교와 도덕에 관한 알레고리를 풍부하게 접목시켜 종교적 선전에 활용하였다. 이처럼 전통적 오락에 종교적 개혁을 향한 열망이 스며들면서 그것에 의한 공동체의 의사소통과 화합은 더 이상 불가능해졌다.

 몇몇 선두 주자들이 카니발의 거리 연극을 선전을 위한 수단으로 신중하게 도입하였다. 예컨대 현실비판적인 샹송과 발라드를 작곡하다가 1517년 최초로 '정치적'인 카니발 놀이를 주도한 바젤의 인쇄업자 팜필루스 겐겐바흐(Pamphilus Gengenbach)를 꼽을 수 있을 것이다. 이후 바젤을 넘어 취리히와 베른에 이르기까지 가톨릭교회를 비판하는 담론들이 경쟁적으로 나타났다. 그 중에서 가장 신랄하게 교황을 비판하는 카니발 연극이 1523년 베른에서 상연되었다. 심지어 그것은 주지사의 암묵적인 동의 아래 진행되었다. 그 연극을 쓴 작가 니콜라스 마누엘(Nicolas Manuel)은 성직자들의 기생성, 더 나아가 터키의 위협은 무시한 채 기독교도와 전쟁을 일삼고 신자들을 약탈하는 교황의 세속적인 야망을 신랄하게 비판하였다.[26]

 이런 반가톨릭적인 담론의 확산에서 인쇄술의 역할은 결정적이었다. 카니발의 모호한 알레고리는 인쇄물로 텍스트화 되는 과정에서 좀 더 분명한 의미를 가지게 되었다. 뿐만 아니라 그 의미는 카니발이라는 일시적 시간성에서 탈피해 항시적 일상으로 파고들었으며, 행상인들에 의해 공간적 한계를 넘어 널리 확산되었다. 이처럼 인쇄술의 발달은 카니발의 오래된 소극에 엄청난 파급력과 선전술을 부여하였다. 그뿐인가. 소극은 인쇄술에 힘입어 그것을 눈으로만 감상하는 몇몇 구경꾼의 범주를 넘어 문자로 감상할 수 있는 좀더 전문적이면서 광범위한 교양인층으로 확대되었다.

 종교적 선전을 위해 카니발과 인쇄술이라는 수단을 효과적으로 이용한 인물이 루터(M. Luther)다. 루터는 1517년 자신의 「95개조 반박문」을 하필이면 11월 1일 만성절에 공표하였을 뿐만 아니라, 1521년

비텐베르크의 카니발 의식에 반교황적인 선전을 도입하기도 하였다. 그리고 루터파 지지자들은 도시에서 루터에 반대하는 사람들을 샤리바리하였다. 특히 루터의 적대자였던 토마스 뮈르네(Thomas Murner)는 카니발 오락이나 팸플릿에서 연일 맹공격을 당하였다. 1521년 스트라스부르의 사순중간기 축제에서 뮈르네를 상징하는 고양이 모양의 마네킹이 거리를 끌려다니며 모욕당하고 불태워졌다. 인쇄술의 발달만이 아니라 16세기에 성행했던 카니발 연극도 루터의 종교개혁이 성공하는 데 한몫을 하였다.

샤리바리를 종교적으로 이용한 것은 신교도들만은 아니었다. 1523년 스위스 루체른의 카니발에서 종교개혁가인 츠빙글리의 마네킹을 끌고 행진한 후 불태운 사람들은 가톨릭교도들이었다. 이처럼 종교적 분쟁이 극심했던 지역을 중심으로 16세기와 17세기 상대방을 조롱하고 모욕하는 폭력적 샤리바리가 계속되었다.[27]

바젤의 종교분쟁에서도 카니발은 중요한 계기로 작용하였다. 1530년을 전후로 바젤에는 개혁주의적인 교회의 영향력이 점점 확대되고 있었다. 1529년 그 영향을 받은 청년회 회원 300여 명은 카니발을 이용해 가톨릭을 비난하는 선전을 벌였다. 그들은 '카니발의 왕'의 지도 아래 도시를 누비고 다니며 난동을 부렸다. '만약 네가 신이라면 스스로를 방어하고 인간이라면 피를 흘려보아라'라고 외치며 가톨릭 우상을 파괴하는 극단적 행동도 서슴없이 하였다. 급기야 청년회에 의해 성당과 시청까지 점거되자 당황한 시 관리들이 그들의 요구를 받아들여 새 예배를 허락하였다. 그러나 그 '소란'이 끝나자 새 예배는 다시 금지되었다.[28]

가톨릭과 신교의 대립

스위스 종교개혁의 영향을 받아 프랑스에도 신교도인 위그노가 급속하게 확대되었다. 그로 인해 기존의 가톨릭교회와의 갈등과 분쟁은 피할 수 없는 사실이 되었다. 거의 모든 형태의 종교행사들이 위그노와 가톨릭교도의 갈등과 소요로 얼룩졌다. 만약 가톨릭교도들이 성모 마리아상을 들고 행진을 시작하면 어디서 소릴 들었는지 신교도들이 몰려나와 조롱과 야유를 퍼부었다. 신성한 행진을 망친 가톨릭교도들은 그에 대한 보복으로 그날 밤 신교도의 집에 몰래 들어가 그들을 실컷 두들겨 팼다.[29] 느무르(Nemours)에서 세례를 두고 벌어진 대립은 일상까지 파고든 종교적 분열이 친족관계까지 와해시켰음을 잘 보여준다. 느무르의 한 신교 부부가 자신들의 아기를 신교 의례에 따라 세례를 받게 하였다. 그러나 독실한 가톨릭 신자였던 아기의 숙모는 이에 격분해 아기를 몰래 빼돌려 가톨릭 의례에 따라 다시 세례를 주었다. 얼마 후 이 '유괴' 때문에 마을 사람들은 신교도와 가톨릭교도로 나뉘어 유혈적 패싸움까지 벌였다.[30]

툴루즈에서 고인이 된 아내의 장례를 두고 벌어진 갈등은 차라리 희화적이다. 그곳에 사는 한 신교 목사는 당연한 일이지만 신교 의례에 따라 아내의 장례를 거행하였다. 그런데 문제는 고인 자신이 가톨릭 신자였다는 점이다. 그 지역 가톨릭교도들은 이 점을 들어 신교 식 장례를 완강히 반대하였고, 그것이 뜻대로 이루어지지 않자 급기야 고인의 시신을 훔쳐와 가톨릭 식으로 장례를 치르기에 이르렀다. 아내에 대한 사랑 때문이었는지 종교적 신념 때문이었는지 목사였던 그 남편은 동료들과 함께 아내의 무덤을 파고 시신을 꺼내 다시 신교 방식으로 매장하였다. 이 사실을 알게 된 가톨릭교도들은 경종을 울려 사람들을 모으고 막대기로 무장한 채 신교도들의 집으로 몰려갔다. 그리고 싸움과 약탈이 시작되었다. 16세기에는 이런 어처구니없는 일들이 흔히 일어나곤 하였다.[31]

종교적인 예배와 행렬이 있을 때 가톨릭교도와 신교도의 대립은 더욱 극적으로 표현되었다. 가톨릭교도가 미사를 보는 장소에 신교도들이 난입해 횡포를 부렸고 신교도의 예배 장소에 가톨릭교도가 들어가 돌을 던지며 훼방을 놓았다. 성체 축일 때 가톨릭교도들이 커다란 십자가와 깃발을 들고 행진하면 신교도 여성들은 창문에 걸터앉아 '거만하게' 바느질을 하였다. 그 자체로 신성모독이 아닐 수 없었다. 심지어 리옹에서는 드니 드 발루아(Denis de Vallois)라는 한 화가가 '점토로 만든 신'(God of paste)을 집어던져 행진을 방해한 적도 있었다. 신교도에 비해 종교적 의례가 유달리 많은 가톨릭교도들이 이렇게 매번 곤경을 당하자 의례가 있는 날 신교도의 집을 집중 감시하거나 심지어 '예방' 차원에서 미리 공격하고 살해하기도 하였다. 1561년 리옹의 한 가톨릭교도는 '성체를 위해 우리는 모든 위그노들을 죽여야 한다'는 극단적인 말까지 외쳤다.[32]

신교도들의 '예방책'도 이에 못지않았다. 그들은 자신들의 신전이나 혹은 성문 밖에서 예배를 보고난 후 검은 옷을 입고 행진을 하곤 하였는데, 대부분 무장을 하였다. 무장을 한 이유는 그들의 찬송가에 가톨릭 성사(聖事)를 모독하는 내용이 담겨 있어 언제든지 가톨릭교도의 기습공격을 받을 우려가 있었기 때문이었다. 예상대로 가톨릭 청년들은 행진하는 신교도들을 향해 돌을 집어던지며 '우상숭배자, 악마, 개 같은 이교적 위그노들'이라고 욕을 하였고 그 결과는 어김없이 폭력과 난투였다.[33] 두 종교 집단의 공식적인 행렬이 길에서 조우하면 대개 불상사가 일어나곤 하였다. 1562년 상스의 거리에서 예배를 보러가던 가톨릭교도와 신교도의 행렬이 마주쳤다. 신교도들은 길을 비켜주기는커녕 오히려 가톨릭교도들의 대열 한가운데로 가로지르려 하였다. 예배가 끝난 후 행진이 이어졌을 때 두 집단은 다시 조우하였다. 첫 번째 만남에서의 불쾌한 감정으로 인해 양보와 타협의 여지는 전혀 없었고 결국 유혈 충돌로 이어졌다. 이 충돌에서 가톨릭교도들은 근처 시골 농민들의 지원을 받아 결국 승리하였다.[34]

두 종교집단의 갈등과 대립이 좀더 극명하게 드러난 것은 춤과 가장행렬·깃발·음악·변장이 범람하는 전통적인 민중축제들이었다. 신교는 카니발이나 수호성인축일을 비롯한 수많은 전통축제 자체를 인정하지 않았으며, 그것을 음탕하고 혐오스러운 것으로 비난하고 있던 터였다. 반면 가톨릭은 관행적으로 그런 축제를 충실히 따랐다. 1565년 리옹에서 성 베드로 축일에 가톨릭교도들이 전통적인 춤을 추며 행진할 때 위그노들이 그들을 공격하고 폭동을 일으킨 것은 이러한 배경 때문이다. 이 일로 결국 피에르 비레(Pierre Viret)를 비롯한 몇몇 다른 신교 목사들이 추방당하였다. 1561년 몽펠리에의 한 축제에서 청년회 회원들이 수백 명 규모의 종교적 행진을 벌였는데, 그때 그들은 축성된 빵을 들고 춤을 추면서 '우리는 위그노들의 방해에도 불구하고 춤을 춘다'라고 외쳤다.[35] 이것은 전통적 관행이나 춤 자체를 두고 신교와 가톨릭 사이에 존재했던 대립적 입장을 암시한다. 1562년 이수둠(Issoudum)의 육식 화요일에도 종교적 충돌이 발생하였다. 그때 가톨릭교도들은 열세 명의 순례자와 열세 명의 경작자, 열세 명의 포도 재배인, 열세 명의 십일조 수납자로 구성된 행렬을 펼쳤다. 그런데 그

1590년 무장한 가톨릭 성직자들의 행렬.

행렬에서 연출된 춤은 섬뜩할 정도의 위협적 메시지를 담고 있었다. 이에 신교도들은 그 카니발 행렬의 악의적인 의도를 알아차리고 관련자들을 투옥하기에 이르렀다.[36]

1566년 파미에(Pamiers)의 성령강림대축일 때도 유사한 상황이 벌어졌다. 가톨릭 청년회는 관례대로 전통적인 춤을 준비하였고 신교도들은 그것을 방해하려고 하였다. 당일 청년회 청년들은 성 안토니(St. Anthony)의 유해와 은으로 만든 조각상을 들고 북을 치며 춤을 추며 행진하였다. 그때 신교도들은 행진하는 청년들을 향해 돌을 집어던졌다. 그러나 가톨릭 청년들은 춤을 멈추지 않고 '그들(신교도)의 재주가 설교라면 우리의 재주는 춤이다. 만약 우리들이 춤을 못 추게 한다면 500개의 머리가 희생될 것이다'라고 외쳤다. 가톨릭 청년들은 신교의 목사가 설교하는 광장에 이르자 노래를 중지하고 '죽여라, 죽여라' 하고 구호를 외치기 시작하였다. 그날의 분쟁은 당일로 끝나지 않고 이후 사흘 동안 유혈 싸움이 계속되었다. 가톨릭교도들은 '머지않아 위그노들의 피가 내 발뒤꿈치까지 찰 것이다'라고 장담하며 춤추고 다녔지만, 그 싸움은 신교도들의 승리로 끝났다. 이 시기 샤리바리 역시 이런 종교분쟁에 휩쓸렸는데, 그것은 이미 앞에서 확인하였다.

그런데 이 종교적 폭력의 주체는 대개 축제를 비롯한 각종 전통 관행을 주관했던 청년회나 신도회, 직업단체들인 경우가 많았다. 군중의 폭력이 즉흥적이고 돌발적이었다면, 가톨릭 측의 친목회나 청년회, 신교 측의 민병대와 직업단체들의 폭력은 좀더 조직적인 형태를 띠었다. 심지어 종교적 폭력을 조직적으로 실행하기 위해 '종교적 정화'를 전담하는 새로운 단체가 만들어지기도 하였다. 그 새 조직은 흔히 군사조직을 모델로 하여 만들어졌는데, 망스(Mans)와 오툉(Autun), 오세르(Auxerre)의 가톨릭 장인 조합, 베지에(Béziers)의 신교와 가톨릭 단체, 몽토방에서 1561년 조직된 개혁 교회의 단체 등이 그러한 사례이다. 샹파뉴에서 결혼하지 않은 남성들로 구성된 단체는 청년 신도회를 모델로 한 것이었다. 엑상프로방스에서는 1562년 엑스의 한 귀족이자 행정관이 평민들, 특히 정육업자와 수도승을 중심으로 '플라상씨'(Sieur de Flassans)라는 단체를 조직하였다. 신교도를 탄압하기 위한 조직적인 단체였다. 그들은 그 지역의 신교도를 색출해 집 주위에서 고함을 지르고 돌을 던졌으며 심지어 투옥, 살해하였다. 그들은 대개 묵주를 걸치고 흰 십자가가 그려진 깃털 모자를 쓰고 교황의 열쇠가 그려진 깃발을 흔들며 신교도를 위협하는 노래를 부르고 다녔다. 커다란 나무 십자가를 든 프란체스코회 수도사들이 항상 그들을 따라다녔다. 이러한 모습들은 그들이 단순한 폭력 단체를 넘어 신성한 종교단체라는 인상을 준다.[37]

종교적 폭력의 심리

그렇다면 축제 때 벌어진 이런 종교적 폭력을 어떻게 해석해야 할까?[38] 전근대 시대의 야만성 혹은 민중들의 폭력성을 증명하는 사례로 보아야할까? 이 분야의 탁월한 연구자인 데이비스에 의하면 종교적 폭력을 행사하는 당사자들은 전혀 죄의식을 느끼지 않았다고 한다. 이것은 폭력을 휘두르면서도 그 희생자를 인간으로 여기지 않았다는 뜻이다. 모(Meaux) 지방에서 가톨릭 군중들이 신교도를 학살할 때 그들은 신교도를 '식초'와 '겨자'라고 부르며 수레로 깔아 죽였다. 성난 가톨릭교도들에게 신교도들의 육체는 인간의 것이 아니라 악마의 또 다른 모습에 불과하였다.[39] 신교도들 역시 가톨릭교도들을 자신들의 종교적 신념을 위해 처치해야 할 대상으로만 생각하였다. 이런 점에서 데이비스는 종교적 폭력 의식(儀式)이 종교전쟁 시기 '탈인간화의 과정'(dehumanization)을 촉진한 중요한 매개였다고 주장하였다.[40]

신교도와 가톨릭교도 모두에게 종교적 폭력은 잔인하고 야만적인 행동이라기보다는 일종의 '종교적 정화'를 의미하였다. 이것은 신교도가 주로 성물(聖物)을 폭력의 대상으로 삼은 것에 비해 가톨릭교도들은 사람의 신체를 대상으로 했다는 점에서 잘 드러난다. 신교도들은 가톨릭교도가 숭배하는 성물이 초인적인 성격이 없고 한낱 우상숭배에 불과하다는 것을 보여주기 위해 찬송가를 부르며 성물을 태우는 화형식을 거행하였다. 반면 가톨릭교도들은 종교적 정화를 위해서는 이교도를 죽이는 것 자체만으로는 충분하지 않고 그 신체까지 철저하게 정화해야 한다고 믿었다. 그래서 그들은 이미 죽은 신체까지도 모욕하고 구박하며 끌고다녔으며, 그 속의 장기를 끄집어내기도 하였다. 물론 그렇다고 신교도들이 가톨릭교도의 신체에 전혀 무관심했다는 것은 아니다. 그들도 역시 가톨릭교도만큼이나 잔인하게 사람을 학살하였다. 단 가톨릭교도들이 신체를 정화시키는 차원에서 죽은 신체에까지 폭력을 휘두른 것에 비해 신교도들은 일단 사람이 죽으면 그 죽은 신체에 대해서는 더 이상 관심을 가지지 않았다. 죽은 신체까지 엽기적으로 다루는 가톨릭교도들을 보면서 그들이 신교도들보다 더 잔인하고 폭력적이라고 생각할 수 있겠지만 사실 그렇게 판단할 수만은 없다. 단지 종교적 정화에 대한 두 집단의 개념이 달랐기 때문이다.[41]

사람들이 종교적 폭력을 휘두르면서 아무런 죄의식을 느끼지 않았다는 것은 자신의 행동에 대한 정당성을 스스로 확신하고 있었기 때문일 것이다. 사실 이 시기의 종교적 정화와 그것을 위한 폭력은 '민중적 전통'에 의해 정당화되었다. 그렇다면 민중적 전통이란 무엇인가? 그것은 '민중의 정의'를 실현하는 그들 사이의 오래된 관행들이었다. 전통사회에서 민중들의 폭력은(약하게는 축제의 모의재판과 샤리바리에서부터 심하게는 실제적인 폭력과 린치 등) 그들이 정의롭다고 믿는 것을 실현하는 지극히 일상적이고 관행적인 방식이었다. 이런 점에서 데이비스는 이 시기의 종교적 폭력을 병리학적인 행동이 아니라 '정상적인(normal) 행동'이었다고 정의한다. 가톨릭교도든 신교도이든 상대방의 '사악한' 신앙이 처벌과 응징을 받아야 한다고 확신하고 있는 상황에서, 교회와 당국이 이렇다 할 대응없이 속수무책으로 일관하고 있다고 여겨지면 '민중의 정의'를 실현하기 위해 언제든지 '전통적 방식'을 사용했다. 그들에게 이 폭력은 죄가 아니며 따라서 죄의식도 생기지 않았다.[42]

여기서 처벌을 위한 전통적 방식이란 샤리바리와 축제의 모의재판을 의미하며 그것을 담당한 주체는 무엇보다 마을과 도시의 젊은 청년들이었다. 16~17세기 종교적이고 정치적 대립에서 민중들이 전통적 방식에 의지한 데에는 그만한 이유가 있었다. 16세기를 기점으로 지식인들은 새 인문주의 사상을 받아들여 급속하게 민속적 언어에서 이탈해간 반면 민중들은 이후 한참동안이나 전통적 언어들을 자신들의 정체성 형성의 기제로 삼았다. 17세기를 지나 18세기까지도 민중들은 지적 문화와는 거리가 먼 문맹이었다. 민중들이 자신을 표현할 수 있는 유일한 수단은 오랫동안 유지해왔던 민속적 언어와 제스처들이었다. 그러한 언어는 민중들의 정체성의 표현이었고 자신들의 일부이기도 하였다. 따라서 정치적이고 종교적인 불만을 표현해야 할 상황에서 민중들이 축제 형태의 폭력, 전통적 괴롭히기, 관습적인 본능해소에 의지하는 것은 당연한 것일지도 모른다. 그들은 다른 방법들을 알지도, 상상하지도 못하였다.

그러나 그 결과는 축제 자체를 위해서는 바람직한 것이 아니었다. 그 이후 축제는 의심받고 금지되고 억압받았다. 수백 년 지속되던 관행이 16세기 이후 몇 번의 정치적 소란과 법률 소송을 겪은 후 사라지고 폐지되는 사례가 흔하였다.[43] 그 무해함과 순수함으로부터 벗어나 변형되고 정치적으로 이용된 관습은 갑자기 난폭하게 망각 속으로 내몰렸다. 우리가 민속이라고 부르는 제스처 전체는 단지 그 양식과 규정에 대한 일치된 합의 속에서만 지속되고 유지될 수 있는 법이다. 그 일치가 깨질 때 관습은 분해되고 사라진다. 17~18세기의 정치사는 그것에 관한 좋은 증거들을 제시하고 있다.[44]

4 농촌의 불경스런 종교관행들

앞에서 확인한 바와 같이 15~16세기부터 도시 카니발은 많은 변화를 겪었다. 지배집단은 카니발을 차용해 권력과 권위를 표상하였으며, 피지배집단 역시 전통적 카니발을 정치화시켜 저항과 소요의 수단으로 사용하였다. 이에 이르자 교회와 세속 당국은 카니발을 의심하고 단속하기 시작하였다. 더 나아가 16세기 한때 카니발을 '저항의 언어'로 사용했던 부르주아들조차 투박하고 거친 카니발 놀이보다는 귀족적 취향이 반영된 세련되고 예의바른 오락을 선호하게 되었다. 카니발 전통은 최소한 도시에서는 구교 지역을 중심으로 점차 쇠퇴하였으며, 신교 지역에서는 17세기에 이르러 거의 소멸하였다.

도시에서 카니발을 비롯한 민중관행이 '수난'을 당하는 동안에도, 그리고 이후에도 한참동안 농촌에서는 그 관행이 유지되었다. 계절 변화와 농업주기를 반영한 카니발 관행이 농민들의 생활 방식과 좀더 긴밀한 관계를 가지는 것은 당연할 것이다. 도시에서보다 농촌에서 카니발 관행이 더 오래 유지된 이유는 그 때문이다. 농촌에서 카니발 관행은 종교를 넘어 그들의 생활이자 삶이었다. 사실 농민들의 신앙은 순수한 정통 교리보다는 태고의 농민적 삶과 전통에 결부된 이교적이고 미신적인 요소에 근거한 측면이 많았다.

농민과 교회

농촌에서 교회는 종교적 장소일 뿐만 아니라 만남과 축제의 장소였다. 교구 축제일이나 수호성인 축일이 되면 사람들이 교회 내에서 노래하고 춤추며 난동을 부리는 일이 흔하였다. 심지어 폭음을 할 때도 있었다. 중부 지방의 신도회 회원들은 축제의 '왕'과 '왕비'를 앞세우고 창과 미늘창으로 무장하고 교회에 들어가 북을 치고 피리를 불며 부인과 소녀들에게 교태를 부렸다. 케르시와 리무쟁 · 부르고뉴에서도 성령 신도회 회원들이 교회 내에서「테 데움」을 부르며 '축제의 왕'을 뽑았다. 여기서 뽑힌 '왕'과 '수비대'들은 성인 상 앞에 꽃을 바친 후 교회 내에서 무도회를 열었다. 아르투아에서는 목동이 변장을 하고 피리를 불며 리본으로 장식한 양을 데리고 들어와 자정미사를 보곤 하였다.[45] 수아송 부근의 시골에서는 의례 때 성모찬가 구절에 맞추어 청년들이 춤을 추는 관행이 있었다. 그 춤을 출 권리는 그들 사이에 명예로 간주되어 경매에 붙여지기도 하였다. 노르망디의 '자선' 의식도 이와 비슷하여 청년들이 십자가와 깃발을 앞세우고 시 관리를 교회로 인도해 자선 미사를 올렸다. 이때 그들은 성모찬가를 노래하면서 바이올린을 함께 연주하였기 때문에 매우 소란스러웠다. 이처럼 청년 신도회가 교회 안에서 거행한 의례는 음악과 춤이 동반된 매우 시끌벅적한 것이었다.

이들 의례에는 춤과 음악만이 아니라 회식도 빠지지 않았다. 17세기

16~17세기 민중들의 축제.

여러 지방에서 교회의 성직자와 성당 참사회원들은 자신의 비용으로 맛좋은 음식과 술을 제공하였다. 이 회식의 명칭은 지역마다 다양했지만 양상은 비슷하였다. 프로방스 지방에서도 행렬이 끝난 후 교회에서 술로 갈증을 해소하고 간단한 간식을 즐기는 관행이 있었다. 이처럼 농촌에서는 17세기까지도 교회에서 먹고 마시고 노래하고 춤추는 것이 민중오락의 중요한 부분이었다.[46]

농촌의 경우 예배 역시 단순하고 무지한 농민들을 위해 감각에 호소하는 경향이 많았다. 농민들의 시선을 사로잡고 그것을 통해 종교적 감흥을 불어넣기 위해 의례에 신도회의 연극이 도입되었고, 종교 행렬에는 변장한 사람들과 장식 마차들이 등장하고 심지어 동물들도 동원되었다. 예를 들어 마리아의 이집트 입성이나 예수의 예루살렘 입성을 보여주기 위해 당나귀를 끌고 들어왔으며, 더 나아가 피리를 연주하는 원숭이와 곰으로 변장한 사람까지 등장하였다. 또 남 프랑스에서는 베드로의 고기잡이를 연출하기 위해 배를 교회 내에 들여오기도 하였다. 그물이나 선구(船具)로 장식까지 한 그 배는 여러 명이 운반해야 할 만큼 규모가 컸다.

앙제르의 성체 축일 행렬은 도시 전체가 들썩일 만큼 시끄럽고 소란스러웠다. 그 행렬에 사용되는 횃불과 커다란 밀랍 인형은 장인 신도회가 맡았는데, 그 인형은 열 사람이 들어야 할 만큼 거대하였다. 또한 이 행렬은 거의 하루 종일 진행되었는데, 행렬에 참가한 청년 모두가 자기 연인의 집 앞에서 근사한 주악연주(aubade)를 베풀기를 고집했기 때문이었다. 이처럼 종교적 행렬에 조차 민중들의 경박한 풍조가 끼어들어 성직자들의 눈살을 찌푸리게 했다.

종교적 의례와 행렬을 특히 더 소란스럽고 감각적으로 만든 요소는 노래와 종소리였다. 에브루(Évruex)의 성당은 오월제 아침에 미친 듯이 종을 울렸고, 앙제르에서도 역시 성체 축일에 몇몇 농부들이 성기실(聖器室) 관리인을 잔돈푼으로 매수하여 종루에 올라가 마구 종을 흔들어댔다. 이 시끄러운 종소리 때문에 앙제르 주민들은 귀가 아플 지경이었다. 앙제르에서 이런 '종악 연주가들'은 '성체의 조카들'이라고 불렸다. 세속적이고 신성모독적인 노래 역시 종교적 의례를 유희적 오락으로 만든 중요한 요인이었다.

이처럼 농민들의 신앙은 지나친 '친밀성'을 띠고 있었기 때문에 가끔 신성모독적이고 미신적인 경향마저 보였다. 특히 1560년에서 1660년 사이 내전과 추위·흑사병 등 여러 재앙 속에서 농민들 사이에 기적을 갈망하는 미신적 심성과 성인 숭배가 만연하였다. 그 결과 성인의 가호를 빌며 기적을 기원하는 긴 행렬이 도처에서 펼쳐졌다. 이러한 행렬에는 성인들의 유골함이나 성골함이 빠지지 않고 등장하였다. 사실 농민들의 심성 속에서 신을 향한 열정적 신앙과 기적이나 마법을 기대하는 미신 사이의 거리는 그렇게 멀지 않았다. 농민들은 재앙을 피하고 기적을 기원하기 위해 경건한 신앙보다는 전통적인 농민 관행과 제스처에 의지하였다. 그들은 조상 대대로 물려받은 의례와 제스처를 반복적으로 실행함으로써 재앙을 피하고 공동체의 안전을 도모할 수 있다고 믿었던 것이다. 그러나 전통적 관행과 제스처에는 이교적이고 미신적인 잔재들이 많이 섞여 있었다. 따라서 교회와 당국으로서는 이렇게 '제정신을 잃은' 관행이나 축제는 금지되어야 할 것으로 보였다.[47]

방탕한 순례길

이 시대 유행한 종교적 순례 역시 폭음과 난잡함으로 얼룩졌다. 순례는 하루 종일 혹은 여러 날에 걸쳐 진행되었다. 예를 들어 일 드 프랑스 교구민들은 '여행'이라고 불리는 긴 순례에 참여했다. 이브리(Ivry)의 시골 사람들도 크레테일(Créteil) 지역의 성당에서 부활절 미사를 보기 위해 긴 순례를 했는데, 그것은 센 강과 마른(Marne) 강을 지나야 하는 긴 여정이었기 때문에 도중에 오랫동안 카바레에서 머물러야 했다. 그리고 1630~98년 사이 파리 사람들은 아침에 파리를 출발해 부르고뉴 숲을 통과해 몽 발레리앙(Mont Valérien)까지 순례를 하였고, 오 파(Haut-Pas)의 생 자크 교구민들은 두르당(Dourdan) 근처의 발 생 제르맹(Val-Saint-Germain)까지 기도하러 갔다. 그들은 아침 여섯 시에 미사를 마치고 출발해 40킬로미터를 걸어서 도착한 곳에서 저녁 기도를 올렸다. 이처럼 이 당시의 순례는 여러 날이 소요되었기 때문에 노인과 성직자들은 짐수레를 타고 뒤따라가야 했다. 또한 여러 날을 외지에서 보내야 했기 때문에 순례자들은 쉽게 무질서와 방탕한 생활에 빠졌다. 멘(le Maine)의 라세이(Lassay) 성 주민들은 도중에 일곱 개의 교구를 거치는 긴 순례 여행을 하였다. 그들은 각 교구에 도착할 때마다 각종 맛있는 고기와 능금주로 환영을 받았다. 이런 과정에서 사람들은 폭음을 하게 되고 그 결과 순례자들끼리 난투를 벌이기도 하였다. 결국 순례는 1779년 금지되었다. 1710년까지 롱퐁(Longpont)의 성직자들은 이웃 교구에서 순례 온 신자들을 위해 성대한 '로가시옹 주연'을 베풀었다.

여러 날에 걸쳐 도착한 순례지에는 임시 카바레와 텐트 등이 설치되어 있었다. 보르도의 뱃사람들은 지롱드 강을 따라 배를 타고 플라사크(Plassac)까지 순례했는데, 거기에는 온갖 행상인들의 가판대와 카바레가 빽빽하게 들어서 있었다. 마찬가지로 17세기 유명한 순례지였던 몽 발레리앙(Mont Valérien)의 지성소 주변에도 베르사유와 생 제르맹 · 낭테르 · 쉬렌(Suresnes)에서 온 상인들의 임시 텐트로 입추(立錐)의 여지가 없을 정도였다. 텐트 하나의 규모는 대개 80여 명을 수용할 수 있을 만큼 컸다. 이런 텐트와 카바레들은 흔히 주류 판매와 숙박업을 겸하였다. 이로 인해 종교적 순례가 폭음과 과식 · 방탕으로 얼룩지는 일이 흔하였다. 타라스콩(Tarascon)의 한 신도회는 매년 로가

순례길의 만취한 사람들. 전통사회의 종교적 순례는 경건하다기보다는 폭음과 방탕·폭력으로 얼룩지는 일이 흔하였다.

시옹 날에 성모마리아를 기리기 위해 알프스의 작은 암자까지 순례하는 관행을 가지고 있었다. 그들은 순례 행렬에서 성인의 깃발을 들고 피리와 북을 울리며 춤을 추었고, 돌아올 때는 모두 거나하게 술에 취해 파랑돌 춤을 추거나 분수에 뛰어들어 객기를 부리기도 하였다.

이처럼 경건한 신앙심으로 시작한 순례여행이 과음과 주연, 춤을 동반한 난잡한 유희로 변하는 일이 비일비재하게 일어나자 교회는 점차 순례여행을 비난하고 규제와 단속도 강화하였다. 1650년 노르망디 지방을 떠돌며 전도하던 유드회(Eudes) 수도사들은 '죄악과 왜곡된 봉헌으로 물든 이런 순례 관행'을 목격하고 그것을 신성화하기 위해 노력하였다. 예를 들어 순례 도중에는 밭의 벼가 훼손당하지 않도록 줄을 지어 행렬하도록 하였으며, 순례지 내에서는 수도원 경내나 들판에서 남녀 순례자들이 뒤섞여 혼숙하는 일이 없도록 규제하였다.

이처럼 농민들의 종교의례가 무질서하고 난잡한 형태를 띤 것은 그것이 가진 또 다른 기능 때문이었다. 농민들에게 종교의례(농한기의 주일 미사나 연말의 종교적 축제)는 종교적 기능만을 가진 것이 아니었다. 그것은 시골의 권태로운 생활과 반복되는 일상에서 벗어날 수 있는 유희의 기회이기도 하였다. 종교적 축제와 의례 외에 별다른 오락과 여가를 가지지 못한 농민들은 그것들을 단지 종교행사로만이 아니라 일상에서 벗어날 수 있는 유희와 오락의 기회로 여기기도 했던 것이다. 따라서 거기에 춤과 노래·술과 같은 유희적 요소들이 첨가되는 것은 당연하였다.

하지만 춤과 노래, 각종 유희에는 분명 이교적인 요소들이 섞여 있었다. 트렌트 공의회 이후 '종교적 의례의 순수화와 정화'의 기치를 높이 든 교회는 그런 세속적이고 유희적인 요소를 신성한 예배의 '불순물'로 보고 정화하기 시작하였다.[48] 종교적 의례에서 난잡한 춤과 노래·가장·외설·방탕 등이 금지되었다. 특히 1657년 교황은 교서를 내려 교회 내에서 외설적인 민속요를 전면 금지하였고, 이후 단속과 규제는 더욱 확대·강화되었다.

 농민적 관행의 규제를 확대·강화시킨 데에는 그 다양한 지방색도 한몫 하였다. 전통적 관행이란 전 지역을 아우르는 보편성을 가지고 있으면서도 그만큼이나 다양하고 상이한 지방색을 가지고 있는 법이다. 특히 이런 다양성과 상이성은 중앙의 통제가 용이하지 않은 농촌에 이르면 더욱 다채로운 것이 된다. 이런 다채로운 문화는 문화적 발전을 위해서는 바람직할지 모르지만 종교적·정치적 통일성을 위해서는 아무래도 걸림돌이 아닐 수 없다. 트렌트 공의회를 계기로 종교적 통일을 확립하려고 했던 교회나 왕권 강화를 발판으로 정치적 통일을 더욱 가속화하려던 절대군주가 카니발을 못마땅하게 여긴 이유는 그 때문이다. 여기에 점점 합리성과 과학이라는 '신흥 종교(이신론)'로 무장한 계몽적 지식인들까지 몽매와 미신을 타파한다는 명목으로 카니발 공격에 가세하였다.

독창적인 자발성과 기쁨을 향한 열정은 윤리적 개념이 다스리는
엄격주의에 질식당했다. 축제는 죄악시 되었고, 해학은 교훈으로
대체되었다. 사람들은 더 이상 축제를 원하지 않았다.

제8부 억압되는 카니발

1 종교개혁가들의 전통관행 비판

　종교개혁이 성공하기 이전 신교도들은 가톨릭을 공격하기 위한 수단으로 전통축제를 이용하였다. 여론을 조절하기 위한 수단으로, 복음주의를 선전을 위한 수단으로 의도적으로 사용한 것이다. 이런 과정에서 전통적 축제는 본래의 무해한 범주를 벗어났고 또 자신의 '신화적 신성'을 상실하였다. 그리고 그러한 '변질'에 의해 사라질 운명에 처했다.

　사실 종교개혁가들이 전통과 관행을 투쟁을 위한 수단으로 사용하긴 했지만 그 자체를 목적으로 추구하진 않았다. 그것은 그들의 교리에 비추어보았을 때 당연한 일이다. 종교개혁가들은 의례를 중시하는 가톨릭의 지나친 형식주의와 미신으로 가득 찬 민중들의 전통적 관행을 모두 비판하고, 경건한 내면의 신앙심을 가장 중요하게 생각했기 때문이다. 그들이 보기에 전통적 축제와 연극, 과장된 의례들은 근절되어야 할 이교적인 유산에 불과하였다. 발랑시엔느의 한 신교 연대기 작가는 그것이 쓸데없고 위험한 것이며 민중들에게 우리의 신성한 종교를 조롱하는 계기만을 부여하고, 그것을 통해 무수한 이교도들만 양산될 뿐이라고 주장하였다. 이런 근거로 종교개혁에 성공한 대부분의 도시에서 전통적인 카니발 놀이는 폐지되고 사라졌으며 그것을 대신해 복음주의 정신과 신앙이 강요되었다.

종교개혁가들은 우선 무질서한 전통적 관행을 주도하는 것이 청년회라고 판단해 그들을 억압하였다. 애초 가톨릭에 대한 투쟁을 주도한 것이 이들 청년회였던 만큼 당사자들로서는 다소 분하기도 하였을 것이다. 예를 들면 사보아와 스위스의 청년 수도원과 제노바의 '바보들', 기옌(Guyenne)의 '근심 없는 아이들'은 축제의 전통과 관행을 이용해 가장 열렬히 가톨릭에 대항했던 '투사들'이었다. 그러나 일단 종교개혁이 성공하자 종교개혁가들은 그 청년회들을 억압하기 시작하였다.[1] 질서와 안정을 확립해야 할 시점에 청년회가 일으키는 지속적인 무질서와 소란을 용인할 수 없었던 것이다. 예컨대 1540년대 로잔의 청년 수도원은 장로법원이 두 명의 매춘부를 투옥했다는 이유로 그들을 조롱하는 연극을 상연한 바 있었다. 그러자 목사와 장로법원들은 스위스와 프랑스의 몇몇 신교 도시에서 청년 수도원 제도를 폐지해버렸다. 전통적인 관행은 당국에 의해서만이 아니라 신교도들에 의해서도 저지당했다. 『교회의 역사』(Histoire ecclésiastique)를 저술한 한 캘빈주의자는 '1562년 루앙에서 '바보들'이 그들의 추잡한 가장행렬을 시도했지만 복음주의를 믿는 주민들이 돌을 던져 저지했다'라고 의기양양하게 기술하고 있다.[2]

다음으로 종교개혁가들은 무분별하게 벌어지는 민중들의 샤리바리도 엄격하게 단속하였다. 그들은 비록 가톨릭을 물리치기 위해 한때 샤리바리를 이용하긴 했지만 그후 그런 조잡하고 소란스러운 관행을 멀리했다. 그들은 개인의 결혼과 도덕 · 부부문제에 대한 판단은 장엄한 장로법정의 홀 안에서만 이루어져야 한다고 주장했다. 종교개혁가들은 혁명조차도 '예의 바르게' 수행되어야 한다고 생각하는 사람들이 아닌가.[3] 또한 그들은 유골을 운반하는 떠들썩하고 소란스러운 민중행진에 대해서도 마찬가지로 비난하였다. 유골의 신성한 성격을 믿지 않는 그들에게 그것은 단지 소란하고 우스꽝스러운 가장행렬에 불과하였던 것이다.[4]

전통적인 관행을 대신해 신교 지역을 중심으로 새로운 연극들이 나타났다. 1530년부터 이미 신교도들의 축제 연극은 생생함과 과장됨을 추구하기보다는 성서의 에피소드로 채워진 교화적인 연극으로 대체되었다. 베른의 신교도들은 카니발 놀이 대신에 신앙을 강조하는 연극, 예를 들어 「방탕한 아들」(1534)이나 「골리앗의 죽음」(1534), 「요셉의 삶」(1538), 「제데옹의 삶」(1540) 등을 상연하였다. 대개 이런 연극은 성서로부터 영감을 받은 교화적인 작품들이었다. 이런 교육적인 연극 중에 가장 대표적인 것은 1538년 이래 프랑크포르(Francfort)에서 상연된 토마스 나오조르그(Thomas Naogeorg)의 라틴어 비극 「파마시우스」(le Pammachius)였다.[5]

이런 과정을 통해 신교 지역에서는 일상적 삶에 대한 새로운 규정과 규율이 확립되었고, 그것은 그때까지 길과 광장에서 펼쳐졌던 '해방과 도피의 세계'를 소멸시켰다. 모든 행동은 성서에서 추론된 이성과 도덕, 규율에 따르는 것이어야 했다. 막스 베버가 말했듯이 그것은 '인류의 고행화'(une ascèse du monde)의 시작이었다. 주관적인 감성이나 독창적인 자발성, 기쁨을 향한 취향, '자연'의 결실이 갖는 가치들은 '문명'(자연에 반대되는 개념)과 의지를 강조하는 합리주의와 세계의 모든 시각을 윤리적 개념에 종속시키려는 엄격주의에 의해 질식당했다. 그때부터 축제는 죄악으로 인식되었다. 사람들은 더 이상 축제를 원하지 않았다.[6]

2 가톨릭교회, 축제를 비판하다

사라지는 광인의 축제

가톨릭교회는 중세 내내 종교적 의례 내의 기분전환을 위한 요소들을 어느 정도 인정해왔다. 연말연시에 벌어지는 각종 오락과 광인의 축제가 바로 성직자 사회에서 유래하였다는 것은 그런 사실을 증명한다. 그러나 14세기부터 최소한 신전에서만큼은 오락적 요소들을 제거해야 한다는 주장이 제기되면서 광인의 축제에 대한 단속과 억압이 시작되었다. 그 결과 1465년 바젤 공의회 때 '주교 의복이나 기타 교회의 상징적 장식들을 괴상하게 걸치는 관행'이 전면 금지되기에 이르렀다. 16세기에 이르면 광인의 축제에 대한 교회의 비난은 더욱 노골적이 되었다. 16세기 초 오툉에서 있었던 일이다. 1511년 한 클레르가 성당 참사회원의 옷을 입고 교회 내에서 춤을 추었다는 이유로 세 번의 고해성사를 판정받았다. 당시 그 클레르는 자신의 행동은 오랫동안 내려온 관행이라며 항변했지만 소용없었다. 교회 당국은 더 이상 관행이란 이유로 무질서와 난장을 허용해줄 마음이 없었던 것이다.

교회 당국도 광인의 축제 관행을 용인하지 않지만, 그때까지 그것을 적극 지원했던 성당 참사회원들 역시 광인의 축제에 대한 지원을 슬그머니 철회하였다. 사실 그들은 15세기까지만 해도 교회의 의례에 세속적이고 오락적인 요소들을 끌어들이고 용인한 장본인들이었다. 그들은 새 성당 참사회원이 입장할 때나 부임한 성직자의 첫 미사 때 그리고 성탄절이나 부활절과 같은 의례 때, 교회 내에서 노래하고 춤추며 놀이와 향연을 베풀었다. 예컨대 오세르의 성당 참사회원들은 교회 내에서 '실 뭉치 놀이'(la pelote)를 즐겼으며, 브장송의 성당 참사회원들은 목가(bergerette)를 부르며 춤을 추었다. 상스의 성당 참사회원들 역시 교회 내에서 춤을 추며 즐겼다고 한다.

그런데 성당 참사회원들은 점차 이러한 관행을 유치하고 시대에 뒤진 것으로 여기고 멀리하였다. 이런 변화는 몽텔리마르(Monttélimar)의 사례에서 확인할 수 있다. 그 도시 성당 참사회원들은 오랫동안 예수공현절에 그들 중에서 '축제의 왕'을 선출하고 즐기는 관행을 지켜왔다. 그들은 '수도원장'을 앞세우고 교회 내에서 8일 동안 연회를 벌이며 놀았는데, 이러한 관행은 시 관리에 의해서도 용인되었다. 시 관리가 그 연회를 위해 포도주를 보내주었다는 기록이 그런 사실을 뒷받침한다. 그런데 정작 성당 참사회원들 스스로가 그런 관행에 점차 시들해졌다. 1541년 '수도원장'으로 선출된 사람이 동료들에게 연회를 베풀어 대접하는 것을 거절했으며, 1558년에는 그런 '소란한 관행'에 이의를 품은 한 성당 참사회원이 '이것은 어디에서도 찾아볼 수 없는 남용이다'라고 주장하며 비난하였다. 이렇게 서서히 성당 참사회원 내부에서부터 와해되던 관행은 결국 1562년 그 지역이 신교 지역에 포함되면서 완전히 사라지고 말았다. 그러다가 결국 1585년 엑스의 공의회에 의해 '연말의 놀이'(광인의 축제)가 공식적으로 금지되었다. 결국 최소한 신전에서만큼은 미신적 오락과 춤을 제거하려는 교회의 노력과 성당 참사회원의 취향의 변화 때문에 16세기를 기점으로 광인의 축제는 도시에서 거의 자취를 감추었다. 물론 교회의 이런 노력에도 불구하고 광인의 축제가 완전히 근절된 것은 아니었다. 농촌의 경우 17세기까지도 여전히 유지되었다.

트렌트 공의회의 반종교개혁 운동

카니발에 대한 비난이 시작된 시점은 광인의 축제보다 늦은 15~16세기경이었다. 그 중에서 카니발의 세속성과 미신성에 과도한 적대감을 보였던 인물이 사보나롤라였다. 그는 메디치 가문을 몰아내고 1490년에서 1498년까지 짧은 기간 동안 피렌체를 통치했던 엄격한 금욕주의 성직자였다. 그는 피렌체를 통치하기 전부터 메디치 가문의 세속성과 화려함에 대해 극단적인 혐오감을 가지고 있었다. 사보나롤라는 집권 후 '추적 놀이'와 카드놀이를 비롯한 세속적 오락을 금지시키고 세속적 서적과 화려한 옷들을 불태워버렸다. 그는 무엇보다 카니발의 관행과 오락을 철저하게 통제하였다. 카니발의 소란스러운 행렬을 개선하고 새로운 교훈적 형태의 연극을 보급하였다. 축제의 조직도 다른 지역에서처럼 장인 협회나 지역별 신도회가 아니라 참회자 신도회(confréries de pénitents)가 담당하게 하였다.[7] 그러나 사보나롤라의 개혁은 오래가지 못하였다. 그가 몰락한 후 메디치 가문의 재집권과 동시에 이전의 카니발 축제가 다시 화려하게 부활하였다.[8]

하지만 카니발 억압을 현실화한 사보나롤라는 특수한 사례이다. 교

사보나롤라. 그는 세속적이고 소란스러운 카니발의 관행을 철저히 통제하고 개혁하는 데 앞장섰다.

회 당국은 카니발에 대한 비판적인 시각에도 불구하고 트렌트 공의회 이전까지는 그것에 대해 모호하고 이중적인 태도를 보였다. 한편으로는 카니발 축제의 지나친 방종과 이교적 관행을 우려하면서도 다른 한편으로는 축제 그 자체에 대해서는 반대하지 않았던 것이다. 좀더 정확히 말하면 교회의 입장은 상황에 따라 달랐다. 카니발 축제가 지나친 일탈과 폭력으로 흐를 때 혹은 신교들에 의해 선전용으로 이용될 때에만 비난하였고, 그밖의 경우에는 관용적이었다.

청년회에 대해서도 마찬가지였다. 물론 이미 13세기부터 몇몇 지방 종교회의에서 청년회의 지나친 방종과 폭력, 예를 들면 샤리바리와 같은 관행을 금지한 적은 있었다.[9] 그러나 16세기에 이르면 인문주의와 개혁주의의 성향을 가진 성직자들을 중심으로 청년회의 관행에 대한 강도 높은 비판이 등장한다. 특히 파라댕(Guillaume Paradin)은 초기 교부들의 저서를 인용해가며 청년들의 오락 안에 포함된 이교적인 요소, 그 중에서도 마스크와 무언극을 '악마적이고 비자연적인 것'이라고 강하게 비난하였다.[10] 그러나 이런 일부 개혁주의적인 성직자들의 비난에도 불구하고 청년회에 대한 교회의 탄압은 17세기까지는 미진하였다. 단지 교회는 청년들이 마스크를 쓰고 교회 안으로 들어오는 것만 단속하였을 뿐 교회 밖의 행동에 대해서는 묵인하였다. 예를 들어 루앙의 '바보들'이 교회의 비난을 받은 이유는 그들이 '파렴치하게' 생긴 허수아비를 들고 성전 안으로 들어갔기 때문이었다. 그러나 트렌트 공의회는 카니발에 대한 교회의 입장을 근본적으로 변화시켰다.

가톨릭교회는 르네상스 이후 세속적 경향이 강해지고 신교의 등장으로 인해 '종교적 위기'에 직면하자 트렌트 공의회를 열어 신교의 주장을 반박하고 가톨릭의 기본 교리를 재확인하였다. 이후 교황청 자체 내에서도 반성과 자숙을 통해 자신들의 세속적이고 향락적인 경향을 일소하였다. 이와 더불어 종교재판을 강화하고 금서목록을 작성하는 등 이단의 확대를 방지하였다. 트렌트 공의회는 신교의 종교개혁에 대항하기 위한 가톨릭의 종교개혁, 즉 '반종교개혁 운동'을 촉발시켰다.

반종교개혁은 신교에 대한 가톨릭의 대응으로 등장한 것이지만 가톨릭의 교리를 재확인하는 과정에서 결과적으로 민중들의 전통적 관행과 미신적 관행에 대한 억압을 본격화하는 계기가 되었다. 이제 가톨릭교회는 수백 년 동안 그럭저럭 용인해주었던 민중들의 신앙생활 속에 뿌리 깊게 박힌 미신적이고 이교적인 요소들을 이번 기회에 완전히 근절하려 하였다. 이른바 '신앙의 내면화'라는 미명 하에 그동안의 '과장된 감정표현과 형식주의, 방종과 혼란으로 인식된 관행들'이 된서리를 맞은 것이다. 그 중에서도 특히 문제가 된 것은 카니발이었다.

트렌트 공의회. 이것을 계기로 카니발 관행에 대한 억압이 본격화 되었다.

트렌트 공의회 이후 교회는 카니발에 대한 통제와 억압을 체계적이고 전면적으로 수행하였다. 카니발 기간에 길거리와 광장에서 벌어지는 오락, 변장과 마스크가 범람하는 가장행렬, 우스꽝스러운 옷을 걸치고 불경스러운 말을 떠벌리는 광인들의 연극놀이, 이 모든 것들이 비판의 도마 위에 오르고, 연이어 금지되었다.

트렌트 공의회의 개혁주의를 받아들여 정화 작업을 조직적이고 실무적으로 주도한 사람들은 주교들이었다. 그들은 관할 교구의 개혁 작업에 열성적으로 참여하였을 뿐만 아니라 칙서를 통해 끊임없이 독려하였다. 그들이 가장 먼저 근절하려 했던 것은 '무례한'(indécents) 축제였다. 주교들의 입장에서 이 '무례한'이 의미하는 것은 '신앙과 습

속에 위험하고 종교를 조롱하고 질서를 교란하는 것'이었다. 그리고 그 무례한 축제에 포함되는 가장 대표적인 것이 바로 카니발의 각종 오락과 소극이었다. 주교들의 열정으로 인해 도처에서 소극이 금지되고 오락과 놀이들도 금지 혹은 감시되었다.[11]

17세기 이런 '문화적 변혁'에 앞장선 대표적인 주교들은 피레네 산맥의 동쪽 경사면에 위치한 알레(Alet)의 니콜라스 파비옹(Nicolas Pavillon, 1637~77)과 파미에의 프랑수아 드 콜레(François de Caulet, 1645~80), 오트 프로방스(Haute-Provence)의 세네즈 디뉴(Senez-Digne, 1671~95) 등이 있다.[12] 이 외에도 여러 지역에서 주교들은 정열적으로 '영적인 문화정책'을 실시하였다. 주교들이 특히 신경 쓴 것은 신도회에 대한 감독, 청년들의 유희와 오락, 축제 수의 축소였다.

신도회를 개혁하라

카니발을 억압하는 데 있어 그 카니발을 주도한 각종 단체들, 특히 신도회의 개혁은 필수적이었다. 뿐만 아니라 다른 세속 단체와 달리 신도회는 주교의 통제가 좀더 용이하여 쉽게 개혁의 대상이 되었다. 신도회가 특히 발달했던 몇몇 지역들, 예를 들면 프랑스 중부와 남동부(le Sud-Est) 지역에서 성직자들은 장인 신도회와 구역 신도회, 마을 신도회 등을 개혁하기 시작했다. 사실 교회 당국에 문제가 되었던 것은 신도회 그 자체가 아니라 그들이 벌이는 축제 관행, 즉 '왕'과 '왕비'를 선출하여 '왕국'을 만들고 즐기는 관행이었다. 1566년 보르도 고등법원은 '아제네(Agenais) 주민들이 신도회를 중심으로 특정한 날에 모여서 북을 치며 '왕'이나 '여왕', '주교'를 뽑는다. 뽑힌 사람들은 종교의례 때 성직자 다음의 최고 자리에 앉을 수 있는 권리를 가지기 때문에 대개 그 지위는 경매에 붙여지곤 한다. 그들이 벌이는 사흘 동안의 축제(카니발)는 방탕과 낭비, 싸움과 난투를 유발한다'고 기록하였다.

주교들은 신도회들이 벌이는 이런 방종과 폭력을 몰아내고 성스럽고 경건한 봉헌 의례를 확립하려 하였다. 1637년 카오르(Cahors)에 부임한 개혁주의적인 주교 알랭 드 솔미니아크(Alain de Solminihac)는 곧 '왕국' 놀이를 '위험하고 파렴치한 관행'이라고 선언하고 그 억압에 착수하였다. 그 노력의 결실인 듯, 한참이 지난 17세기 그곳의 한 경건한 신자는 신도회의 '왕국' 놀이에 대해 '세속 당국이 제한적으로 허용해주긴 하지만 (교회의) 지속적인 권고와 규정의 결과 언젠가는 그것이 사라질 것이다'라고 언급하였다.

이처럼 주교들의 지속적인 권고와 규정으로 인해 17세기 말경 신도회 내에서 무질서와 방종은 서서히 사라진 반면 성직자들의 후견과 통제는 크게 증가하였다. 그 결과 이전과는 다른 새로운 신도회들이 출현하였다. 이 새 신도회와 이전 신도회와의 차이점은, 오락과 상호부조를 위해 벌이던 소란스러운 모금 관행도 사라지고 경건한 봉헌이 중시되었다는 점이다. 그리고 술을 마시면서 떠들썩하게 '왕'과 그 '관료'들을 선출하는 관행이 급격히 줄어들었다. 그런 선출을 한다고 해도 이전처럼 소란스럽게 하는 것이 아니라 교회에 촛불을 올리는 사람을 '왕'과 '관리'로 뽑는 등 조용하고 예의바르게 진행되었다. 이처럼 '왕'과 '관료'의 선출에서 확보된 재원은 이전처럼 연회와 오락을 위해 써버리기보다는 교회의 촛불을 구입하는 데 사용하였다.

어떤 지역에서는 특정 신도회가 전통적으로 누리던 종교적 권리를 성직자가 나서서 몰수하는 사례도 있었다. 1673년 아주네와 케르시의 경계에 있는 빌르뇌브 쉬르 로(Villeneuve-sur-Lot)에서 있었던 일이다. 그곳에서는 성탄절이 되면 신도회가 여기저기 돌아다니며 모금을 하는 관례가 있었다. 그렇게 모인 기금은 이전처럼 마시고 즐기는 데 사용한 것이 아니라 교회의 촛불 구입, 빈자들의 장례 지원, 종교적 행렬의 준비에 사용하였다. 모금을 하고 다닌 신도회 회원들을 흔히 '조명들'(luminaires)이라고 불렀는데, 그 이유는 그들이 교회 조명을 책임지고 있었기 때문인 듯하다. 그들은 교구의 엘리트들 사이에서 종신으로 선출되었는데, 군인들을 숙박시킬 의무에서 면제받았고 또 가족의 장례식 때 (교회의) 촛불을 공짜로 사용할 특권도 누렸다. 그런데 1673년 신도회의 기금을 계산하는 중에 한 회원이 트집을 잡아 말썽이 벌어졌다. 그러자 그것을 기회로 한 성직자가 시 관리와 교회재산 관리위원회의 지지를 받아 '모금 관행이 어떠한 자격이나 근거 없이 실행되고 있다'고 주장하며, 교회에 촛불을 봉헌하는 일을 자신이 만든 다른 신도회에 넘겨버렸다. 신도회 사이에서 유지되던 자발적 관행을 교회가 몰수한 것이다. 이와 비슷한 일이 부르고뉴를 비롯해 다른 지역에서도 발생하였다.

즐기고 노는 신도회가 아니라 교회에 (촛불을) 봉헌하는 '경건한 봉헌 신도회'(confréries dévotes)는 18세기 중반 리무쟁에서 가장 발달하였다. 이 봉헌 신도회는 '왕'과 '관리'를 선출하는 경매를 하되 '점잖게' 진행하였고, 그들의 주 임무도 연회와 오락을 베푸는 것이 아니라 교회에 봉헌하는 것이었다. 봉헌 신도회의 '왕'은 의무와 동시에 여러 가지 특권을 가지고 있었기 때문에 리무쟁처럼 그것이 발달한 지역에서는 '왕' 지위의 경매가가 최고 30~40리브르까지 상승하기도 하였다. 따라서 그 지위는 유복한 귀족이나 부르주아 자제에게 돌아갔고, 18세기 그 신분의 취향을 고려해볼 때 그들의 관행이 카니발적이지 않은 것은 당연했다. 귀족과 부르주아들은 자신의 아들들이 소란스럽게 '왕관'을 쓰는 것을 달가워하지 않았다. 이처럼 성직자들에 의한 신도회의 후견과 통제는 지역적으로 균등하진 않았지만 17세기 프랑스 전 지역의 일반적인 현상이었다.[13]

18세기 말 (전통적인 의미의) 신도회는 현저하게 쇠퇴하였다. 이것은 그 시기 가톨릭교회의 권력 변화와 무관하지 않다. 18세기 얀세니스트(Jansenist)가 급격히 성장해 예수회를 압도하였다.[14] 같은 가톨릭교회 내에서도 얀세니스트들은 예수회에 비해 카니발이나 청년회 관행에 대해 더욱 비판적이었다. 1774년 한 얀세니스트 성직자는 '옛날에 만들어진 신도회는 마스크를 쓰고 다니며 아이들을 무섭게 하고 임신한 여자들을 유산시키는 불량한 집단이며 다른 나라 사람들에게 우리를 조롱할 빌미를 제공하는 집단으로, 해체되어 마땅하다'라고 주장하였다. 신도회는 이런 비난과 탄압을 받다가 결국 1792년 8월 18일 혁명정부의 법령에 의해 다른 모든 전통적 협회들과 함께 공식적으로 해체되었다. 그러나 좀더 강고한 몇몇 신도회는 대혁명 시기의 위기를 극복하고 살아남았으며, 19세기에는 수많은 (카니발) 신도회들이 민속학의 부흥에 힘입어 부활하였다.[15]

유희적 오락과 춤을 멈추다

트렌트 공의회는 영혼의 구원을 위해 세속의 유혹을 멀리하고 감각적 즐거움을 포기하며 금욕할 것을 강요하였다. 세속의 유혹에는 권력과 부에 대한 욕심뿐만 아니라 세속의 지식에 대한 열정도 포함된다.

이로 인해 이 시기에 종종 세속적인 책들을 불태우는 공개 화형식이 벌어졌다. 한 유드회 사제는 불이 존재하는 이유는 두 가지, 즉 '하나는 악마와 세속과 싸워 승리한 신의 영광을 기리기 위한 것이며, 다른 하나는 악마를 위해 사용된 글과 이미지를 파괴하기 위한 것'이라고 주장하며 모든 세속적인 서적을 불태웠다. 그와 군중들은 「테 데움」을 부르며 책과 이미지들을 불 속으로 집어던지는 의례를 되풀이하였다. 그 밖에 다른 지역에서도 17세기 내내 그런 화형식이 계속되었다.[16) 그것은 인문주의의 등장과 그로 인한 세속 학문의 발달에 대한 교회의 즉흥적인 대응 양식 중 하나였다.

17세기 개혁주의적인 주교들은 세속적 지식뿐만 아니라 유희적 오락과 방탕한 춤 역시 감각적인 즐거움을 부추겨 영혼의 구원을 방해한다고 보았다. 1687년 루앙의 주교였던 자크 니콜라스 콜베르(Jacques-Nicolas Colbert)는 그의 교구 사제들에게 150여 개의 주의(注意)항목을 내려보내 인간의 감각적 욕망을 부추기는 축제를 점검하라고 명령하였다. 그 항목에는 공교롭게도 전통적인 민중의 관행들이 총망라되어 있었다. 예를 들면 '성탄절, 장례 전야, 그 외의 금지된 다른 날들을 경건하게 보내는가?', '사냥개와 새, 화약류를 가지고 (성전에) 들어가지 않는가?', '묘지에서 놀지 않는가?', '거기에서 춤을 추지는 않는가?', '수호성인축일에 신도회가 축연을 베풀지는 않는가?', '결혼식 날에 성체를 모독하는 행위를 하지는 않는가?', '재혼이 소란과 외침·조롱 등에 의해 방해받지는 않는가?' 등인데, 주지하다시피 이것들은 모두 민중의 카니발이나 샤리바리에 해당되는 항목들이다. 콜베르가 각 교구에 이 주의항목을 내려보낸 이유는 특히 이런 관행들을 잘 감시하고 통제하라는 의도였다. 아무튼 루앙 주교들이 이처럼 카니발과 신도회에 대한 관리 규정을 내놓은 이후부터 청년 신도회의 모임과 철야관행 · 춤과 연회 · 강제징수(redevance) · 샤리바리 등에 관련된 소송이 증가하고 그만큼 그것들은 범죄적인 것으로 인식되기 시작하였다.

아무래도 카니발은 세속적이고 감각적인 오락과 춤이 가장 많이 벌어지는 시기이다. 카니발은 '육체의 자유가 영혼의 자유를 잠식하는 기간'이다. 그런 만큼 사람들은 이 기간만큼은 모든 세속적이고 감각적인 육체의 부름에 전적으로 응했다. 이것은 옛날에는 사순절의 '영적인 고행 기간'을 견디기 위해 어쩔 수 없는 것이라고 인정되었지만 점차 비난을 받았다. 1625년 플랑드르의 예수회 회원인 발링겜(Antoine de Balinghem)은 「사순절을 즐겁고 예절바르게 보내기 위한 12개 조항」을 작성하였다. 그는 거기서 카니발의 방종을 '중독적인(invétérées) 질병'이며, 신에 대한 모든 경외심과 존경심을 저버리는 지옥에 떨어져 마땅할 관행'이라고 비판하였다.

이런 '중독적인 질병'을 치유하기 위해서는 무엇보다 카니발 기간을 축소할 필요가 있었다. 이미 17세기 밀라노의 대주교인 성 샤를르 바로메(Saint Charles Barromée)가 카니발 기간을 축소하자고 강하게 주장한 바 있었다. 그의 영향을 받아 프랑스의 주교들도 카니발 기간을 축소하기 위해 '경건하지만 교활한 방법들'을 강구하였다. 그 결과 이전에는 카니발 주간이 부활절 전 70일(la Septuagésime)부터 성체(Saint-Sacrement)가 전시되고 사제의 강론이 시작되는 사순절 첫 일요일까지였는데, 이제 부활절 전 50일의 일요일(la Quinquagésime)과 그 이후 이틀간, 즉 사흘로 축소되었다. 이 기간이 바로 육식일이다. 재의 수요일에 상연되는 '카니발 왕의 장례식'도 개혁주의적인 주교들의 탄압을 받았다. 특히 얀세니스트의 영향을 받은 비알라(Vialar)는 그 점에서 공이 컸다. 그는 샬롱 쉬르 마른(Châlons-sur-Marne)의 주교이자 백작으로 1640~80년 사이 그곳의 종교와 세속을 모두 지배하였다. 비알라가 민중적 관행의 척결에 얼마나 열정적이었는지는 그가 일요일이나 축제날에 자신의 영주재판소의 관리와 재판관들을 거느리고 도시와 성벽을 일일이 순회한 것을 보면 알 수 있다. 그가 특히 싫어한 것은 육식일과 사순절 초기에 화톳불을 피우고 춤을 추며 짚으로 만든 인형을 태우는 관행이었다. 그는 그것들을 '극단적인 광기의 잔재'라고 보고 금지시켰다. 만약 누군가 그 명령을 어기고 화톳불을 피웠다는 보고가 들어오면 즉시 사람을 보내 그것을 끄게 하였다. 그러나 카니발의 하이라이트를 장식하는 화톳불은 좀처럼 없어지지 않았다. 비알라의 노력에도 불구하고 그의 개혁 정책은 샬롱 시에서만 효과가 있었을 뿐 그 부근의 샹파뉴 시골지역에서는 여전히 카니발 때만 되면 화톳불이 타올랐다.

교회가 비난한 것은 카니발만이 아니었다. 예수공현절이나 오월제·성 요한 축일·성탄절·여러 성인수호축일의 무질서한 의례에 대해서도 분노하였다. 1655년 옹플뢰르(Honfleur)의 한 성직자는 성 요한 축일의 화톳불 놀이를 비난하며 '성 요한 축일에 사람들이 도처에서 불을 피워놓고 춤을 추며 노는데, 이것은 불행하고도 통탄할 만한 일이다. 그것은 만취한 상태에서 즐기는 뻔뻔스럽고 추잡한 놀이가 아닐 수 없다. 본래 그날은 숭고함과 경건함을 가지고 임해야 하는 성스러운 날임을 명심해야 한다'라고 주장하였다.

축제 때 벌어지는 여러 오락 중에서도 성직자들이 가장 경악한 것은 난잡한 춤이었다. 위에서 언급한 바 있는 밀라노의 주교 샤를 보로메는 춤을 비난하는 논문을 발표하기도 하였는데, 그것은 1664년 몽펠리에 주교에 의해 불어로 소개되어 프랑스에 커다란 반향을 일으켰다. 티에르 역시 『오락에 관한 논고』에서 춤을 '절벽을 향한 걸음걸이'에 비유하며 그 위험성을 지적하였다. 그는 성 프랑수아 드 살레(Saint François de Sales)가 보여준 춤에 대한 관용을 유감스럽게 생각하며, '나는 춤이 개혁주의 교회의 규율에 의해 엄격하게 금지되는 것에 찬성하지 않을 수 없다'라고 언급하였다. 이는 당시 지방 종교회의들을 중심으로 확산되고 있던 춤에 대한 비판을 지지한다고 표시한 것이다.

17~18세기 주교들의 열정적인 노력과 이를 뒷받침하는 고등법원의 지원으로 인해 축제 때의 난잡한 춤은 점차 사라졌다. 17세기 낭테르의 사제였던 뷰리에(le père Beurrier)는 축제 때 현지 재판관과 동행해 곡예사의 춤을 탄압하였다. 그는 무대에 올라가 곡예사의 마스크를 빼앗고 바이올린을 부순 뒤 무대를 뒤집어버렸다. 1699~1710년 사이 상스의 주교였던 다켕(D'Aquin) 역시 본당 사제들에게 축제 때 무희들의 춤을 엄격하게 통제하라는 훈시를 내렸으며, 그 결과 다섯 개의 본당에서 축제 때 추던 춤이 사라졌다. 각 마을마다 청년회 활동이 활발했던 푸아투 지방에서도 1680년부터 주교에 의해 축제의 춤이 전면 금지되었다. 당제(Dangé) 성에서는 성모영보대축일(3월 25일)에 청년회가 교회에 양초를 봉헌하는 미사를 드린 후 밤늦게까지 춤을 추며 노는 관행이 있었다. 그런데 1708년부터 사제들이 청년들의 난잡한 춤을 구실로 미사 집전을 거부하기 시작하면서 청년들의 '철야 춤 파티'가 와해되었다. 1738년 그곳의 한 주임사제는 '결코 더 이상 춤도, 바이올린이나 카바레 모임도, '왕'과 '왕비'도, 어떠한 무질서도 없다'고 자부하였다.

주교의 규정과 사제들의 권고에 의해 18세기경 최소한 제단에서 만큼은 청년들의 춤이 사라졌다. 17세기와 18세기에 걸친 주교들의 개혁정책은 민중적 관행을 완전히 근절시켰다고 말할 순 없지만 그것을 상당히 약화시키고 순화시킨 것만은 사실이다. 1792년 프랑스 대혁명 시기 비기독교화 운동 과정에서 혁명정부는 모든 종교적인 축제를 일소한 바 있다. 그때 혁명정부가 축제를 비판한 근거는 1770~80년 이래 농민적 오락에 반대했던 파리 고등법원의 규정에 전적으로 의지하고 있다. 그런데 그러한 규정이 대부분 지방 주임사제들의 고발에 근거해 작성된 것임을 감안하면 17~18세기 성직자들의 개혁주의 사상이 고등법원 법률가들을 거쳐 혁명가들에 의해 계승되었다고 할 수 있다.[17]

줄어드는 축제들

개혁주의 주교들은 축제를 억압하기 위해서는 신도회와 그들의 난잡한 관행을 탄압하는 것보다 축제 자체를 폐지하는 것이 더 효과적이라고 생각하였다. 즉 평신도들이 의무적으로 지켜야 하는 축제의 수를 축소하는 것이다. 이런 생각은 15세기 파리대학 교수였던 장 제르송(Jean Gerson)의 사상에 근거하고 있다. 15세기 당시 노동이 금지된 의무적인 축제의 수는 교구에 따라 40~60일 사이로 다양하였다. 여기에 52개의 일요일을 첨가하면 일 년 중 대략 3분의 1은 휴일에 속했다. 제르송은 15세기에 축제의 수가 이렇게 급격히 증가한 것은 습속이 타락한 결과라고 보고 그것을 축소해야 한다고 주장하였다. 그는 옛날에는 축제의 수가 그렇게 많지 않았고 각 축제날에 무해하고 유익

한 의례를 거행하며 보냈다고 말한다. 그런데 습속이 점점 타락하면서 축제의 수도 증가하고 그날을 신성하게 보내기보다는 불경하고 세속적인 오락을 하며 보내게 되었다는 것이 그의 주장이었다. 이처럼 축제 수의 증가가 종교적 신앙심을 위해서는 백해무익(百害無益)이라는 제르송의 생각은 이후 17세기 개혁주의적인 주교들에 의해 계승되었다.

    그러나 축제의 수를 줄여야 한다는 주교들의 견해는 제르송의 영향 외에도 다른 원인이 있었다. 16세기 이후 자본주의가 발달하면서 소비적인 놀이보다는 생산적인 노동에 더 많은 가치를 부여하는 실용주의 논리가 발달하였다. 사실 경제적인 측면에서 여가에 대한 노동의 승리는 이미 돌이킬 수 없는 시대적 경향이 되어 있었다. 교회는 '현세의 공덕은 공허한 오락이나 바캉스 속에서 획득되는 것이 아니라 노동 속에서 획득될 수 있다'는 종교적 교리로 그런 경향을 뒷받침하였다. 이런 실용주의 논리는 전쟁피해를 빨리 복구하려면 장인과 농민들이 더 많이 일할 수 있도록 해야 한다는 당시의 사회적 요구와 맞물리면서 더욱 힘을 얻게 되었다. 축제의 수를 줄이려는 교회의 입장에 세속 당국 역시 전적으로 공감한 것이다. 그런 점에서 축제의 수를 줄이는 개혁은 교회와 세속 당국의 합작품이자, 더 나아가 합리성과 생산성을 중시하는 근대의 산물이었다고 할 수 있다. 여기서는 축제의 수를 줄이려 했다는 사실만 확인하고 그 자세한 내용은 이후 세속 당국의 억압을 다루면서 살펴보도록 하겠다.

    앞에서 살펴본 것처럼 개혁을 주도한 주교들 중에는 얀세니스트들이 많이 있었다. 예수회에 비해 얀세니스트들은 민중관행에 대해 엄격하고 비판적이었던 것이 사실이다.[18] 얀세니스트들은 예배를 위한 지나친 장식이나 과장된 행동, 연극적으로 표현된 의례는 단지 허영에 불과하며 세속화의 표현이라고 주장하였다. 그리고 신도회의 독자적 행렬이나 독립적 예배당 관리는 신앙공동체를 분열시키는 것이며 동시에 교회에 저항하는 행위라고 보았다. 그들에게 있어 화려한 빛과 색채, 복잡한 의상으로 이루어진 행렬은 종교적 코미디 이상이 아니었다. 뿐만 아니라 얀세니스트들은 신도회가 묘지나 제단에 촛불을 봉헌하는 것을 자비와 희생정신이 결여된 오만의 표현으로 보았으며, 청년들의 의장행렬과 춤 파티를 신앙의 경건화와 내면화에 대한 커다란 장애라고 생각하였다. 얀세니스트들은 그들의 비타협적인 엄격함과 또 모든 성직자들에 대한 강력한 영향력으로 인해 민중적 관행을 척결하는 데 주도적인 역할을 할 수 있었다.

한 개인으로서 티에르는 이 시대 종교인과 지식인이 가졌던 민중관행에 대한 견해를 가장 잘 대변해준다. 신학박사이기도 했던 티에르는 1666년 샹프롱 당 가틴느(Champrond-en-Gâtine)의 사제가 되었다가 다시 1699년에는 망스 근처의 비브레(Vibraye)에서 사제생활을 시작하였다. 그는 이전까지 종교회의 비난들을 편집해 『오락에 관한 논고』와 『미신에 관한 논고』라는 유명한 책을 발표하였다. 거기서 그는 민중 신앙에 내재된 미신적 측면들을 모두 비판하였다. 즉 교회의 성유물과 유해(遺骸)의 진위성 여부, 축제의 지나침, 성당 앞마당의 가판대, 세속적 오락, 성직자들의 의복 등 모든 것들이 비난의 대상이 되었다.[19] 이 외에도 1682년 벨르(Pierre Bayle)은 『혜성론』(*Pensées sur la comète*)에서 민중적 무지와 맹신이 독재자와 성직자의 부패의 진정한 기반이라고 주장하였으며, 1702년 오라토리오회 회원이기도 했던 르 브륑 사제(le père Le Brun)는 『민중을 유혹하고 지식인을 당황하게 만드는 미신적 관행에 관한 비판적 역사』를 통해 역시 민중들의 미신적 관행을 비판하였다.[20]

18세기에 이르러 개혁주의 주교들의 열정을 이어받은 사람들은 소위 '가톨릭 계몽파'(Aufklärung catholique)로[21] 알려진 성직자 집단이었다. 그들은 기성 교회가 예배의 장엄한 분위기를 위해 교회를 지나치게 화려하게 장식하고 과장된 표현을 중시하는 의례중심주의에 빠져 있다고 비판하였다. 이러한 스펙터클은 감각을 중시하기 때문에 참으로 내면적인 종교적 예배가 될 수 없다고 보고 그보다는 인간의 내면적 감동과 신앙심에 호소하는 예배를 강조하였다. 이렇게 내면적인 종교를 주장하는 만큼 그들은 소란하고 감각적인 민중축제에 대해서도 비판적이었다.

가톨릭 계몽파 역시 17세기 주교들처럼 지나치게 많은 축제의 수는 종교적 신앙심을 오히려 해친다고 보고 신성모독적인 축제들을 삭제해야 한다고 주장하였다. 그리고 삭제되지 않은 축제들도 철저하게 통제하고 순화시켰다. 대표적인 것이 일요일이었다. 가톨릭 계몽파들은 일요일에 일부에서는 지나치게 세속적인 오락에 몰두하고 또 일부에서는 세속적 노동에 전념하는 현실을 개탄하였다. 이미 1693년 앙주의 레오로 사제(l'abbé Lehoreau)가 축제일에 방탕하고 세속적인 것만이 아니라 장인과 서민들이 몰래 일하는 것도 감시해야 한다고 주장한 바 있었다.[22] 가톨릭 계몽파들은 무엇보다 일요일의 '안식'을 반드시 지키도록 강요하고 일요미사와 그 설교에 더 많은 비중을 부여하였다. 그들이 보기에 미사와 설교는 내적인 신앙심을 강화할 뿐만 아니라 종교적 무지를 근절시키는 데에도 도움이 되었다. 또한 그들은 안식을 준수하도록 하기 위해 일요일의 노동을 금지시켰다. 만약 위반할 경우 세속재판소의 도움을 받아 사법 처벌까지 강행하였다. 하지만 생활의 필요에 내몰린 민중들의 노동을 근절시키는 것은 쉽지 않았다.

가톨릭 계몽파들이 다음으로 문제시한 것은 불확실한 성인들의 유물(遺物) 숭배를 통해 미신을 조장하는 행렬, 지나친 성인숭배 의식, 과다한 수호성인축일이었다. 그것들은 민중들 사이에 미신적 행위를 초래하는 대표적인 관행들이었다. 가톨릭 계몽파들은 지나친 성인숭배와 과다한 수호성인축일이 민중들의 무지와 몽매에 기인한다고 보고, 철저한 역사학적 검증을 토대로 그 허상을 깨려 하였다. 사실 그 당시 민중들의 성인숭배는 불확실한 유물과 기적에 근거한 경우가 많았다. 과학성과 합리성을 통해 내면적 신앙을 추구하는 가톨릭 계몽파들의 이런 태도는 반종교개혁의 신앙절대론(fidéisme)과는 다른 모습이라고 할 수 있다.

가톨릭 계몽파들은 종교적 순례에 대해서도 회의적이었다. 경건하게 진행되어야 할 순례가 방탕과 나태로 얼룩져 있었던 당시의 현실 때문이다. 가톨릭 계몽파들이 생각하기에 비도덕적인 방탕과 나태의 추방은 신앙의 순화에 필수적인 것인데 그 온상이 바로 종교적 순례였으니 당연한 결과였다. 지금까지 살펴본 것처럼 민중적 관행에 대한 가톨릭 계몽파의 견해는 비난과 혐오감으로 일관되어 있다. 하지만 이러한 태도는 합리성과 과학성 경제성만을 강조할 뿐 민중종교의 깊은 의미를 이해하지 못한 데서 오는 근대적 편견이다.

가톨릭 계몽파들은 단순히 축제를 억압하고 폐지하는 소극적인 개혁에 그치지 않았다. 그들은 한편으로 신성을 모독하는 무질서한 축제를 억압하면서도 다른 한편으로는 새로운 종교적 규율을 훈육할 수 있는 '참된' 축제를 확립하였다.[23] 그 중의 하나가 예수와 마리아를 위한 '성심(聖心)의 축제'(fête du Sacré-Coeur)였다. 그 축제는 1726년 리츠(Rits) 공의회에서 처음으로 확립되었지만 본격적으로 확산된 것은 18세기 후반이었다. '성심의 축제'의 광범위한 확산은 그 이름을 딴 '성심 신도회'가 급속히 증가한 사실을 보아서도 확인할 수 있다. 그 축제는 지나친 과장보다는 '단순성', 감각적 감수성보다는 '애정어린 감수성'을 강조하였다. 여기서 애정어린 감수성이란 예수와 성모마리아의 사랑을 확신했을 때 생기는 그런 감수성이다. 그리고 성심의 축제는 '예수 중심주의'를 내세워 지나친 성인숭배를 척결하려 했다. 수많은 성인들에게 분산되어 있던 신앙심을 오로지 예수에게로 집중시키려 한 것이다.[24] 가톨릭 계몽파들의 이런 노력으로 인해 18세기 말 민중적 관행과 그 핵심에 놓인 카니발은 더욱 설 자리가 없어지게 되었다.[25]

3 계몽적 지식인들의 민중관행 비판

17세기와 18세기, 민중의 관행을 개혁하려는 의지는 종교인에만 한정되지 않았다. 그러한 경향은 이미 엘리트 사이에서 광범위한 지지를 얻고 있었다. 특히 15~16세기 유례없이 축제가 발달했던 저지대 지방의 지식인 사이에 루터주의가 확산되면서 민중적 관행에 대한 적대감도 커졌다.

루터주의로 개종한 후 가톨릭 민중들의 미신을 맹렬히 공격한 랑갈르리(Langallerie) 후작(1656~1717)은 대표적인 인물이다. 흥미 있는 것은 '배교한' 그를 다시 가톨릭으로 개종시키기 위해 교회가 사제 질로 드 마르실리(Gillot de Marsilly)를 파견한 것인데, 1719년 발표된 그 사제의 기행문에는 플랑드르 지방에 미신적 관행이 얼마나 만연해 있는지 잘 나타나 있다. 그는 '내가 듣고 보고 만진 것을 의심할 만큼 광기는 과장되어 있으며, 그러한 불합리성을 도저히 나의 이성으로는 이해할 수 없다. 그것은 나의 양식에 충격을 주었다. 가장 참을 수 없는 것은 첫째 이교도들이 교회에서 벌이는 사악한 행동들이며, 둘째 진실한 신자들이 성심이 무시되고 종교극이 타락하는 것을 보면서 가지는 고통이다'라고 적었다. 이러한 기록은 저지대 지방의 지식인들이 민중의 관행에 혐오감을 느끼면서 경건한 루터주의에 심취한 사회문화적 분위기를 암시해준다.

18세기 초 '엘리트의 전형'이라고 할 수 있는 샤르트르 지방의 시 법관인, 라디에(Dreux du Radier, 1714~90)는 '루터주의의 영향을 받아 좀더 현명해진 프랑스인이라면 무지한 민중들이 신성과 세속을 우스꽝스럽게 섞어 신과 성인을 연기하는 공연이 남용임을 금방 인정할 것이다'라고 언급하였다. 그는 또한 당시 민중의 관행에 대해 상대적으로 관용적이었던 예수회를 강하게 비난하였다. 그 시기 예수회는 민중적 관행을 억압하기보다는 그것의 '종교적 활력'을 신앙으로 연결시키려 하고 있었다. 그러나 이런 예수회의 태도는 당시 교양적 지식인들의 공감을 얻지 못하였는데, 라디에도 그 중 한 명이었던 것이다. 그는 '예수회는 심지어 교회 내에서도 향응을 베풀며 즐긴다'라며 예수회를 강하게 질책하였다.[26)]

18세기 디종의 온건한 귀족인 뒤 티이요 역시 이런 지식인의 대열에 속한다. 그의 유명한 저서 『광인의 축제의 역사에 관한 회고록』은 오늘날까지 이 시기 민중의 관행에 대한 민속학적 자료를 제공해주는 중요한 사료이다. 그 책은 디종의 '미친 어머니'의 관행을 보고 충격을 받은 후 본격적으로 광인의 축제를 연구해 나온 결과라고 한다. 뒤 티이요는 여기서 '이교적 기원을 가진 괴상한 의례들이 신의 명예를 훼손시키고 기독교를 남용하고 있으니 교회는 반드시 그것을 척결해야 한다'라고 주장하고, 더 나아가 '민중종교는 기독교 이전의 낡아빠진 현상이며 교회는 그것을 비판하고 폐지해야 한다'고 권고하였다. 이렇듯 다소 편향적 시각에도 불구하고 그의 견해는 19세기 말까지 일반적 지식인 사이에서 일관되게 유지되었다.

18세기 계몽 사상가들은 그간의 카니발 비판을 이어 받아 그것을 더욱 진전시켰다. 계몽 사상가들이 활약한 18세기는 '이성의 시대'이자 '계몽의 시대'였다. 이 시대에 와서 이미 이성과 과학에 근거한 근대로의 전환은 피할 수 없는 것이 되었고, 따라서 민중들의 중세적인 관행들은 그런 시대적 전환의 발목을 잡는 것으로 인식되었다. 모든 중세적 잔재는 전근대적인 미신과 무지로 낙인찍혔다. 이런 시대정신을 누구보다 잘 표현한 것이 바로 18세기의 주인공, 계몽 사상가들이었다.

민중의 관행에 대한 계몽 사상가들의 담론은 성직자들 못지않게 신랄하였다. 몽테스키외는 『법의 정신』에서 매우 실용주의적인 견해를 피력하였다. 그는 축제의 과잉으로 인한 경제적 손실을 지적하며 '쉬는 축제'를 현저히 줄인 프로테스탄티즘과의 상품 경쟁력에서 가톨릭 국가가 불리한 것은 당연하다고 주장하였다. 로마제국의 몰락 원인을 '미덕의 상실'로 보았던 그에게 축제는 도덕적으로도 정당화될 수 없었다. 축제는 술과 도박·여자·무모한 결투 등 온갖 무질서와 도덕적 타락의 응집체였다. 혼란하고 외설스런 언행, 성(性)과 역할의 전도, 밤과 술이 지배하는 이런 '남용의 판도라 상자' 속에서는 계몽 사상가들이 추구하는 '사려 깊고 명상적인 시민'이 설 자리가 없었던 것이다. 교회가 이교적이고 신성모독적인 측면에서, 세속당국이 정치적 무질서의 측면에서 민중적 축제를 비난했다면, 계몽 사상가들은 경제적·도덕적 합리주의에 입각해 민중적 축제를 단죄하였다.[27]

페게 드 빌르뇌브(Faiguet de Villeneuve)의 담론은 이런 도덕적·

경제적 합리주의를 잘 표현하고 있다. 그가 보기에 민중적 축제는 두 가지 점에서 비난받아 마땅하였다. 하나는 그것이 폭음과 방탕·난투로 가득 찬 비도덕적인 풍습이라는 점이고,[28] 다른 하나는 노동을 감소시켜 국부를 해치는 비경제적 풍습이라는 점이었다. 그의 경제적 합리주의의 귀결은 당연히 그의 선배들과 마찬가지로 축제의 수를 줄이는 것이었다. 그 방법으로 그가 제안한 것은 '가능하면 모든 종교적 축일을 일요일에 맞추고, 평일에 거행하는 축제는 부활절 월요일과 예수 승천절·성모승천대축일·만성절·성탄절 등 다섯 개로 제한하자는 것'이었다.[29]

계몽사상의 화신인 볼테르는 도덕주의적 관점에서 카니발을 맹렬히 비난했다. 그는 1766년 그의 『철학 사전』(Dictionnaire philosophique)에서 축제를 억압하기 위한 도덕적인 명분을 제시하였다. 그는 '축제의 모든 방탕을 조장하는 사람은 카바레 주인이며, 이런 취기와 나태·방탕 속에서 범죄가 발생한다. 그로 인해 감옥소는 범죄자들이 우글거리게 될 것이며, 결국 순경과 판사·서기·경찰·형리를 먹여 살리는 것은 바로 축제이다'라고 주장하였다.[30]

민중축제 중에서도 계몽 사상가들의 집중포화를 받은 것은 카니발 축제, 혹은 카니발적인 표현양식이 범람하는 연극적 축제들이었다. 사실 전통적 축제들은 인간의 감성에 호소하기 위해 화려한 스펙터클과 연극을 많이 사용하고 있었다. 과학을 신봉하는 계몽 사상가들이 보기에 환상을 조장하는 연극 무대장치는 '화려하고 삐걱거리고 몰상식하고 우스꽝스러운 것'에 불과하였다. 뿐만 아니라 축제 때 사용되는 괴기적인 마스크와 변장에 대해서도 사회적 공포감과 미학적 혐오감을 떨치지 못하였고, 축제의 하이라이트를 장식하며 아낌없이 태워버리는 불꽃놀이는 쓸데없는 재산 낭비에 불과하다고 보았다. 요컨대 계몽 사상가들의 경제적 합리주의 속에는 카니발의 문화적·신화적 의미, 혹은 '공짜와 유흥' 그 자체가 가지는 기능적 측면들이 이해될 여지가 없었다.

전통적 축제에 대한 계몽 사상가들의 시각은 백과전서파들 속에서도 발견된다. 말레(Mallet) 신부는 성탄절(당나귀제)의 괴상한 행동과 유아학살제의 끔찍한 신성모독, 예수공현절의 '왕'의 오락을 이교적인 관행으로 규정하고 비난하였다. 그리고 주쿠르(Joucourt) 역시 디종의 광인의 축제 때 벌어지는 성직자의 위계와 기독교의 가치를 익살스럽게 모욕하는 관행을 비판하면서, 카니발을 야만시대의 이교적인 관행의 잔재라고 주장하였다. 백과전서학파들은 바람직한 축제는 광장과 거리에서 벌어지는 그런 무질서하고 미신적인 축제가 아니라 전원에서 펼쳐지는 평온과 기쁨을 주는 축제라고 주장하였다.

이처럼 신교와 구교의 종교인들뿐만 아니라 세속 지식인들에게까지 민중관행에 대한 오해와 편견이 널리 퍼져 있었다. 이제 그것은 돌이킬 수 없는 시대적 취향이었다. 이러한 카니발에 대한 종교인과 세속 지식인의 비판과 혐오감을 정치적·사법적으로 현실화시킨 것은 세속 당국이었다.

4 권력의 축제 억압

무질서와 폭력 끝내기

카니발에 대한 세속 당국의 억압은 교회보다 늦어 17세기 이후에나 본격화되었다. 그럼에도 불구하고 세속 당국 역시 무조건 카니발을 용인하고 인정했던 것은 아니다. 세속 당국이 카니발을 한편으로는 인정하면서도 다른 한편으로는 경계한 이유는 정치적이고 문화적인 이유에서였다. 우선 카니발은 정치적 소요와 무질서와 연관되어 있었다. 만남의 기회로서의 카니발은 정치적 불평분자들이 음모를 꾸미하거나 반란을 도모할 수 있는 절호의 기회였다. 축제와 농민 소요의 관련성은 이미 베르세에 의해 언급된 바 있다. 또한 정치적 소요까지는 가지 않더라도 카니발 때 집단과 집단, 교구와 교구가 벌이는 각종 경기와 경쟁은 폭력과 난투의 계기였다. 그러한 폭력과 난투는 의례적인 것도 있었지만 경기가 끝난 후 우발적으로 벌어지는 경우도 있었다. 축제에 빠지지 않는 폭음은 상황을 더욱 악화시켰다. 취기와 폭력의 연관성은 더 말할 필요가 없을 것이다.

여기에 각 집단의 무장행렬은 축제의 폭력을 현실화시킬 수 있는 위험요소였다. 카니발 행렬에서 각 집단들은 자신들을 상징하는 깃발과 함께 피리와 북 소리에 맞추어 행진하였는데, 그때 미늘창이나 화승총 등으로 무장하는 경우가 많았다. 그런데 그러한 '호전적 장식품'은 집단 간에 난투가 벌어지면 장식품을 넘어 실제 무기로 사용될 수 있었다. 점점 무장 행렬이 금지되거나 그것이 일정한 계층에 한정되게 된 이유는 그 때문이다. 카니발의 모든 긍정적인 점을 인정한다고 해도 이런 소요와 폭력·폭음은 이제 막 중앙집권적인 질서를 바탕으로 근대 국민국가를 형성하려는 군주의 입장에서 묵과할 수 없는 것이었다. 군주가 카니발을 억압하기 시작한 시점은 그것을 무질서와 폭력으로 인식하기 시작한 시점과 일치한다.

절대군주가 카니발을 탄압한 데에는 또 다른 문화적 동기도 작용하였다. 근대국민국가를 형성하기 위해서 반드시 필요한 것은 통일적인 '국민문화'의 형성이었다. 하나의 국민을 형성하는 데 동일한 언어와 동일한 문화적 코드는 제도의 확립보다 더욱 중요한 것이다. 그런데 민중의 관행이란 전 유럽을 아우르는 막연한 보편성과 함께 강한 지방적 특수성을 가지고 있다. 이런 다양한 지방색은 단일한 국민문화 형성에 커다란 걸림돌이 아닐 수 없다. 이에 군주는 전국에 설치된 고등법원을 통하여 각 지방의 자율적 민중문화를 탄압, 순화시키기 시작하였다. 그 결과 16세기까지 매우 활기차게 유지되던 카니발의 자율성과 다양성은 17~18세기에 들어서면서 점점 쇠퇴하였다.

전통적 카니발에 대한 세속당국의 억압은 17세기 이후 본격화되었지만 이미 15세기부터 축제의 무질서와 폭력에 대한 우려가 등장하였다. 중앙의 절대군주가 전통적 축제를 통제하기 위한 수단으로 이용한 것은 대개 사법장치들이었다. 투르네(Tournay)의 사례를 살펴보자. 원래 투르네 지역은 6세기 초까지도 아폴로 신전이 남아 있을 만큼 이교적인 전통이 강한 지역이었다. 그만큼 그 지역의 축제는 매우 소란스럽고 무질서하였다. 매년 9월 14일 투르네의 각 직업 조합은 자신들의 '광인'을 앞세우고 행렬을 하였다. 이 '광인들'은 광대(arlequins)로 변장해 누가 가장 엉뚱하고 상스러운 소리를 잘 할 수 있는지 경쟁하였다. 심지어 성직자들도 성체 안치대를 들고 그들의 행렬에 동참하였다. 투르네의 주교는 성직자들까지 가담하는 이 축제를 맹렬히 비난하고 최소한 성체 안치대를 드는 관행만큼은 금지시키려고 하였다. 그러나 성당 참사회원이나 주민, 수도승들은 이를 무시하고 '신성모독적인' 축제들을 계속하였다.

'신성모독적인' 축제 중에서 투르네 시를 가장 환희와 열정으로 몰아넣은 것은 이교적 전통이 강하게 남아 있는 유아학살제(12월 28일)였다. 그날 복사와 보좌신부들은 카바레에 모여 '주교'를 선출하고 물통을 끼얹어 그를 축복했다. 그리고 나서 횃불을 들고 밤거리를 뛰어다니거나 군중을 위해 소극을 상연하였다. 그 소극에는 성당 참사회원들도 참여하였다. 그들은 28일을 시작으로 여러 날에 걸쳐 괴기적인 가장행렬과 소란스러운 오락, 익살스런 행진을 벌이고 성직자와 관료를 향한 신랄한 야유를 퍼부었다. 이 기회를 통해 인색한 부자와 부패한 재판관, 방탕한 성직자에 대한 불만의 목소리가 터져나오고 오쟁이진 남편과 매 맞는 남편에 대한 비난도 이어졌다. 이러한 불만과 비난은 가끔 심각한 모욕적 행위를 동반하였다. 그런데 점차 모욕을 당한 피해자들은 그것을 관행적으로 감내하기보다는 피해를 가한 '광인'과 그 동료들을 상대로 소송을 걸기 시작하였다. 이러한 소송을 통해 중앙권력이 지방에 침투하였고 세속당국은 그 소송에서 피해자의 편을 들어줌으로써 전통적인 관행을 억압해갔다.

실제 1489년 이래 파리 고등법원에서는 투르네의 유아학살제에서 일어난 스캔들에 관한 소송사건이 빈번하게 발생하였다. 고소당한 사람들은 그러한 관행이 전통적으로 내려온 합법적인 것이라고 변호하였다. 이에 군주는 칙서(lettres)를 내려 소송과 연관된 무질서의 진상을 조사하게 하고 그것이 사실로 드러나면 그런 관행을 금지시키든지 아니면 최소한 벌금을 부과하게 하였다. 더 나아가 시 관리들한테는 앞으로는 그러한 관행을 허용하지 말라고 권고하였다.[31]

16세기에 들어서면서 민중적 관행에 대한 당국의 의심은 더욱 증가하였다. 16세기 도시 카니발은 앞에서 확인하였듯이 비판적이고 정치적인 성향으로 흐르고 있었다. 1538년 프랑수아 1세는 몇몇 지방, 특히 신교를 선전할 목적으로 청년회와 그들의 전통적 관행이 동원되는 알프스 지방에서 그것들을 금지하였다. 플랑드르 지방의 화려한 행렬도 그것이 반교황주의적인 주장을 하고 이교주의적인 성격이 있다는 이유 때문에 금지되었다.

이처럼 15세기와 16세기 세속당국이 전통적 축제에 우려와 의심을 표현한 것은 사실이지만 일관적이고 체계적으로 억압하지는 않았다. 오히려 이 시대 교회가 민중적 관행에 엄격했던 것에 비하면 상대적으로 관용적인 편이었다. 하지만 17세기 이후 전통적 축제를 무질서와 혼란으로 인식하게 되면서, 그리고 그것이 중앙집권적 질서의 확립에 장애가 된다고 인식하게 되면서 그것에 대한 억압을 본격화하였다. 교회가 카니발 축제의 미신성과 신성모독을 문제 삼았다면 당시 세속당국에게 문제가 되었던 것은 카니발에 내재된 정치적 무질서와 혼란이었다. 이처럼 교회와 세속당국의 문제의식은 달랐지만 해법은 비슷하였다. 세속당국 역시 무질서하게 난립하는 축제의 수를 줄이기 위해 노력하였다.

통제되고 감시당하는 축제

1599년 앙리 4세 치하에서 로마 주재 프랑스 대사는 교황 클레멘트 8세(Clement VIII)에게 축제의 수를 줄여달라는 편지를 보낸 바 있다. 그 내용은 종교전쟁으로 인해 국토가 황폐해지고 인구가 감소하여 재건이 필요한 때에 민중들은 축제를 즐기느라 땅을 경작하지 않고 노동을 하지 않으며 오락과 음주, 싸움에 빠져 있다는 것이었다. 교황은 이러한 내용에 공감했지만 직접 교서를 발표하지 않고 프랑스 주교들이 각 지역적 상황에 따라 교구 내의 축제를 조정하도록 권고했다. 그 결과 개혁주의 주교들을 중심으로 17세기 초부터 축제를 수를 줄이려는 시도들이 몇몇 지역에서 나타났다.

이런 상황에서 1627년 9월 교황 우르바니우스 8세(Urbain VIII)는 교서를 발표하여 축제를 결정할 권리를 교황청에 위임하고, 25개의 '규범적 축제'(fêtes de précepte)와 세 개의 '임시적 축제'(fêtes eventuelles)[32]의 목록을 작성하였다. 교황은 다시 1642년 교서를 발표해, 각 교구에서 최소한으로 지킬 축제의 항목을 제시하고 여기에 지방 사정에 따라 수호성인축일과 시민적 축제를 각각 하나씩 추가할 것을 명령하였다. 이 두 교서는 축제를 조정하는 권력을 전적으로 주교에 위임했던 기존의 방식에서 벗어나 교황의 영향력을 크게 강화한 것이라고 할 수 있다. 그러나 대부분 프랑스의 주교들은 이것을 수용하지 않고 축제의 개혁에서 계속 주도권을 유지하였다.

루이 14세는 점차 강화되는 왕권을 발판으로 각 지역 주교들을 포섭하여 축제에 대한 개혁을 추진하였다. 1666년 루이 14세는 프랑스 왕국 내의 축제 수를 축소하라는 명령을 내렸고, 그것은 콜베르에 의해 각 교구의 주교들에게 전달되었다. 루이 14세의 요구에 가장 먼저 응한 것은 파리 대주교였다. 그는 1666년 10월 20일 '쉬는 축제'의 수를 44개에서 27개로 줄이고 의무적인 축제(fêtes de commandements)의 목록을 작성했다. 그는 감소된 축제의 수만큼 국민들이 열심히 노동하는 한편 의무적인 축제일에는 이전보다 훨씬 엄격하게 종교적 규율을 준수할 것을 기대하였다. 따라서 그날에는 모든 신자들이 생계를 위한 노동을 중지하고 미사에 참석하여 설교를 경청해야 했다. 술집 출입도 금지되었다. 국민의 생산성을 높이기 위해 노력했던 콜베르 역시 이러한 법령을 적극 지지하였고 다른 지방들도 연이어 파리의 예를 따랐다. 예를 들어 생테(Saintes)와 라로셀·페리고르의 주교들이 그에 속한다.

이 과정에서 기독교적 전통이 아니라 이교적 기원을 가진 축제라고 판단된 것들은 폐지하였다. 과감하게 축제를 폐지한 주교들은 '14세기경 축제는 급격히 증가하였지만 그로 인해 오히려 민중의 봉헌 정신은 냉각되었다. 증가한 축제는 방탕한 무리들에 의해 남용되고 있을 뿐이다. (중략) 성스러운 날을 세속화하는 무질서하고 방탕한 축제들은 더 이상 묵인되어서는 안 되며 없어지는 것이 오히려 낫다'라고 주장하며 축제의 축소를 정당화 하였다. 물론 이런 종교적 동기 외에도 과도한 축제의 수가 국민의 노동을 방해하여 국부의 증가를 어렵게 만들고 있다는 세속적 동기도 없지 않았다.

루이 14세는 1695년 법령을 발표해 각 주교들이 자신의 교구의 축제 수를 줄이는 것을 독려하였고 이어 특허장을 발표하여 주교들의 결정이 왕의 재판소를 통해 집행력을 확보할 수 있도록 해주었다. 이런 용의주도하고 전국적인 노력에 의해 대부분의 교구에서 축제의 수는 이전의 약 3분의 1수준으로 줄어들었다.[33]

물론 이 과정에서 반대가 전혀 없었던 것은 아니어서, 파리 대주교의 조치가 나온 직후 국내외에 찬반여론이 격돌하였다. 파리 대주교를 옹호하기 위해 티에르의 저서가 나온 것도 이 무렵이다. 교황 역시 세속 군주가 주도하는 이런 시도에 불만을 표현했지만 무시되었다. 그런데 가장 큰 저항은 자신들의 전통적 축제를 계속 유지하려는 민중들 속에서 나왔다. 그들은 저항의 표시로 의무적인 축제일에 노동을 하기도 하고 반대로 삭제된 축제날에 교회에 가서 전통적인 놀이를 즐기기도 하였다. 세속당국의 체계적인 억압만큼이나 농민들의 저항도 집요하고 끈질긴 것이어서 전통적 축제들은 쉽게 근절되지 않았다. 그것에 대한 가장 철저하고 전 국가적인 차원의 억압은 프랑스 대혁명 하에서 '그레고리력의 폐지와 그에 근거한 전통적 축제의 폐지'라는 형태로 나타났다.[34]

아무튼 루이 14세의 개혁 때 삭제되지 않고 남은 축제는 이전보다 더 엄격한 감시와 통제를 받았다. 그 일은 주로 시의 시 관리들과 시 법관, 경찰과 민병대가 담당하였다. 특히 그들의 감시 대상이 된 것은 각 단체들의 무장행렬·폭음·이방인과 군중이 범람하는 모임 등이었다. 소요를 일으킬 수 있는 장소로 장시와 시장·카바레·여인숙 등도 집중 단속을 받았다. 시 당국은 대개 축제일에 진홍색 제복을 입은 순경과 하사관(sergents)을 내보내 거리를 샅샅이 감시하게 하였다.

축제에 대한 감시와 통제를 강화하는 한편 축제의 공식화 혹은 관료화를 통해 전통축제를 '개혁'하였다. 그것은 주로 중앙정부에서 파견한 지사들에 의해 이루어졌다. 축제를 개혁하는 방법은 다양한 행정적, 재정적 지원이었다. 이것을 통해 도시의 각 단체와 동업조합단체·성직자단체·교회재산관리위원회들을 통제하였다. 지방 지사들은 재정적 지원을 근거로 축제 진행위원회의 예산을 감시하고 그들의 행사에 대한 인가를 결정하였으며 행사 당일 그것을 감시하였다. 이로 인해 지방 축제의 민중적 자율성은 점차 축소되고 각 축제는 시의 공식적 행사처럼 되었다.[35]

새로운 축제를 향하여

• 에필로그

계몽 사상가들이 민중적 축제에 대해 가졌던 비판과 편견은 앞에서 살펴본 바와 같다. 계몽 사상가들은 민중적 축제에 대한 비판을 넘어 새로운 축제의 대안 모색으로 나아갔다. 그들이 대안적 축제를 모색하는데 모델이 된 것은 군주가 벌이는 정치적이고 공적인 축제들이었다. 카우작(Cahusac)은 르네상스 이후 축제의 역사를 언급하면서 우습고 혐오스러운 이전의 (민중)축제와 군주와 인민이 하나가 되는 새로운 근대적 축제를 구별하였다. 그가 주장하는 새로운 축제는 궁정에서 벌어지는 귀족들의 사적인 축제도, 소란스러운 민중축제도 아니었다. 물론 거기에 민중이 배제되지는 않지만 그들은 축제의 주체가 아니라 '초대된 손님'이었다. 초대된 민중은 마땅히 자신의 '합리적인 위치'를 지켜야 한다. 그래야만 군주와 민중 사이에 의사소통이 가능해질 뿐만 아니라, 민중들은 참여 그 자체로 군주에 대한 충성심을 구현할 수 있다. 이 지점이 바로 계몽 사상가들이 정치적 축제의 유용성을 감지한 부분이다. 민중의 충성심은 군주를 향해 표시될 수도 있지만 '도시'와 '조국'을 향해서도 유도될 수 있기 때문이다. 이 때문에 계몽 사상가들

은 군주의 축제가 가지는 사치스러운 성격에도 불구하고 그 정치적 기능을 인정하였다.[1]

군주의 정치적 축제에서 새로운 축제의 가능성을 모색한 계몽 사상가들이 이상적인 축제 모델을 발전시키는 데 사상적 기반이 되었던 것은 이신론(理神論)이었다. 들릴 드 샤알이 미신과 광신을 비판하면서 대안으로 제시한 국민적이고 합리적인 순수한 종교 의식(儀式)이나 레이날 신부(l'abbé Raynal)가 진정한 종교란 자연과 마음을 보여주는 종교, 연대감에 기초한 인간의 행복을 위한 과학이라고 역설한 것은 모두 이 맥락에서 이해될 수 있다.[2]

한편, 이신론을 기반으로 한 새로운 시민축제 혹은 시민의례의 확립에 있어 루소를 빼놓을 수는 없을 것이다. 루소는 '인간을 참된 시민으로 만들기 위해서는 시민적 종교와 국민적 축제가 필요하다'고 주장하였다. 여기서 그가 생각한 시민적 축제란 '인민 각자에게 시민 정신을 교육하고 그럼으로써 사회적 연대성을 확립할 수 있는 축제'였다. 이런 그의 생각은 『달랑베르에게 보내는 편지』(1758)에서 '축제의 기능은 서로 사랑하고 영원히 단합하게 하는 것'이라고 말한 것에도 나타난다. 뿐만 아니라 루소는 '감각적이고 화려한 스펙터클은 이런 목적에 불필요하다'고 주장하였다. 그렇다면 루소가 제시한 이상적 시민축제의 상은 어떤 것인지 잠시 감상해보자.[3]

인민들은 하늘 아래 확 트인 공간에서 자율적으로 모여 축제를 벌인다.[4] 그곳에서 그들은 배우이자 관객이다. 인민들의 자발적 모임 그 자체가 감동적인 스펙터클이기 때문에 어떠한 감각적인 다른 스펙터클이나 술책과 눈속임을 동원하는 연극무대는 필요하지 않다.

화려하고 현혹적인 스펙터클 대신에 집단적인 즐거움을 일으키고 그것을 교감할 수 있는 단순하고 경제적인 몇 개의 오락, 예를 들면 운동경기와 요트경기 · 뱃사공놀이 · (결혼식일 경우) 소박한 무도회 등이면 충분하다. 이렇게 진행되는 축제는 어떤 권력이나 특권을 과시하지 않으며 집단의 통합과 연대성을 지향할 것이다.[5]

 루소가 상정한 시민축제는 이상적이고 실현가능할 것도 같지만 해결할 수 없는 딜레마를 안고 있다. 그는 전 인민의 자율적인 동의와 참여를 상정하고 그것이 구현된 이미지로서의 시민적 축제를 제시했다. 그 속에서 인민은 관객이자 배우로서 그 자체가 스펙터클이다. 그러나 스펙터클로서의 배우란 결국 수동적 엑스트라에 불과하다. 즉 인민들은 통합의 이미지를 구현하기 위해 필수적인, 그리고 그 통합을 정당화시켜주는 '동원된 존재'에 불과하다는 말이다. 동원된 존재로서의 인민이 축제의 적극적 주체가 될 수 없고, 따라서 그들의 참여 자체로 통합을 정당화시켜주지도 못한다. 루소는 자율적 참여와 스펙터클 없는 밋밋한 축제를 결합하여 이상적인 축제를 만들려 했지만 그 자체가 불가능한 것이었다. 재미없는 밋밋한 축제에 인민이 자율적으로 참여할 리가 없기 때문이다. 이런 딜레마는 이후 루소의 축제를 모델로 하였던 대혁명기 축제들의 딜레마이기도 하였다.
 계몽 사상가들이 제시한 이상적인 축제의 또 다른 모델은 '화창한 봄날 전원에서 벌어지는 즐겁고 평화롭고 순수한 축제'였다. 이런 전원적 축제는 방탕한 귀족의 광적인 파티나 은폐된 성(城)의 사교 모임, 민중들의 소란스러운 축제, 혁명적인 취기와는 다른 것이었다. 18세기의 낭만주의 소설, 루소의 『신(新)엘로이즈』, 세낭꾸르(Senancour)의 『아돌망』(Adolmen), 트레오가뜨(Tréogate)의 『돌브뢰즈』(Dolbreuse)와 『폴과 비르지니』 등을 통해 계몽 사상가들이 구상하고 있던 전원적 축제의 실체를 살필 수 있다. 그런데 이런 문학작품에서 묘사되는 축제는 갈등을 종결하는 대단원에 등장하는 것이 보통인데, 글의 성격상 축제의 기간이 고립적이고 초시간적인 성격을 가지고 있다. 따라서 전원적 축제는 일종의 '현실 도려내기'로 기능하고 있다. 즉 그것은 구체제 말 농민의 궁핍한 현실은 외면한 채 전원생활에 대한 부르주아적 이상만을 반영하고 있는 것이다.

계몽 사상가들은 전원적 축제를 '평화로운 축제'라고 하였는데, 그 평화의 본질도 재고해볼 필요가 있다. 그 평화는 주인의 자선과 자비, 과시적이고 나르시시즘적인 행복에 근거한 것으로, 농민들이 아무튼 그것을 받아들일 때에만 가능하다. 농민들에게는 선택의 여지가 없는 것이다. 그들은 체념한 노예처럼 어색하고 불안하게 축제의 한쪽에 자리 잡는다. 만약 주인의 축제 초대를 받아들이지 않는다면 판은 깨지고 축제는 불가능해진다. 또한 문학에서 묘사되고 계몽 사상가들이 이상화한 이런 축제가 구체제의 현실을 반영하고 있는가도 문제이다. 사실 혁명 직전 농민들에 의해 성이 방화되고 영주가 학살되었던 현실에 비추어볼 때, 낭만주의 소설의 대단원을 장식했던 전원적 축제는 그 자체로 하나의 허구적 유토피아, 그 이상도 이하도 아닌 듯하다.

순수함을 추구하는 전원적 축제에는 바쿠스제적인 기쁨, 리비도적인 욕망이 들어설 자리가 없다. 따라서 전원적 축제는 '욕망 비우기' 즉, 일종의 거세에 의해 다시 한 번 황량해지지 않을 수 없다. 더 나아가 '욕망의 무시'는 '역사의 무시'로 이어져 결국 초시간성과 비시간성으로 귀결된다. 18세기 유럽은 산업화와 도시화, 사회적 위기가 심화되어 심각한 몸살을 앓고 있었다. 하지만 전원적 축제는 모든 이런 현실을 무시한 채 오히려 시대를 역행해 인간을 원시적이고 신비적인 과거, 행복한 무감각 속으로 인도하였다. 그런 점에서 전원적 축제는 역사성과 정치성이 제거된 부르주아의 전원적 이상향을 반영하고 있다고 할 수 있다.[6]

전원적 축제의 가장 이상적인 형태는 루소의 『신 엘로이즈』에 잘 나타나 있다. 그는 여기서 순수한 자연 속에서 주인과 하인이 하나 되는 평화롭고 조화로운 '포도수확의 축제'를 묘사하였다. 여기서 루소의 『신 엘로이즈』가 중요한 이유는 그것이 전원적 축제의 전형을 제시하고 있기 때문이라기보다는 그것을 통해 전원적 축제의 모호성 혹은 보수성을 폭로할 수 있기 때문이다. 그것은 주인과 하인(노동자)을 통합시킨 평화의 본질을 이해함으로써 가능하다. 『신 엘로이즈』에서 민중적 자율성은 주인에 의해 조정 및 통제되고 있다. 축제 때 그들 간의 우애는 존경의 또 다른 형태에 지나지 않으며, 같이 하는 오락은 그들 사이의 동질성을 강화시켜주지만 거기엔 여전히 사회적 위계가 숨어 있다. 주인과 일꾼이 같은 테이블에 앉아 식사하지만 그 자리와 위치는 세심하게 고려된다. 그 축제에서 형성된 우애는 출신과 부의 또 다른 표현이며, 그것들은 하인들이 전적으로 주인에게 의지할 때 가능하다. 이런 점에서 루소의 전원적 축제는 보수적 이데올로기가 은밀하게 은폐되어 표현된 형태인 셈이다.[7]

이상적 축제를 모색하려는 계몽 사상가들의 열정은 그들에게서 끝나지 않고 대혁명 시기의 혁명가에게로 이어졌다. 그리고 실제 혁명가들은 새로운 축제들을 발명할 때 계몽 사상가들이 제시한 모델에 많이 의지하였다. 그 점에서 루소의 역할은 절대적이었다. 새로운 시민을 만들기 위한 루소의 시민축제와 전원적 축제 개념은 혁명가들에게 그대로 이어졌고, 더불어 그의 한계와 딜레마도 함께 넘겨졌다. 앞서 언급했듯이 루소의 딜레마는 '어떻게 하면 인민의 자율적 참여와 스펙터클 없는 순수한 축제라는 두 마리 토끼를 한꺼번에 잡을 수 있을 것인가'하는 것이었지만, 그것은 오늘날까지 정치적 축제의 딜레마로 남아 있다. 루소가 초대한 축제는 한바탕 흥겨운 축제의 장이라기보다는 평화로운 교육의 장이라는 인상을 지울 수가 없고, 그래서 선뜻 가고 싶지 않은 것이 솔직한 심정이기 때문이다.

주註

제1부 카니발의 이교적 기원

1) Cl. Gaignebet, le Carnaval, essai de mythologie populaire, Payot, 1974. 참조. 이에 비해 반 겐넵은 카니발의 기독교적 성격, 즉 사순절을 맞이하는 준비 기간으로서의 의미를 강조하였다.
2) Cl. Gaignebet, 앞의 책, pp. 17~21.
3) Béatrice de Villaines et Guillaume d'Andlau, Carnaval en France, Paris, Fleurus, 1996, pp. 10~11.
4) 이 11일은 '주어진 시간' 이외의 '공짜의 시간' 혹은 '고립된 유토피아'로 간주되었고, 그래서 기존의 관습과 규율을 파괴하는 각종 놀이와 의례로 채워졌다. 이때 사람들은 '축제의 왕'을 뽑고 임시 '왕국'을 만들었다. 이 '왕국'은 현실의 모든 질서와 규범이 뒤집힌 '뒤집힌 왕국'(règne à envers)이었고, 그 뒤집힘을 표현하기 위해 변장과 마스크가 사용되었다. Y. -M. Bercé, Fêtes des fous et carnavals Paris, Fayard, 1983, pp. 25~26.
5) 바빌로니아 신화에 의하면 마르두크는 우주와 대지, 동물과 식물, 인간을 창조한 신이다. 그는 최고의 신으로 한 해가 시작될 때마다 축제를 벌여 모든 신과 인간을 모아놓고 회의를 연 후 그해 인간의 운명을 결정했다고 한다.
6) 유대력의 첫 번째 달.
7) 기원전 3세기에 바빌론의 한 사제인 베로즈(Berose)가 2천 년 전에 번성했던 고대 메소포타미아 문명의 신앙과 신화·지혜에 관한 비밀을 그리스어로 기록하였다. 이 기록에 사세 축제에 관한 기록이 나오는데 그것은 7월 16일경에 시작된 것으로 보인다. D. Fabre, Carnaval ou la fête à l'envers, Paris, Gallimard, 1992, p. 14.
8) D. Fabre, 앞의 책, pp. 14~16.
9) G. Frazer, 『황금가지』, 을유문화사, 2005, pp. 53~92.

10) 이집트에서 이시스는 곡물의 여신이었다. 그래서 이집트 사람들은 이시스 숭배 의식 때 그녀의 은혜를 기념하기 위해 열을 지어 곡식 다발을 날랐다. 이후 그리스에 유입되면서 곡물의 여신인 데메테르와 동일시된 이유가 이 때문이다. 그와는 달리 알렉산드리아의 그리스인 뱃사공들한테는 '바다의 여신'으로 숭배되기도 하였다. 이시스 숭배가 점점 발달하면서 여기에 도덕적 청순함과 신비스러운 태곳적 신성성을 가진 정숙한 아내, 다정다감한 어머니, 자애로운 자연의 여왕이라는 이미지들이 첨가되었다. J. G. Frazer, 앞의 책, pp. 85~86.
11) 이 '이시스의 배'라는 말에서 카니발의 어원을 구하는 학자들도 있다.
12) '시골 디오니시아'는 '소 디오니시아'라고도 하며 12월 후반에서 1월 전반에 거행된다. 그리고 레나이아 디오니시아는 1월 후반과 2월 전반, 안테스테리아는 안테스테리온 달(2월 후반과 3월 전반)에 거행된다. 도시 디오니시아는 '대 디오니시아'라고도 하는데 3월 후반과 4월 초에 열린다. 시골 디오니시아는 아티카의 지방 데모스들이 지역별로 거행하는 축제로 데모스별로 차이가 있는데, 대개 행렬과 제사 · 연회 · 비극 및 희극 공연으로 구성되었다. 행렬에는 제물과 남근상이 전시되기도 하였다. 레나이아 디오니시아는 아테네의 레나이온에서 거행된 것으로 역시 행렬과 제사 · 비극 및 희극 공연으로 구성되었다. 행사의 구체적인 내용은 알려져 있지 않지만 아테네의 최고행정관이 관장한 점으로 보아 국가적인 축제였던 것 같다. 안테스테리아는 사흘에 걸쳐 진행되었는데, 첫째 날은 포도주 항아리를 개봉하는 의식을 치르고, 두 번째 날에는 포도주 마시기 · 행렬 · 제사 · 디오니소스의 결혼식 · 연회와 포도주 마시기 대회 등이 열린다. 이날의 행렬은 디오니소스와 사티로스, 제물 도구를 운반하는 사람들로 이루어져 있는데, 디오니소스는 바퀴달린 배에 앉아 있었다. 마지막 세 번째 날은 사자(死者)들을 위해 음식을 바쳤다. 도시 디오니시아는 아르콘이 관장하였다. 그 축제는 제물과 남근상을 포함하는 행렬, 제사와 떠들썩한 연회와 가무, 사흘 동안의 연극대회를 포함한다. 김봉철, '디오뉘소스 신화와 디오뉘시아 제식의 연관성', 서양사론 제92호, 2007. 3, pp. 8~14.
13) 그리스 신화에 나오는 숲의 정령(精靈)으로 몸의 대부분이 사람 모습이지만 말의 꼬리, 뾰족한 귀, 산양의 다리, 거대한 남근을 가지고 있다. 성질이 쾌활하고 술을 좋아하며 디오니소스의 종자(從者)이다. 중세 말에는 악마를 구현하는 이미지로도 많이 사용되었다.
14) 그리스 신화에 나오는 산과 들의 정령으로 대부분 사람 모습이지만 실레노스의 귀와 발, 꼬리는 말의 모습을 하고 있다. 디오니소스의 종자이며 또한 스승이었다. 미다스 왕이 실레노스를 잡아갔다가 환대한 적이 있는데, 그 이유로 디오니소스가 미다스 왕에게 무엇이든지 황금으로 만들 수 있는 능력을 부여하였다. 흔

히 소크라테스가 실레노스에 비유되기도 한다.
15) 원시인이나 고대인들은 종종 자신들이 신으로 숭배하는 존재를 먹는 의례를 거행하였다. 이것은 프로이트가 말한 '금기의 파괴' 행위로서, 신을 먹음으로써 스스로 신성해지려는 욕구에서 비롯되었다. 디오니소스 의례에서는 디오니소스를 상징하는 수소나 염소를 희생 제물로 바쳤는데 최초에는 인간을 희생 제물로 바치고 그를 뜯어먹었다는 설도 있다. J. G. Frazer, 앞의 책, p. 107.
16) J. G. Frazer, 앞의 책, p. 96. 그러나 프레이저는 크레타 문명 자체 내에서 형성된 자연종교적인 현상으로 파악한다.
17) J. G. Frazer, 앞의 책, pp. 98~101.
18) Béatrice de Villaines et Guillaume d'Andlau, 앞의 책, p. 15.
19) Macrobe, *Les Saturnales*(Introduction, traduction et notes par Charles Guittard), Paris, Les Belles Lettres, 1977. 참조. 4세기 전환기 호노리우스 황제 치세에 고대 말 가장 과묵한 석학 중의 한 명인 마크로비우스(Macrobe)가 살았다. 그는 에스파냐의 부총독이었고 나중에는 아프리카의 프로 콘술이 되었다. 로마 제국과 엘리트들이 시간이 경과하면서 기독교로 개종한 반면 마크로비우스는 이교도를 열렬히 신봉한 마지막 지지자였다. 그의 대표적 저서는 『사투르날리아』(*Saturnaliorum*)이다. 그는 여기서 사투르누스 축제에 관한 세부적인 설명보다는 축제의 설립자인 야누스에 관해 장황하게 설명하였는데, 그에 의하면 사투르누스 축제는 사투르누스의 아들인 야누스에 의해 처음으로 시작되었다고 한다. D. Fabre, 앞의 책, p. 20.
20) W. WARDE FOWLER, M. A., *The Romans Festivals of the Period of the Republis*, London, 1933, pp. 270~271.
21) Béatrice de Villaines et Guillaume d'Andlau, 앞의 책, pp. 14~16.
22) A. -F. Lesacher, *Fêtes et traditions; leur origine au fil des mois*, OUEST-FRANCE, 1987. 참조.
23) Cl. Gaignebet, 앞의 책, pp. 21~27.
24) D. Fabre, 앞의 책, pp. 21~25.
25) 1000년경 기독교 달력에 기름진 시기와 마른 시기 사이의 구분이 생겼다. '육류를 내버려둔다'거나 '육류를 식탁에서 치워버린다'를 의미하기 위해 라틴어 학자들은 'carnisprivium'을 만들었다. 프랑스에서 이 시기는 사순절 초와 일치하고, 게르만 지역에서는 부활절까지 이어지는 향연(fast)을 지칭했다. D. Fabre, 앞의 책, p. 35.
26) 실제적인 공포에는 죽음과 전쟁·기아·고통 등이 포함되고 상상적인 공포에는 초자연적인 것, 예를 들면 신과 악마·마녀·밤과 신체에 관한 것·월경 등이 포

함되었다. 민중들은 이러한 공포를 해학과 익살로 극복하려 하였는데, 그러한 사실은 전통사회에 왜 그토록 축제가 많았는지를 설명해주는 요인이기도 하다.
27) R. Muchembled, *Société, cultures et mentalités dans la France modern XVIe–XVIIIe siècle*, Paris, Armand Colin, 1990. 참조.
28) 특히 피에르 뒤 콜롱비에(Pierre du Colombier)는 유럽 문명의 연극과 유희의 발달에서 교회의 역할을 강조했다. J. Heers, *Fêtes des fous et carnavals*, Paris, Fayard, 1983, p. 44.
29) L. Gougaud, "La danse dans les èglises", *Revue d'histoire ecclésiastique*, t.xv, Louvain, 1914, pp. 232~233.
30) 점차 교회는 이런 경건하지 못한 신자들의 오락과 의식으로부터 교회를, 최소한 내진(choeur)만이라도 분리하려고 하였다. 예를 들어 도미니크회와 프란체스코회의 수도원은 내진 내에 연단으로 통하는 특수한 문을 설치하였고, 성당에서는 참사회원들의 좌석을 내진 내 다소 높은 곳에 마련하였다. 내진은 점점 높아지는 문에 의해 차단되었다. 에스파냐에서는 높은 울타리를 이용해 내진을 차단하였고, 영국과 프랑스에서는 상대적으로 접근이 용이했지만 여전히 신자들은 내진을 보지 못하고 단지 느끼기만 할 정도였다. 결국 18세기에 이르면서 교회는 높은 주랑을 세워 이러한 분리를 완성하였다. J. Heers, 앞의 책, pp. 53~54.
31) J. Heers, 앞의 책, pp. 48~51.
32) 카니발과 그 행렬의 루트를 통해 도시 내 권력 관계를 드러내는 것이 지세학(地勢學, topology)의 새로운 과제로 부각되고 있다.

제2부 광인의 축제: 성당에서 벌어진 난장

1) 중세 성직자 집단에는 상급서품 성직자와 하급서품 성직자가 있었다. 전자에 해당되는 집단은 주교와 주임사제·부제·차부제 등으로 우리가 흔히 성직자로 알고 있는 집단이다. 클레르는 하급서품 성직자를 말하는데, 제단을 관리하거나 미사 때 사제를 보조하는 시종사, 미사 때 성경을 낭송하는 독송사, 마치 수위처럼 교회를 지키는 구문사, 안수나 유아세례를 도와주는 구마사 등이 있었다. 이들은 상급서품 성직자가 되기 위한 수련생들이긴 하지만 아직 완전한 성직자가 아니어서 생계를 위해 세속적인 일을 하는 것이 허용되었다. 이들은 대체로 법률 관련 업무의 대필을 해주는 부업을 많이 하였다. 그리고 그들은 상급서품 성직자들처럼 엄격한 규율의 지배를 받는 것이 아니어서 비교적 자유로운 생활을 하였다. 클레르는 서생(書生)이나 문사(文士)로도 번역되기도 한다. 중세 때부터 존재했던 이 집단은 최근 1972년에 와서 그 존재가 완전히 사라졌으며 현재 그들의 역

할을 평신도들이 대신하고 있다.
2) 광인의 축제에 대한 기록은 12세기부터 시작되어, 14세기 교구 법령이나 의례집에 많이 나타난다. 광인의 축제는 특히 14~15세기에 번성했을 것으로 보이는데, 그 무질서함과 신성모독적인 성격으로 인해 이미 14세기부터 고위 성직자들 사이에서 비판의 목소리와 규제와 간섭의 징후가 나타나기 시작하였다. Y. -M. Bercé, 앞의 책, p. 26.
3) 1751년 뒤 티이요는 『광인의 축제의 역사에 관한 회고록』(*Mémoire sur la Fête des fous*)에서 계몽적인 시각에 입각해 광인의 축제가 가진 환상과 무질서를 비난한 바 있었다. 그러나 17세기 말까지만 해도 민중적 축제와 오락에 대해 좀 다른 견해를 가지고 있었다. 티에르(Jean-Baptiste Thiers)는 『놀이와 유희에 관한 논고』(*Traités des jeux et divertissments qui peuvent être permis ou qui doivent être défendus aux Chrétiens selon les régles de l'Eglise et le sentiments des Pères*)에서 민중적 오락과 놀이는 인간의 원죄 이래 필요한 것이고 교부와 성인들도 승인한 것이라고 주장하면서 그것을 악하게 만든 것은 주위의 상황이라고 덧붙였다. 그 상황이란 신성한 건물과 묘지에서 온갖 종류의 괴기적이고 음탕한 가장행렬이나 춤까지도 다 수용하였다는 것이고 가장 대표적인 예는 광인의 축제였다. J. Heers, 앞의 책, p. 8.
4) 동방에서는 훨씬 뒤인 10세기경 이러한 관행이 확립되었다. 당시 콘스탄티노플의 대주교(le patriarche Théophylacte)가 그의 교회에 익살스러운 축제를 도입하였다고 한다. 이후 여러 세기 동안 콘스탄티노플의 교회에서는 성탄절과 예수공현절에 민중과 성직자들이 신전과 지성소에서 익살과 춤, 야유와 아우성을 치며 즐겼다.
5) J. Heers, 앞의 책, p. 108.
6) Y. -M. Bercé, 앞의 책, pp. 24~30.
7) 이러한 '근대적 편견'을 가장 대표하는 인물이 필립 아리에스이다. 그는 어린이라는 개념은 근대 이후 발생한 개념이라고 지적하였다. 프로이트 역시 비슷한 입장으로 근대 이후 어린이에게 특히 더 규율과 억압이 집중되면서 어린이라는 개념이 등장하였다고 주장하였다. 필립 아리에스, 『아동의 탄생』, 서울, 새물결, 2003. 참조.
8) 중세의 유랑 집단에는 이들 외에도 세속인(laïcs)·고행인·빈민·이교도들이 포함되어 있어 항상 위협적인 요소로 간주되었다. 그들은 일요일이나 축일에 도시에 들어가 사회를 비판하고 소요를 일으켰다. 반(反)교회적인 우스꽝스러운 스펙터클만이 아니라 유대인 학살을 부추기기도 하였다. 이런 문제 때문에 보수적인 성직자와 도덕주의자들은 클레르를 시대의 재앙으로 간주했으며, 그레고리의

대개혁(Réforme grégorienne)에 그들을 '재개혁'시키려는 노력이 포함되었다. J. Heers, 앞의 책, pp. 31~44.
9) Ferdinand Lot, *Les poésies des Goliards*(préface), Paris, Rieder, 1931. 참조.
10) J. Heers, 앞의 책, p. 125.
11) 『성모승천대축일 의례』(*un Office de l'Assomption de la Vierge*)의 저자.
12) 그것은 전 프랑스에서 공통의 줄거리를 가지고 있었지만 지역에 따라 다양한 환상과 발명이 추가되었다.
13) 매우 민중적이고 상상적인 인물로 그의 이름은 문학 장르——grobianismus(파르스와 소극의 모음집)——에 남아 있다.
14) J. Heers, 앞의 책, pp. 170~171.
15) 초입생을 구타하고 괴롭히는 일종의 통과의례.
16) J. Heers, 앞의 책, p. 171.
17) A. Corvisier, *Les Danses Macabres*, Paris, Presses universitaires de France Paris, 1998. 참조. 「죽음의 춤」은 다양한 신분의 사람들이 포함된 17개의 그림으로 구성되어 있고, 각각의 그림 밑에는 간단한 교훈적인 글들이 적혀 있다.
18) '죽음'의 이미지가 가장 인상적으로 표현된 축제는 아마도 죽음을 직접 다루는 장례 의식일 것이다. 방부 처리를 한 시체의 노출과 검은 천을 걸친 말들의 긴 행렬, 궁정의 방을 장식한 검은 장막들, 이 모든 것들이 죽음을 환기시켰다.
19) 카니발 분장의 특징은 뒤집기이다. 특히 대표적인 것은 성과 나이를 뒤집는 분장이다.
20) 라틴어로 숨결이 광기라는 언어와 연관된다. Cl. Gaignebet, 앞의 책, p. 52.
21) Cl. Gaignebet, 앞의 책, pp. 51~52.
22) G. M. Drewes, "Zur Geschichte des fête des fous", *Stimmen aus Maria Laach*, n., 47, Freiburg im breisgau, 1894, pp. 571~587.
23) J. Heers, 앞의 책, p. 179.
24) 게하르트 마르셀 마르틴, 『축제와 일상, 축제신학의 정초를 위하여』, 서울, 한국신학연구소, 1985, p. 36. 이 외에도 『광인의 축제』를 신학적 입장에서 옹호한 책으로 하아비 콕스, 『바보제-祭祀과 幻想의 神學』, 서울, 현대사상사, 1997. 참조.
25) J. Heers, 앞의 책, p. 171.
26) J. Heers, 앞의 책, p. 183.
27) J. Heers, 앞의 책, p. 183.
28) 1216년 교회는 라테란 공의회를 열어 도시 발달로 인한 이단의 등장과 기독교 세계의 해체를 막기 위해 '재기독교화'를 천명했다. 이로 인해 평신도들에 대한 통제와 감시가 훨씬 강화되었으며 이단을 척결하기 위한 종교재판소의 설립이

공식화되었다. 이것은 이후 이단재판과 마녀사냥으로 이어지는 일련의 비극의 시작이었다.
29) 민중적 관행이 이단과 연결되는 과정은 『마녀와 베난단티의 밤의 전투』를 통해 구체적이고 상세하게 확인할 수 있다. 카를로 진즈부르그, 『마녀와 베난단티의 밤의 전투: 16세기와 17세기의 마법과 농경의식』, 서울, 길, 2004. 참조.
30) Y. -M. Bercé, 앞의 책, pp. 27~28.
31) J. Heers, 앞의 책, pp. 172~175.

제3부 카니발: 다양한 축제의 날들

1) 실제 디종의 청년들, 특히 직인들과 도제들·시동들·부르주아의 자식들 사이에는 축제일에 마을 특정 여성을 상대로 집단 강간을 하는 관행이 있었다. 이때 피해를 당한 여성은 노동자의 딸이나 행실이 좋지 못한 소녀들·과부들·성직자의 동거녀들이었다. 이러한 관행이 오랫동안 용인되었던 이유는 청년들의 성적 욕망으로부터 도시의 양갓집 규수들을 보호하기 위해서였다고 한다. 제프리 리처즈, 『중세의 소외집단-섹스·일탈·저주』, 느티나무, 1999, pp. 59~60.
2) D. Fabre, 앞의 책, p. 39.
3) Cl. Gaignebet, 앞의 책, pp. 57~64.
4) D. Fabre, 앞의 책, pp. 36~45.
5) Cl. Gaignebet, 앞의 책, pp. 65~78.
6) D. Fabre, 앞의 책, p. 51.
7) 2월 1일은 전통적으로 켈트 족의 '임볼크 축제'(date de l'Imbolc)였다.
8) Cl. Gaignebet, 앞의 책, pp. 105~111.
9) D. Fabre, 앞의 책, p. 48.
10) 베르세에 의하면 이 모의재판은 카니발 기간에 청년들이 행한 '임시적 사법권'의 하나이다. 그는 임시적 사법권을 네 가지로 분류하였다. 첫 번째는 '즐거운 재판소'인데 청년들의 모의재판 놀이를 말한다. 두 번째는 소란스러운 음악을 울리며 조롱하는 샤리바리, 세 번째는 당나귀 행진, 마지막 네 번째는 마네킹 화형식이다. 이처럼 임시적 사법권은 마네킹의 모의재판만이 아니라 다양한 형태로 나타났다. 예를 들면 살뤼(Salut) 지방의 마을 청년들은 축제 때가 되면 평소 평판이 안 좋은 사람들의 집을 습격해서 술을 요구하였다. 그리고 뤼숑(Luchon)의 산악지대 청년들은 축제날에 일을 한 사람들을 붙잡아 당나귀에 앉혀 행진시킨 뒤 술값을 요구했고 또 집 밖에 나와 서성거리는 소녀들을 붙잡아 헹가래를 쳤다. 축제일에는 노동과 소녀들의 외출이 금지되어 있었기 때문이다. 임시 사법권의 대상

도 다양하였다. 사람에서부터 짐승·마네킹에 이르기까지 모두가 청년집단의 희생양이 될 수 있었다. 그들 모두 축제 때 청년들로부터 조롱과 익살·구박·샤리바리·모의재판·소극 등을 통해 심판받았다. Y. -M. Bercé, 앞의 책, pp. 37~54 참조.

11) D. Fabre, 앞의 책, pp. 39~40.
12) Cl. Gaignebet, 앞의 책, p. 102.
13) Y. -M. Bercé, 앞의 책, p. 48.
14) Y. -M. Bercé, 앞의 책, p. 48. 불의 의식은 카니발 주간 외에도 오월제, 성 요한 축일에서도 나타났다. 그 의미는 대동소이하다. 부정적인 측면에서 악과 유령을 몰아내는 속죄의식이나 푸닥거리이며, 긍정적인 의미에서는 다산과 풍요를 위한 의식이다. 그것은 대지의 풍성한 생산물과 계절의 순조로운 순환을 기대하며 신을 달래는 의식(propitiatoires)이었다. 흔히 종교재판에서 이단으로 판정된 사람들은 화형에 처해졌는데, 그때 불은 마법을 정화시킨다는 의미를 가진 것으로 일종의 속죄의식이었다.
15) 미하일 바흐친, 『프랑수아 라블레의 작품과 중세 및 르네상스의 민중문화』, 아카넷, 2001. 참조.

제4부 카니발의 풍경

1) Martine Grinberg, "Carnaval et société urbaine XIV-XVIe siècle: le royaume dans la ville", *Ethnologie française*, Tom 17, n°1, p. 221.
2) J. Heers, 앞의 책, pp. 223~227.
3) 제2부에서 광인의 축제가 세속의 축제와 문화에 미친 영향 참조.
4) J. Heers, 앞의 책, pp. 227~230.
5) J. Heers, 앞의 책, pp. 141~148.
6) 미셸 푸코, 『광기의 역사』, 서울, 인간사랑, 1991. 참조.
7) 모든 도시의 광인들이 다 추방되었다기보다는 광인들이 많이 몰려드는 도시, 예를 들면 순례지나 상업과 교역이 활발한 대도시 등에서 이방인에 해당되는 광인들이 주로 추방되었다. 미셸 푸코, 앞의 책, pp. 21~22.
8) J. Heers, 앞의 책, pp. 153~154. 사람들 사이에서 광인들에 대한 인식변화와 광인에 대한 문학적 담론의 변화는 연관이 있을 것이다. 미셸 푸코에 의하면 광인에 대한 담론은 15세기와 16세기, 17세기 초에 변화하였다. 15세기에 그것은 인간의 야수적 본성을 구현하는 환상적이고 신비한 은밀한 힘으로 사람들을 매료시켰다. 그러나 16세기 문학작품에서 광기는 자신에 망상적으로 집착하는, 오

직 발광과 죽음으로 인도되는 사람으로 묘사된다. 17세기에 들어서면 광기에는 더 이상 종말이나 죽음을 예언하는 거대한 위협 따윈 없다. 그것은 미친 주정뱅이로 묘사될 뿐이다. 이러한 인식과 담론의 변화를 통해 광인에 대한 서유럽인들의 생각이 신적이고 위협적인 존재에서 사회의 천덕꾸러기, 감금된 광기로 변해가는 모습을 확인할 수 있다. 미셸 푸코, 앞의 책, pp. 33~51.

9) 축제에 등장하는 광인이 실제 미치광이였는지, 사회적 비판과 풍자를 일삼는 다소 과도한 '현인'이었는지, 아니면 축제를 위해 선출된 광인이었는지가 모호하다. 아마 이것들은 당대인들이 가졌던 광인에 대한 모호한 태도, 아직 과학적으로 규정된 광인이 개념이 등장하지 않았다는 점과도 연관되어 있을 것이다.

10) J. Heers, 앞의 책, pp. 154~157.

11) J. Heers, 앞의 책, p.158.

12) J. Heers, 앞의 책, pp. 148~153.

13) J. Heers, 앞의 책, pp. 231~232.

14) 제3부 카니발에서 나온 '곰에 관한 전설' 참조.

15) J. Heers, 앞의 책, pp. 158~159.

16) J. Heers, 앞의 책, pp. 239~240.

17) J. Heers, 앞의 책, pp. 54~56.

18) J. Heers, 앞의 책, pp. 63~64.

19) 『광인의 배』의 저자 세바스티앙 브랑은 '신성한 기독교적인 축제는 거의 없으며, 교회는 더 이상 신성한 장소가 아니다. 재의 수요일에 경건하게 재를 받는 사람은 거의 없다. 도료를 바르기 위해 사방팔방 여자를 뒤쫓는 사람들과 겁에 질려 도망치는 여자들, 당나귀를 끌고 다니며 춤을 추는 사람들로 가득하다'라고 언급하고 있다. D. Fabre, 앞의 책, p. 67.

20) J. Heers, 앞의 책, pp. 54~69.

21) 16세기 인쇄술이 발달하면서 카니발 연극이 텍스트화 되기 시작하는데, 이 현상을 바흐친은 '카니발의 문학화'라고 표현하였다.

22) J. Heers, 앞의 책, pp. 246~256.

23) Jean Jacquot, *Fêtes de la Renaissance III*, Paris, Centre national de la recherche scientifique 1975, pp. 24~28.

24) 김찬자 엮음, 『프랑스 중세 소극집』, 서울, 연극과 인간, 2003, p. 4.

25) J. Heers, 앞의 책, p. 234.

26) J. Heers, 앞의 책, pp. 215~219.

27) J. Heers, 앞의 책, pp. 219~223.

28) M. Grinberg, "Charivaris au Moyen Age et à la Renaissance, condamnation

des remariages ou rites d'inversin du temps?", J. Le Goff et J. Cl. Schmitt (ed.), *Le Charivari*, Mouton-EHESS, 1981, p. 142에서 재인용.

29) 이 외에도 뒤 캉즈(Du Cange)는 그의 『고어사전』(*Glossaire*)에서 charivarium 을 '재혼한 사람을 놀리기 위해 시끄럽게 고함을 지르고 소란을 피우는 무례한 오락'으로 정의하였고, 법률가 메를랭(Merlin)은 샤리바리를 '냄비와 프라이팬, 그 외 다른 악기를 두드려가면서 고함과 휘파람을 불며 청년들이 늙은 과부의 집 앞에서 밤에 행하는 관행'이라고 하였다. Henri Lalou, "Des Charivaris et de leur répression dans le Midi de la France", *Revue des Pyrénées*, 16, 1904, p. 495.

30) 샤리바리는 워낙 오래된 관행이기 때문에 그 기원을 분명히 하는 것도 불가능하고, 그 만큼 그 어원에 대한 설명도 제각각이다. 어떤 사람들은 샤리바리가 '고양이의 울음소리'를 의미하는 독일어 katzenmusik에서 유래하였다고 주장하기도 하고, 또 어떤 사람은 샤리바리에 사용되는 주 도구가 냄비와 주전자(calix)이기 때문에 샤리바리가 calix과 관계가 있다고 주장한다. Henri Lalou, 앞의 책, p. 494. 누아로에 의하면 샤리바리는 '과부가 재혼하다'라는 뜻의 두 라틴어 caro et varia에서 나왔으며, 혹은 서로 공격하면서 농담하고 웃고 낄낄거리는 로마의 charivarirm 관행과 연관되어 있다고 한다. C. Noirot, *Origines des masques, mommeries, charivari, etc.*, 1609, C. Leber (ed.), *Collection des Meilleurs Dissertations, Notes et Traités Particuliers Relatifs à l'Histoire de France*, Paris, p. 73.

31) 프랑스에서 샤리바리는 지역마다 다양한 방언으로 불리었다. 도피네 지방에서는 chanavari, 프로방스에서는 taribari, charavit, 카탈로니아에서는 esquellotada 라고 불렸다. Henri Lalou, 앞의 책, p. 495.

32) H. Rey-Flaud, *Le Charivari, les rituels fondamentaux de la sexualité*, Paris, Payot, 1985, pp. 18~26.

33) Claude Gauvard et Altan Gokalp, "les conduites de bruit et leur signification à la fin du Moyen Age: le charivari", *Annales, E. S. C.*, n.,3, Paris, 1974, pp. 695~698.

34) Y. -M. Bercé, 앞의 책, pp. 19~20.

35) Y. -M. Bercé, 앞의 책, pp. 37~39.

36) A. Bruguière, "Pratique du charivari et répression religieuse dans la France d'Ancien Régime", J. Le Goff et J. Cl. Schmitt (ed.), *Le Charivari*, Mouton-EHESS, 1981, pp. 191~192.

37) N. Z. Davis, *Society and Culture in the Early Modern France*, Cambridge,

Polity Press, 1987, pp. 109~110.

38) Roger Vaultier, *Le Folklore Pendant la Guerre de Cent*, Paris, Libr. Guénégaud, 1965, p. 91.

39) Claude de Rubys, *Histoire véritable de la ville de Lyon*, Lyon, Bonaventure, 1604, p. 501.

40) N. Z. Davis, 앞의 책, p. 117.

41) 뿔 나팔은 샤리바리에 빠지지 않는 악기로 샤리바리의 상징이기도 하다. 더 나아가 '뿔'은 여성을 강탈한 태고의 야만인을 상징하는 것으로 샤리바리 희생자들의 머리에 붙여지는 경우가 많았다. R. Vaultier, *Le Folklore*, p. 91.

42) René Herval, *Histoire de Rouen*, Rouen, Maugard, 1947~49, p. 45.

43) Ludovic Lalanne, Journal d'un bourgeois de Paris sous François Ier (1515~1536), Paris, H. Laurens, 1854, p. 44.

44) 아내한테 매 맞는 남편만이 아니라 부인을 때리는 남편, 특히 5월에 부인을 때리는 남편들도 샤리바리의 대상이었다.

45) Eusèbe de Césarée, *Histoire ecclésiastique 3*, Paris, A. Picard, 1913, p. 43.

46) Crespin, *Martyrs*, 3, pp. 386~387.

47) Jean Crespin, *Histoire des martyrs*, tom., 3, Toulouse, Société des Livres Religieux, 1887, pp. 311~312.

48) Y. -M. Bercé, 앞의 책, p. 47.

제5부 신도회: 카니발의 주역

1) 반 젠넵은 특별한 증거 없이 이러한 관행이 이미 고 중세 시기(12세기)부터 있었다고 주장하였다. A. Van Gennep, *Manuel de folklore contemporain*, Paris, A. et J. Picard et Ciel, 1949, p. 615.

2) 신도회는 평신도(laics)로 구성되어 있어 교회의 규제를 받지 않는 세속적 단체였다. 반면 비슷한 시기에 등장한 광인의 협회(société des fous)는 평신도들도 가끔 포함되어 있었지만 준성직자 집단인 클레르로 구성되어 있었다. 광인의 협회는 교회 내 광인의 축제를 주도했다. 그들은 14세기에 발달하고 15세기에 서서히 쇠퇴하였다. 반면 신도회는 15~16세기 도시를 중심으로 매우 발달하였다. 청년 신도회와는 다른 성격의 문학 신도회(les puys)도 13세기 이래 등장하였다. 그리고 바조슈(la Basoche)와 같은 직업별 신도회도 등장하여 15~16세기 축제에서 큰 역할을 하였다. Martine Grinberg, 앞의 책, p. 270.

3) S. Eisenstadt, "Archetypal Patterns of Youth", *The Challenge of Youth*, New

York, 1965, p. 40.
4) 마을 청년들이 오월제(5월 1일) 전야에 여러 꽃이 든 꽃바구니를 들고 마을을 돌아다니면 처녀들의 집 앞에 그 처녀의 성품을 가장 잘 표현하는 꽃을 놓아두었던 관행을 말한다.
5) Martine Grinberg, 앞의 책, p. 216.
6) Y. -M. Bercé, 앞의 책, pp. 16~19. 리옹과 루앙 등 다른 도시들에서도 청년 신도회는 회원 간의 평화를 유지하고 지나치게 무질서한 행동을 하지 않도록 벌금이나 위원회 등 다양한 방법을 마련하였다. N. Z. Davis, 앞의 책, p. 115.
7) N. Pellegrin, *Les Bachelleries: Organisations et fêtes de la jeunesse das le Centre-Ouest XVe-XVIIIe siècles*, Poitiers, Société des antiquaires de l'Ouest, 1982, pp. 221~275.
8) N. Z. Davis, 앞의 책, pp. 106~107. 필립 아리에스는 18세기 말까지 유럽에 어린이와 청년기(adolescence)의 개념적 차이가 존재하지 않는다고 보았지만 이는 잘못된 해석이다. 비록 시골 사람들에게 성인 남자의 발달에 관한 '심리드라마' 이론이 없고 시골 사회가 대안적 정체성(alternate identities)을 탐구할 가능성을 자극하진 않았지만, 이 청년회는 청소년기에 해당하는 특수한 기능을 담당하였다. 청년회는 청년들의 성적 본능을 조절하고 결혼 전 자신에게 허용된 '사법권'이나 자율성, '샤리바리'를 통해 공동체 의식을 증가시켰으며 그를 통해 사회화 과정을 거쳤다.
9) Y. -M. Bercé, 앞의 책, p. 16.
10) 시골의 청년회와 마찬가지로 미혼 청년들로 구성된 나이집단이다. 필자는 본 저서의 여러 곳에서 청년회와 청년 신도회를 따로 구별하지 않고 '청년회'로 사용하였다.
11) *L'ordre tenu en la chevauchee, faicte en la ville de Lyon*, ed. G. Guigue, *Archives historiques et statistiques du département du Rhône 9*, Lyon, 1828~29, pp. 345~353.
12) Martine Grinberg, 앞의 책, p. 217.
13) D. Fabre, 앞의 책, pp. 56~58.
14) 그러나 그들의 '수도원장'은 한 명이었다. 만약 '수도원장'이 상인 집단에서 나오면 그 참모부는 대개 바조슈들에서 뽑고, '수도원장'이 바조슈에서 나오면 그 반대였다. 이런 '유희적 관리'의 선출은 12월 27일 거행되었다. Martine Grinberg, 앞의 책, p. 219.
15) Marc de Montifand, *Les triomphes de L'Abbaye des Conards*, Paris, A. Lacroix et Cie, 1877, p. 23. 1536년 루앙의 '바보들'은 '모든 남자들은 101년 동안 두

아내를 거느릴 수 있다'는 익살스러운 판결을 내린 적이 있다. 그것은 이 당시 터키가 기독교 세계를 파괴하기 위해 바다로 진출하였기 때문에 그들을 달래기 위한 차원이었다고 한다. 물론 그것 역시 익살적인 핑계이지만 말이다.

16) J. -B. Du Tilliot, *Mémoires pour servir à l'histoire de la fête des fous, qui faisoit autrefois dans plusieurs eglises*, Lausane, M. DCC. LI, 1751, p. 116.
17) N. Z. Davis, 앞의 책, p. 113.
18) Jean Guéraud, *La chronique lyonnaise de Jean Guéraud, 1536~62*, Lyon, impr. Audin, 1929, pp. 31~118.
19) F. Rolle, *Inventaire sommaire des archives communales antérieures à 1517*. Ville de Lyon, Paris, P. Dupont, 1865.
20) M. de Montifaud, 앞의 책, p. 14.
21) J. Heers, 앞의 책, pp. 195~196.
22) 플랑드르 지방에서 야외에서 벌이는 축제의 일종.
23) J. Heers, 앞의 책, pp. 196~197.
24) 마콩의 유희 신도회는 청년회의 전통을 유지했지만 도시화된 환경에 맞추어 새로운 기능과 규칙도 가지고 있었다. 예를 들면 신분에 대한 배려이다. '수도원장'은 도시의 상층집안에서 충원되었다. '수도원장'을 뽑는 선거는 육식일에 거행되었고 뽑힌 '수도원장'은 자신의 관리들을 지명했다. 그들은 자신들의 규칙을 두 개의 사탕이 새겨진 도장으로 확인하였다.
25) Du Tilliot은 그의 저서에서 광인협회의 설립 시기를 1381년이라고 제시하였다.
26) 재속 수도사의 단체
27) J. Heers, 앞의 책, pp. 202~203.
28) 이들 관직명은 실재의 관리라기보다는 협회에서 그해 뽑힌 인물들이다.
29) J. Heers, 앞의 책, pp. 203~210.
30) J. Heers, 앞의 책, pp. 210~211.
31) Martine Grinberg, 앞의 책, p. 219.
32) J. Heers, 앞의 책, pp. 217~220.
33) 그러나 청년 수도원에 들어갈 때 필요한 조건인 독신은 몇몇 도시에서 유지되었다. 샬롱 쉬르 손느(Chalon-sur-Saône)에서 독신 조건은 늦게까지 유지되었지만, 도시의 아이들(Enfant de Ville)이 기혼 성인 남자를 충원하면서 '청년' 개념은 점차 사라졌다. N. Z. Davis, 앞의 책, p. 111.
34) Martine Grinberg, 앞의 책, pp. 220~221.

제6부 권력형 카니발

1) 백년전쟁 시기의 민속과 축제에 관해서는 Roger Vaultier, *Folklore Pend Le ant la Guerre de Cent*, Paris, Libr. Guénégaud, 1965. 참조. 볼티에에 의하면 백년전쟁 기간 중 시골과 도시가 완전히 폐허가 되고 사람들의 일상적인 리듬이 붕괴되었지만 그럼에도 불구하고 축제 관행은 유지되었다고 한다.
2) Martine Grinberg, 앞의 책, p. 224.
3) Martine Grinberg, 앞의 책, p. 231.
4) Abbé C. A. J. Leclerc de Montlinot, *Histoire de la ville de Lille, depuis sa fondation jusqu'à l'année 1434*, Paris, Panckoucke, 1764. 참조.
5) Martine Grinberg, 앞의 책, pp. 224~227.
6) Martine Grinberg, 앞의 책, pp. 224~225.
7) 장작불을 피우고 즐기는 축제.
8) Philippe de Vigneulles, *La chronique de Philippe de Vigneulles*, Metz, Société d'histoire et d'archéologie de la Lorraine, 1927~33. 참조.
9) 이 시대 축제의 연극에서 여성들이 등장하지 않고 남성들이 여성의 역할을 대신하였다. 따라서 여성의 등장 그 자체가 매우 혁신적인 것으로 인식되었다.
10) 일부 프랑스 북부의 벨기에 지역에서도 거인들이 출현하고 있지만 그들은 반드시 카니발 기간에 등장한 것은 아니었다.
11) 반 젠넵은 그것이 14세기 도시에서 노래(chansons de geste)가 확산되는 과정에서 발생했다고 하였다. 그의 가정대로라면 거인의 출현은 도시가 문학적 형태와 문화적 과거를 '차용'(l'appropriation)한 결과라고 할 수 있다. A. Van Gennep, *Le folklore de la Flandre et du Hainaut*, Paris, Maisonneuve et Larose, 1935. 참조.
12) Martine Grinberg, 앞의 책, pp. 227~231.
13) 부르주아와 엘리트가 주최하는 축제와 각종 오락에 서민들은 관중이자 모방자였다. 그러한 축제에는 수많은 수행원과 화려한 의복, 장비 등이 등장하였고, 군중들은 그런 볼거리를 기대하며 축제에 모여들었다. 그리고 군중들의 참여는 그 자체로 부르주아와 엘리트의 통치를 정당화시키고 그들의 권위와 위엄을 상승시키는 효과를 가지고 있었다.
14) Martine Grinberg, 앞의 책, pp. 231~235.
15) 브장송에서도 예수공현절에 '황제의 축제'(la fête de l'Empereur)가 열렸다. 그런데 그것은 '청년회'에 의해 예수공현절 다음 일요일에 조직되었다. Martine Grinberg, 앞의 책, p. 233.

16) J. Heers, 앞의 책, p. 268.
17) 갈리아 전쟁의 승리를 축하하기 위해서는 갈리아 지도 위에 꽂힌 독수리 깃발이나 라인 강에 걸린 다리, 알레시아 전투의 승리를 축하하기 위해서는 카이사르 앞에 무릎을 꿇은 베르킨게토릭스, 폰투스 왕 파르나케에 대한 승리를 축하하기 위해서는 '왔노라 보았노라 이겼노라'라고 적힌 플래카드 등이 등장했다. 이러한 플래카드는 주로 선전을 목적으로 한 것으로 로마인들이 누구나 쉽게 보고 이해할 수 있도록 고안되었다.
18) 알레시아 전투를 축하하는 개선식에는 베르킨게토릭스, 이집트 전쟁을 축하하는 개선식에는 아르시노에 공주, 폰투스 전쟁을 축하하는 개선식에는 유바의 다섯 살 난 아들이 포로로 전시되었다. 포로들은 대개의 경우 로마에 억류되었지만 베르킨게토릭스 만큼은 개선식이 끝난 후 살해되었다.
19) 카이사르의 개선식에서는 "시민들이여 마누라를 숨겨라. 대머리 난봉꾼이 나가신다"라는 구호를 외쳤다고 한다.
20) J. Heers, 앞의 책, p. 269.
21) 피렌체의 개선식은 대개 당대 유명한 화가들에 의해 기획되었다. 그 중 유명한 인물이 프란체스코 그라나치(Francesco Granacci, 1469~1543)였다. 그는 젊은 시절 로렌초의 인정을 받아 개선식이나 대가장행렬을 조직하였다. 그는 평생 승리를 기념하는 웅장한 테마와 마차와 마스크의 제작에 관심을 가지고 있었으며, 레오 10세의 피렌체 방문과 같은 대축제를 기획했다. J. Heers, 앞의 책, pp. 269~272.
22) J. Heer, 앞의 책, pp. 272~279. 고대적 상징이 도입되고 알레고리가 광범위하게 사용되면서 축제의 의미는 점점 난해해졌다. 그러면서 민중은 엘리트들이 주관하는 축제의 메시지를 이해할 수 없게 되고 따라서 축제에 대한 관심도 줄어들었다. 이러한 현상은 16세기 엘리트 문화(culture savante)와 민중문화의 간극이 넓어지는 요인이 되었다. 인문주의로 인해 '새로운 미학적 규준, 라틴어 문구, 그리고 고전고대 문명을 아는 사람만이 이해할 수 있는 상징들'이 도입되었다. 그 변화의 가장 대표적인 예는 도시의 무지한 사람들에게 전혀 이해되지 못했던 앙리 2세의 입성식이었다. 이때부터 문화적 특권과 사회적 특권은 일치한다는 개념이 축제 조직가들 사이에서 생겼다. 고전고대 문화의 향유와 그 이해는 곧 문화적 특권을 의미하였다. 이제 귀족과 부르주아는 군주의 영광을 찬양하는 새로운 문화 속으로 편입되었고, 민중들은 옛 관습을 지키며 머물러 있었다. 그 이전에 도시의 축제는 전 공동체의 일이었다. 각 직업단체들은 성체첨례축일의 연극놀이의 일부를 담당하거나 입성식의 야외극장 중 하나를 맡거나 혹은 그 무대의 기계를 움직이는 일이라도 맡았다. 도시민 전체가 행렬이나 신비극, 활인화에 적

극 참여함으로써 활발한 공동체를 구성하였던 것이다. 하지만 점차 이런 자율적 축제의 맞은편에 조직적이고 참여가 제한된 축제들이 나타났고, 귀족과 부르주아들은 거기로 흡수되었다.

23) J. Heers, 앞의 책, pp. 292~293.
24) 카니발 오락에서 착상을 얻어 박식한 코미디를 민중의 취향에 맞게 만든 것으로 특히 16~17세기에 황금기를 맞이하였다.
25) B. Guenée et F. Lehoux, *Les entrées royales françaises de 1328 à 1515*, Paris, 1968, p. 10.
26) 그 이전에는 10년 당 2~5개 수준이었지만 이 시기에는 10개로 증가한다. 루이 11세는 15여 개, 샤를 8세는 4개, 루이 12세는 30여 개, 프랑수아 1세는 20여 개의 입성식을 거행하였다. C. de Mérindol, "Entrées royqles et princières à la fin de l'époque médiévale: jeux de taxionomie, d'emblématique et de symbolique", *Les entrées, gloire et déclin d'un cérémonial*, Paris, 1997, p. 28.
27) 성과 도시를 방문하는 고관들을 맞이하는 방법은 그의 신분에 따라 상이하다. 말에 탄 채로 고관을 맞이할 때도 있지만 그가 왕이라면 반드시 말에서 내려 맞이해야 했다.
28) B. Guenée er F. Lehoux, 앞의 책, p. 28.
29) J. Chartrou, *Les entrées sollennelles et triomphales à la Renaissance*, 1484~1551, Paris, 1928, pp. 19~42.
30) J. Chartrou, 앞의 책, pp. 43~55.
31) 부르주아라는 '혼성'신분은 초기에 매우 모호하게 등장한다. 12세기 말에는 노동자(laboureurs)로 등장한다. 중세 말 좀더 분명하게 드러나는데, 한 연대기에 의하면 '일하는 사람들이 포함되고 그들 중에는 돈이 많은 유산자(bourgeoise)가 있다'라고 하였다. 또 샤스틀랭(Chastellain)은 '제3신분은 주로 좋은 도시에 존재하는데, 상인과 일하는 사람들이 주로 포함된다'라고 하였다. 이런 표현들이 나타나긴 하지만 중세 말까지 제3신분은 사회 내에서 '자신의 이름을 갖지 못하였다.' 막연히 인민(peuple)과 섞이기도 하였다. 그 말은 행진에서 그들의 자리가 없었다는 말과 같다. 15세기 후반 부르주아들은 인민(populace)과 분리된다. 16세기 그들은 재산의 명확한 기준은 없지만 유복한 '유산자'의 개념으로 정착된다. 다소 부유한 장인이나 상인·농민들은 도시 일(행정과 축제)에 적극적으로 관여하였다. 전체적으로 제3신분에는 귀족(patriciat)·부유한 부르주아·장인·서민(menu peuple: 가난한 거지나 농민)이 포함된다. 그리고 그 핵심은 부르주아였다. Ch. de Mérindole, "Movement sociaux et troubles politiques à la fin du moyen qge essqi sur la symbolique des villes", *Violence et Contestation*

au Moyen Age, Paris, 1990, pp. 271~273.
32) Y. -M. Bercé, 앞의 책, pp. 60~61.
33) C. de Mérindol, "Entrées royqles et princières à la fin de l'époque médiévale: jeux de taxionomie, d'emblématique et de symbolique", Les entrées, gloire et déclin d'un cérémonial, Biarritz J&D, 1997, p. 28.

제7부 저항의 카니발

1) 시민 사이에 평등과 자유를 약속했던 서약.
2) Martine Grinberg, 앞의 책, p. 238.
3) Procès et amples examinations sur la vie de Caresme Prenant, Paris, l'enseigne Saint-Nicolas, 1609. 참조.
4) G. Lozinski., La Bataille de Caresme et de Carnage, Paris, Libr. H. Champion, 1933.
5) Martine Grinberg, 앞의 책, pp. 235~237.
6) 이처럼 카니발 연극은 알레고리를 사용해 우화적이고 간접적인 형태로 인생의 교훈을 상기시켰다. 이런 측면에서 카니발 연극에서 정치적 권력과 종교적 계율에 대한 체계적인 비판을 보려고 하는 것은 다소 선험적인(a priori) 기대라고 할 수 있다. J. Heer, 앞의 책, p. 244.
7) J. Heers, 앞의 책, pp. 240~246.
8) 16세기 초 엘리트문화와 민중문화의 융합은 바흐친에 의해 특히 강조되었다. 그에 의하면 '르네상스 시기에 공식문화와 비공식문화, 엘리트문화와 민중문화 사이의 경계는 소멸했고, 그 과정에서 웃음의 형태가 문학과 이데올로기의 최고영역으로 침투했다'고 한다. 르네상스에서 가장 급진적이고 보편적이며 동시에 유쾌한 형식이었던 웃음은 민중문화의 뿌리에서 나온 것이다. 그것은 역사에서 단 한번 16세기 초에 발생하였다. 그때 대중적인 언어는 위대한 문학과 고급 이데올로기에 침투하였다. 바흐친은 그것의 대표적인 사례를 '라블레와 보카치오, 세르반테스, 셰익스피어'에서 찾았다. 바흐친에 의하면 16세기 초 이후 민중문화와 엘리트문화는 급속히 분리되고, 카니발 자체도 '변질'되었다. 미하일 바흐친, 앞의 책, p. 72.
9) Martine Grinberg, 앞의 책, pp. 237~238.
10) N. Z. Davis, 앞의 책, pp. 121~123.
11) Y. -M. Bercé, 앞의 책, p. 72.
12) 17세기 이후 카니발 정신의 쇠퇴를 말함.

13) 원만하고 온건하다는 것은 르 루아 라뒤리의 견해이고, 베르세는 포미에를 부유하고 거칠며 민중적인 인물이라고 표현했다. 그에 의하면 1579년 포미에는 로망스와 그 주위 시골의 4,000여 명의 민병대를 이끌고 신교들이 점령한 성을 탈환할 만큼 그 지역에서 확고한 위치를 차지하고 있었다. Y. -M. Bercé, 앞의 책, p. 75.
14) 이 기간은 도피네 지방이 종교전쟁에 휘말린 시기로서 농민과 장인들은 신교도나 혹은 왕의 군대에 대항해 자기방어적인 민병대를 조직하고 있었다. 그 때문에 축제 때 농민이나 장인이 무장을 하고 행진하는 것은 흔한 일이었다.Y. -M. Bercé, 앞의 책, p. 75.
15) E. Le Roy Ladurie, *Le Carnaval de Romans, de la Chandeleur au mercredi des Cendres* 1579~1780, Paris, Gallimard, 1979, pp. 223~225.
16) 1579년 도피네 지방의 평지를 중심으로 결집한 민병대 연합을 '평화, 평등, 제3신분, 농민, 농노(vilains)의 동맹(Ligues)'라고 불렀는데, 이날 축제 때 참가한 사람들이 주로 그들이기 때문에 '동맹파'라고 불렀다. Y. -M. Bercé, 앞의 책, p. 75.
17) E. Le Roy Ladurie, 앞의 책, p. 244.
18) E. Le Roy Ladurie, 앞의 책, p. 245.
19) Y. -M. Bercé, 앞의 책, p. 78.
20) Terry Eagleton, *Walter Benjamin, or Towards a Revolutionary Criticism*, London, 1981, 『바흐친과 문화이론』, 서울, 문학과 지성사, 1997, p. 283에서 재인용.
21) Victor Turner, *Variations on a Theme of Liminality, Secular Ritual*, Amsterdam, 1977, 『바흐친과 문화이론』, 서울, 문학과 지성사, 1997, p. 282에서 재인용.
22) Peter Burker, *Popular Culture in Early Modern Europe*, London, 1978, 『바흐친과 문화이론』, 서울, 문학과 지성사, 1997, p. 283에서 재인용.
23) Peter Flaherty, 「바흐친과 역사기호학-축제의 독해-」, 『바흐친과 문화이론』, 서울, 문학과 지성사, 1997, p. 283에서 재인용.
24) Peter Flaherty, 앞의 책, pp. 287~288.
25) N. Z. Davis, 앞의 책, p. 169.
26) Y. -M. Bercé, 앞의 책, pp. 65~66.
27) Y. -M. Bercé, 앞의 책, p. 66.
28) D. Fabre, 앞의 책, pp. 69~70.
29) Eusèbe de Césarée, *Histoire ecclésiastique 1*, Paris, Éd. du Cerf, 1978, p.

284.
30) Eusèbe de Césarée, 앞의 책, pp. 833~834.
31) Eusèbe de Césarée, *Histoire ecclésiastique 3*, Paris, Éd. du Cerf, 1978, pp. 3~4.
32) J. de Jussie, *Le Levain du Calvinisme ou commencement de l'hérésie de Genève*, Chambéry, Fres Du Four, 1611, p. 94.
33) Jean Guéraud, 앞의 책, pp. 54~55.
34) C. Haton, *Mémoires de Claude Haton, 1553~82*, Paris, Comité des travaux historiques et scientifiques, 2007, pp. 189~194.
35) Claude de Rubys, 앞의 책, p. 406.
36) Eusèbe de Césarée, *Histoire ecclésiastique 1*, Paris, Éd. du Cerf, 1978, p. 844.
37) N. Z. Davis, 앞의 책, pp. 184~185.
38) 베를린덴(C. Verlinden)과 에스테브(Janine Estèbe)는 종교적 갈등과 경제적 문제의 관계를 주장하였다. 더 나아가 에스테브는 종교적 폭력에 병리학적인 증오심이 포함되어 있다고 언급하였다. 반면 월프(Philippe Wolff)와 루데(George Rudé)는 사회적 요인을 강조하였다. N. Z. Davis, 앞의 책, pp. 154~155.
39) Jean Crespin, 앞의 책, p. 684.
40) N. Z. Davis, 앞의 책, p. 181.
41) N. Z. Davis, 앞의 책, p. 179.
42) N. Z. Davis, 앞의 책, p. 186.
43) 릴과 루앙, 뉘렘베르크 등 그 예는 무수히 많다.
44) Y. -M. Bercé, 앞의 책, p. 88.
45) 이 '목동들의 새벽기도회'(matines des bergers)는 1807년 파 드 칼레(Pas-de-Calais)의 발루옹(Valhuon)에서 소란을 계기로 금지되었고, 다른 지역들, 예를 들면 플랑드르와 노르망디·가스코뉴·프로방스·일 드 프랑스에서도 차례로 비슷하게 금지되었다. Y. -M. Bercé, 앞의 책, p. 128.
46) Y. -M. Bercé, 앞의 책, p. 129.
47) Y. -M. Bercé, 앞의 책, pp. 130~131.
48) Y. -M. Bercé, 앞의 책, pp. 133~136.

제8부 억압되는 카니발

1) A. L. Herminjard, *Corespondance des réformateurs dans les pays de langue*

  française, Tome IV Genève, Michel Levy-Frères, 1866~72, pp. 31~34.
2) *Histoire ecclésiastique des églises Réformées au Royaume de France*, Paris, Fischbacher, 1884, pp. 610~611.
3) R. Kingdon, *Geneva and the Comming of the Wars of Religion in France, 1555~63*, Geneva, 1956, p. 110.
4) 1562년 개혁교회가 리옹을 장악한 첫째 날 민중들은 약탈과 유물 행렬을 벌였다. 그러나 장로회의와 위그노 위원회(Huguenot Consulate)가 약탈한 모든 물건들과 유물들을 회수하였다.
5) Y. -M. Bercé, 앞의 책, pp. 67~68.
6) Y. -M. Bercé, 앞의 책, p. 71.
7) 참회 신도회는 자신에게 채찍을 휘두르며 신의 사랑을 설교하며 전 지역을 돌아다니는 집단이었다.
8) J. Heers, 앞의 책, p. 258. 이런 측면에서 사보나롤라를 반종교개혁의 시조로 보기도 한다.
9) H. Lalou, 앞의 책, pp. 499~501.
10) Guillaume Paradin, *Le Blason des Danses*, Beaujeu, 1556. 참조.
11) A. Poitrineau, "La fête traditionnelle", *Annales Historiques de la Révolution Française*, n., 221, Paris, Société des Études Robespierristes, 1775, pp. 22~23. 티에르의 『놀이와 오락에 관한 논고』에는 이 당시 허용된 놀이와 금지된 놀이의 목록이 나와 있다. 그 목록에 의하면 17세기 금지 대상이었던 것은 샤리바리와 가장무도회, 돈이 걸린 내기, 카니발 기간의 조롱하는 의식(儀式) 등이다. 허용되는 오락이라고 하더라도 장소와 신분, 시기에 따라 세밀하고 엄격하게 제한되었다고 한다. J. -B. Thiers, *Traité des jeux et des divertissements qui* ……, Paris, 1686, pp. 431~473.
12) Y. -M. Bercé, 앞의 책, p. 143.
13) 신도회를 장악한 성직자들은 대개 예수회였다. 예수회는 콩프레리를 이용해 축제를 완전히 억압하기보다는 정화시키려 한 듯하다. 그러나 이후 얀세니스트들이 나타나면서 예수회의 관용주의가 비판받았다.
14) 강력한 개성을 가지고 교구에 충분히 체류할 수 있었던 주교단은 축제의 역사에서 전환점을 이루었다. 그들에 의해 민중적 관행은 대부분 근절되어 경건한 삶의 내용이 탈신성화(désacralisation)의 의미 속에서 크게 수정되었다. 이러한 얀세니스트들의 탈신성화는 오랫동안 단순히 '비기독교화'(décristalisation)로 표현되어왔다. Y. -M. Bercé, 앞의 책, p. 143.
15) Y. -M. Bercé, 앞의 책, pp. 145~147.

16) Y. -M. Bercé, 앞의 책, p. 148.
17) Y. -M. Bercé, 앞의 책, pp. 148~151.
18) 이 시대 민중 축제에 호의적이었던 성직자도 없진 않았다. 예를 들어 장 펠릭스 드 퓌멜(Jean-Félix de Fumel, 1717~90)은 툴루즈 귀족 출신으로 예수회 소속의 학교에서 수학하였다. 그는 랑그독의 작은 교구 로데브(Lodève)에서 1733~50년 사이 얀세니스트 주교의 후임이 되었다. 그는 민중관행에 엄격했던 전임자와는 달리 1750년 부르주아 '동료'들의 무장과 창문의 조명, 불꽃놀이 등을 허용하였다.
19) 티에르의 저서는 양면적인 평가를 받는다. 역사적인 측면에서는 민중 축제에 대한 종교적·엘리트적 편견을 가지고 있기 때문에 부정적으로 평가되지만, 다른 한편으로는 인류학적인 측면에서 전통사회의 축제에 관한 풍부한 자료를 제공하였기 때문에 긍정적으로 평가된다. François Lebrun, "Le 'Traité des Superstitions' de Jean-Baptiste Thiers, contribution à l'ethnographie de la France du XVIIe siècle", *Annales de Bretagne*, n° 52, 1976, pp. 443~444.
20) Y. -M. Bercé, 앞의 책, pp. 143~144.
21) 1760~70년 사이에 형성된 가톨릭 계몽파들은 내부적으로는 교황지상주의자(ultramontains), 얀세니스트, 프랑스 국교회주의자(galicans) 등 다양한 분파로 이루어져 있었다. 그들은 몇 가지 점에서 이견을 보이기도 했지만(예를 들면 얀세니스트들은 성심 숭배에 반대함), 반(反)바로크적인 기독교 의례를 주장했다는 점에 있어서는 공통적이었다. A.-M.Foynat, "Jansénisme et Aufklärung cathqtolique devant la fête chrétienne, à la fin de l'Ancienn Régime", *Les fêtes de la Révolutions: Colloque de Clermont-Ferrand(juin 1794)*, Paris, p. 157.
22) Y. -M. Bercé, 앞의 책, p. 154.
23) Y. -M. Bercé, 앞의 책, p. 111.
24) 그러나 가톨릭 계몽파 모두가 이 성심 축제를 지지하진 않았다. 특히 얀세니스트의 반대가 가장 컸다. 그들은 우선 성심을 중심으로 이루어지는 장식주의(décorisme)를 비난했다. 그리고 그리스도 자체에서 물질적 대상으로서 '성심'을 분리해냄으로써 민중들의 유물 숭배와 같은 미신적 오류를 범하고 있다고 주장하였다. 요컨대 성심의 축제는 민중의 망탈리에 맞추어 신의 사랑을 전파해야 한다는 의도에서 고안된 것인데, 얀세니스트들은 이것을 '민중 신앙에 대한 양보 혹은 관용'이라고 보았던 것이다. Y. -M. Bercé, 앞의 책, p. 160.
25) Y. -M. Bercé, 앞의 책, pp. 158~161.
26) Y. -M. Bercé, 앞의 책, p. 139.

27) J. Ehard, "Le peuple en fête avant la Révolution", *Fête et Révolution*, Paris, 1993, pp. 29~31.
28) 실제로 1777년 성목요일(Saint-Jeudi)의 야간 행렬을 금지시킨 후 사생아 출산율이 감소한 사례를 볼 때 구체제 하에서 축제를 '짝짓기'의 기회로 비판한 것은 전혀 근거 없지는 않다.
29) J. Ehrard, 앞의 책, pp. 28~29.
30) Y. -M. Bercé, 앞의 책, p. 154.
31) 그러나 왕의 칙서에도 불구하고 1498년 유아학살제는 열광적으로 거행되었다. 이로 인해 도시의 한편에는 수도원장(doyen)과 성당 참사회의, 성직자 다른 한 편에는 재판관과 배심원 사이에 커다란 소송이 벌어졌다.
32) 수호성인 축일이나 왕국의 축제, 도시나 지방의 축제 등.
33) Y. -M. Bercé, 앞의 책, pp. 152~153.
34) J. Maarten Ultée, "The Suppression of fêtes in Farnce, 1666", *The Catholis Historical Review*, No. 2, Paris, 1976, pp. 182~185.
35) J. Molanus, "Arrêt du Parlement de Paris relatif à la fête des Innocents dans la ille de Tournay", *Bibliothèque de l'Ecole des Chantes*, 1841~42, pp. 570~571.

새로운 축제를 향하여 | 에필로그

1) 궁정 축제의 연극은 귀족들의 단순한 오락을 넘어 정치적이고 사회적인 현안을 반영하여 왕의 군사적 승리를 찬양하거나 혹은 패배했을 경우 위로를 주기도 했다. 또한 미덕을 강조하는 교훈적 효과도 있었다. 궁정 극작가 메타스타스(Métastase)를 통해 그 점을 확인할 수 있다. 그는 1730년에서 40년까지의 궁정 축제 때 상연된 연극을 제작하였는데, 신화적 소재를 이용해 평화 · 운명 · 영원성 · 영광 · 덕 등의 추상적 비유를 표현했다. 그는 축제의 볼거리(spectacle)적인 측면보다는 도덕적 내용을 강조했다. 당시의 도덕적 논쟁이나 군주정치의 이상을 잘 반영하는 그의 대표적인 작품은 『아스트레아 플라카타』(*Astrea placata*)로서, 이것은 1739년 8월 28일 상연된 것이다. 그 내용은 고전고대 신들의 평등 · 사랑 · 열정에 관한 도덕적 논쟁을 담고 있다. 이것을 통해 메타스타스는 '궁정축제가 사회에 무관심한 엘리트들의 오락이 아니라는 점'을 분명히 했고, 신하의 충성심과 군주적 질서를 도덕적으로 강조하였다. 그러나 그는 이런 문제를 감성주의적 측면에서 접근하였는데, 이 점은 그 시대의 계몽 사상가들과 다른 점이다. J. Joly, "La résistance à l'idéologie des lumière dans une fête de cour

de Métastase: Astrea placata(1739)", *Les fêtes de la Révolution*, Paris, Société des Études Robespierristes, 1977, pp. 252~267.
2) 서정복, 『프랑스 근대사 연구: 계몽주의에서 프랑스혁명까지』, 서울, 삼영사, 1991, p. 78. Voltaire, Mably, l'abbe Raynal의 이신론(理神論)에 관한 자세한 내용은 F. A. Aulard, *Le Culte de la Raison et le Culte du l'Être Suprême, 1793~1794*, Paris, F. Alcan, 1892. 참조.
3) A. Mathiez, *Les origines des cultes révolutionnaires*, Paris, G. Bellais, 1904, pp. 13~20.
4) 계몽 사상가들은 축제 공간으로서 기교적이고 인위적인 은폐된 공간보다는 야외를 선호하였다. 그들은 야외에서의 축제가 자연적 질서에 더 순응하는 것이라고 믿었기 때문이다. 그들에게 닫힌 세계(성・탑・수도원・지하실)는 범죄와 폭력・질병을 의미했지만, '열린 공간'은 태고(太古)의 덕이 환기되고 순수한 시원(始原)이 보존된 장소였다. 여기에서 황금시대 혹은 유토피아에 대한 계몽 사상가들의 향수를 엿볼 수 있다. R, Mortier, "Prélude à la fête révolutionnaire: la 《fête bocagère》 dans la poésie descriptive de la fin du XIIIe siècle", *Les fêtes de la Révolution*, Paris, 1977, pp. 73~84.
5) R. Mortier, 앞의 책, pp. 74~75.
6) B. Didier, "La fête champêtre dans quelques romans de la fin du XVIIIe siècle de Rousseau à Senancour", *Les fêtes de la Révolution*, Paris, 1977, pp. 63~72.
7) J. Ehrard, 앞의 책, pp. 29~35.

찾아보기

| ㄱ |

가르강튀아 90, 114, 118, 121, 218, 292

가문비나무 협회 228, 229, 231, 235, 236

가장행렬 43, 48, 63, 72, 78, 79, 96, 98, 145, 161, 242, 255, 318, 338, 339, 346, 369

가톨릭 계몽파 358, 359, 360

개선식 252~256, 258, 266, 272, 273

게네, B 265, 269

게네베, Cl 29, 149, 157

게랭, A 298~303, 307, 308, 310, 311

곰인간 장 30, 114, 121

『공화국』 304

『광우예찬』 141, 289

광인의 배 83, 150, 152, 153, 145, 149

광인의 주교 85, 86, 95, 102, 140

광인의 지팡이 140~142, 223, 224, 230

광인의 축제 61, 69, 70, 72, 73, 75, 76, 79, 85, 87~97, 99, 101~103, 138, 150, 160, 207, 218, 224, 259, 341, 342, 343, 365

『광인의 축제의 역사에 관한 회고록』 70, 362

광인협회 142, 148, 205, 220, 231

교황 클레멘트 8세 371

| ㄷ |

닫집 61, 265, 267~270

『달랑베르에게 보내는 편지』 376

당나귀 축제 72, 79~83

데이비스, 나탈리 지먼 201, 202, 291, 305, 313, 321, 322

『데카메론』 104

도시의 아이들 209, 211

뒤 티이요, 장 밥티스트 70, 362

뒤집기 의례 85, 89

디아만테 256

디오니소스 42~48, 50, 81, 157

|ㄹ|
라뒤리 295
라블레 218, 292
『로망 드 포벨』 175
루소 376, 377, 379
루이 11세 78, 142, 172, 236
루이 12세 263, 272
루이 14세 187, 295, 372, 373
루터 287, 313~315, 361, 362
리츠 공의회 360

|ㅁ|
마상시합 169~175, 227, 235~237, 240
만성절 63, 64, 314, 364
메디치 가문 252, 255, 256, 258, 259, 343
메디치, 마리 드 260
메디치, 카트린 드 260, 299, 308, 309
메를랭 30
메소포타미아 38
멜루진 31, 114, 121
목신제 52
몽테스키외 363
무쇠의 장 30
문학협회 213, 214
뮈르네, 토마스 315

미친 동료들 221
미트라 숭배 56

|ㅂ|
바라냐크 198
바보들의 수도원 209, 219, 225, 226, 228, 230
바빌로니아 35~37, 38, 51, 58, 87, 113, 125
바사리 254
바젤 공의회 341
바조슈 협회 206, 207
바흐친 127, 128, 288, 291~293, 295
반종교개혁 운동 343, 345
『법의 정신』 363
베르세 293, 367
『변신』 41
보댕, 장 304, 305
보쉬, 제롬 150, 152
볼리유, 포르티에 176, 182
볼테르 364
브란트 83, 149, 150
브랑동 축제 243, 244
브론코네 257
브뢰겔 30, 218

|ㅅ|
사보나롤라 343, 344
사세 축제 37, 43, 48

사순절 59, 60, 120, 121, 124, 125, 135, 284, 175, 199, 243, 285, 353
사투르누스 49~51, 56, 79
사티로스 96
산토끼 왕국 305
삼신분 제도 275
삼하인 축제 59, 107
생 바르나르 교회 304, 307
샤르투르 272
샤를 8세 272
샤리바리 175, 176, 178, 179, 181~184, 186~193, 199, 201, 202, 217, 249, 315, 320, 322, 338, 344, 351, 352
샤펠 경주 227, 241, 242, 305, 306
성 니콜라스 축일 64, 69, 70, 76
성 막심 드 튀랭 55
성 바울 개종일 64
성 바울 축일 112
성 블레즈 축일 64, 118, 297, 300, 307
성 아우구스티누스 55
성 암브로시우스 55
성 앙투완 축일 64, 109, 110
성 에티엔 축일 64, 69, 70, 72, 78
성 요한 축일 64, 69, 70, 353
성녀 브리지트의 축일 116
성녀 아가트 축일 64, 117
성심의 축제 360
성촉절 59, 64, 113, 114, 175, 214, 215, 300
세속극 157, 162, 165~167
수사학 협회 215, 216
『신 엘로이즈』 377, 379
신도회 61, 147, 159, 163, 169, 170, 203, 208, 213~215, 218, 219, 221, 223, 224, 227~232, 241, 270, 281, 300, 304, 328, 330, 343, 347~352, 355, 357

|ㅇ|

아이들의 축제 72, 75
아이젠슈타트 198
『악마 로베르』 147
안나 페레나 축제 53
안드레아 다치 257
앙리 3세 261, 308
얀세니스트 350, 353, 356, 357
언어게임 216, 229, 288
에라스무스 141, 289
에센바흐, 볼프강 폰 135
연극놀이 283, 284, 346
「예수 수난극」 119, 158, 160, 167, 168
예수공현절 58, 59, 63, 64, 69, 70, 107, 159, 353, 365
예수할례축일 69, 79
「오디지에 놀이」 283, 284
『오락에 관한 논고』 354, 357
오시리스 38, 39, 41, 43, 44

왕의 입성식 149, 154, 160
우르바니우스 8세 371
『우울한 광기』 147
위그노 296, 299, 300, 305, 316, 317, 318, 320
유아학살제 64, 69, 70, 72, 86, 369, 370
유희 신도회 217~219, 221, 225, 241
육식일 30, 63~65, 112~114, 119, 121, 124, 127, 135, 166, 175, 230, 243, 248, 300, 352, 353
이시스 38, 39, 41, 42, 44, 49
이신론 376
이집트 38, 39, 42, 49
입성식 261, 263~267, 269, 270, 272~274, 275~277, 302

| ㅈ |

자고새 왕국 301, 302, 305, 306, 308, 309
작스, 한스 166
재의 수요일 63, 64, 107
제르송 355, 356
종교개혁 238, 239, 287, 313, 315, 316, 337
종교극 157~162, 166, 213
종교회의 95, 98
「죽음의 춤」 88

| ㅊ |

『철학 사전』 364
청년 신도회 205, 206, 209, 210~212, 217, 282, 284, 320, 352
「청년과 곰의 전투」 30
축제의 왕 199, 200, 206, 225, 227, 228, 296, 297, 300, 326, 342
츠빙글리 315

| ㅋ |

「카니발과 사순절의 전투」 124, 284
카니발의 왕 119~121, 125, 135, 138, 153, 245, 284, 285, 315
캘빈 313
케레스 50~52, 113
『켄터베리 이야기』 104
코메디아 델라르트 261
코시모, 피에로 디 254
코카뉴의 세계 289, 290
코크 왕국 301
콘스탄티누스 53, 55
콜베르, 자크 니콜라스 351
콜베르, 장 밥티스트 372
클레르 69, 75, 76, 79, 83~85, 94~96, 98, 101~103, 140, 158, 207, 209, 341

| ㅌ |

「테 데움」 268, 326, 351

톨레드 공의회 71, 98, 161
투르농 백작 308
트렌트 공의회 192, 333, 343~346, 350
티에르, 장 밥티스트 69, 185, 354, 357, 373

| ㅍ |

『파르치팔』 135
「파마시우스」 339
포미에 297~302, 305, 307, 309~311

폰토르모, 자코포 디 256, 257
프랑수아 1세 261, 272
「피에르 파트랭 선생」 163
피에몽 308, 310
필립 6세 263

| ㅎ |

현존투쟁 275, 276
흑사병 88, 160, 296, 329
히포크라테스 142

지은이 윤선자는 고려대학교 사학과를 졸업하고 같은 학교에서 석사와 박사학위를 받았다. 박사학위 논문인 「프랑스 대혁명기(1789~99)의 민중축제와 엘리트 축제에 관한 연구」를 비롯하여 「근대 초 도시에서의 샤리바리 의례의 진화와 교회의 비난」 「샤토비유 축제의 공화주의적 성격(1792)」 등 유럽 축제 문화에 관한 다수의 논문을 발표하였다. 논문 발표의 이력에서 보이는 유럽 축제에 대한 그의 특별한 관심은 최근까지 이어져 지금은 전근대 사회의 샤리바리와 군주의 입성식을 비롯해 19세기 정치적 축제(기념제) 등을 연구 중이다. 현재 고려대학교 역사연구소 연구교수로 재직 중이며, 고려대·순천향대·충북대 등에서 서양의 문화와 역사를 가르치고 있다. 저서로는 『이야기 프랑스사』(청아출판사, 2005)가 있다.